KB175228

1980년대 한중 외교협상 사례연구

중국 민항기(1983년) 및
어뢰정(1985년) 사건 협상을 중심으로

한국외교협상사례 총서 12

1980년대 한중 외교협상 사례연구

중국 민항기(1983년) 및 어뢰정(1985년) 사건 협상을 중심으로

초판 1쇄 발행 2023년 1월 10일

지 은 이 이동률
발 행 인 한정희
발 행 처 경인문화사
출판번호 406-1973-000003호
주소 (10881) 경기도 파주시 회동길 445-1 경인빌딩 B동 4층
전화 031-955-9300 **팩스** 031-955-9310
홈페이지 http://www. kyunginp.co.kr
이메일 kyungin@kyunginp.co.kr

ISBN 978-89-499-4996-3 94340
978-89-499-4940-6 (세트)

– 이 책은 집필자의 견해를 바탕으로 작성된 것으로서
외교부의 공식입장과는 무관한 것입니다.

국립외교원 외교안보연구소
외 교 사 연 구 센 터

1980년대 한중 외교협상 사례연구

중국 민항기(1983년) 및 어뢰정(1985년) 사건 협상을 중심으로

이 동 률

경인문화사

간행사

뛰어난 인재를 구하기 어려움은 옛날과 오늘이 다르지 않았으니, 선인들은 이를 '재난(才難)'이라는 말로 표현했습니다. 특히 대한민국 외교를 짊어질 외교관 후보자와 초임 외교관들에 대한 교육의 중요성과 어려움은 새삼 강조할 필요도 없을 것입니다. 이에 국립외교원 외교안보연구소 외교사연구센터는 외교관후보자 교육과 초임 외교관들의 실무에 도움을 주고자 2018년부터 「한국외교협상사례」총서를 발간하고 있습니다. 본 총서는 1948년 대한민국 정부 수립 이후 오늘에 이르기까지 외교부가 수행한 주요 외교협상 사례의 배경, 주요 쟁점, 전략, 과정, 성과 및 후속조치 등을 체계적으로 서술함으로써 그 공과(功過)를 기록하고 정책적 함의를 도출하는 데 그 목적이 있습니다.

이를 위해 국립외교원은 국내 정치외교학계 및 국사학계의 최고 전문가들로 구성된 기획편집위원회의 자문을 받아 주요 외교협상사례 100건을 선정한 후, 이를 바탕으로 매년 5책 내외의 「한국외교협상사례」총서를 간행하고 있습니다. 본 편찬사업의 실무를 담당한 김종학 외교사연구센터 책임교수와 집필자 추천으로부터 최종 결과물의 심사에 이르기까지 전 과정에 참여해주신 신욱희, 홍석률 공동위원장을 비롯한 기획편집위원들의 헌신적인 도움과 노력에 심심한 사의를 표합니다. 본 총서가 장래 한국 외교의 동량(棟梁)이 될 우리 외교관 후보자들에게 귀감이 되는 교재이자 현직 외교관들의 유용한 업무 지침서로 널리 활용될 수 있도록 많은 관심과 격려를 부탁드립니다.

2022년 1월

국립외교원장 홍현익

서문

1983년 민항기 사건과 1985년 어뢰정 사건 해결을 위한 중국과의 최초의 공식 외교 협상을 복기하는 연구는 호기심과 의욕으로 시작되었다. 그런데 냉전 시기 미수교 적성국인 중국과 처음으로 예상치 못한 민감한 우발적 사고를 해결하기 위해 다급하고 치열하게 고민하며 협상을 진행했던 당시 협상 당사자들의 긴장과 고뇌를 40년이 지난 현재의 시점에서 공감하고 이해하면서 사실에 부합하게 재구성하고 해석하는 것이 호기심과 의욕만으로 되지 않는다는 현실적 한계에 직면했다. 이 연구를 마무리하는 지금까지도 그 고민과 한계에서 자유롭지 않다.

40년 전의 협상 상황과 내용을 최대한 사실 그대로 복원하는 자체가 쉽지 않았을 뿐만 아니라 확신할 수 없는 사실 관계를 바탕으로 해석과 평가라는 덧칠까지 하려는 시도는 무모하다는 회의와 고민에 빠졌다. 두 협상은 이미 40년이 경과했음에도 불구하고 협상 과정과 내용에 대한 공식 외교 문서가 공개되지 않고 있어 협상의 실체와 전모를 명확하게 파악하는데 한계가 있었다. 당시 협상에 직간접적으로 관여했던 외교관들의 구술, 언론 인터뷰, 그리고 당시 언론 보도 등 취합 가능한 자료들을 퍼즐 조각 맞추기식으로 재구성하여 파악하는 작업에 많은 시간을 할애했다. 그럼에도 여전히 전체적인 그림과 맥락을 명료하게 그려내지 못했다는 아쉬움이 남아있다.

어뢰정 사건은 군과 관련된 특수성이 있었기에 구체적인 협상 내용을 공개하는데 제약이 있을 수 있다. 그런데 민항기 사건의 경우에는 결과적으로 한중 양국이 모두 성공적인 협상 사례로 평가하고 있고, 중국에서는 이미 사건과 협상의 주요 당사자들의 회고와 구술 기록을 두 권의 서적으로 발간하여 당시 협상 내용을 중국의 입장에서 구체적으로 밝히고 있다. 반면에 한국에서는 협상 과정과 내용을 종합적으로 다룬 기록이나 연구가 없어 자칫 중국의 일방적 주장과 해석에 의해 협상 내용과 상황이 왜곡될 우려도 없지 않다. 한중관계사에서 매우 중요한 협상 사례이고 이미 단편적으로는 내용의 상당 부분이 드러나 있는 만큼 한국의 입장을 명확히 이해하는데 도움이 되는 부분에 한해서 제한적으로나마 외교문서를 해제하는 것도 필요해 보인다.

연구자로서 과거의 협상 사례 연구의 한계를 절감하기도 했지만, 다른 한편 수교 30년에 즈음하여 중대한 역사의 갈림길에 서 있는 한중관계를 과거, 현재 그리고 미래를 종합적으로 성찰해 볼 수 있는 소중한 기회의 시간이기도 했다. 인접한 한중관계의 특성상 두 사건과 같이 예상치 못한 우발적 사고가 발생할 가능성은 향후 교류와 접촉의 빈도수가 증가하는 것에 비례하여 커질 수 있다. 특히 미중 전략 경쟁이 고조되고 북한의 핵무기가 고도화되는 등 한반도 주변 정세가 급변하는 상황인 점을 고려할 때 한중간에는 그 어느때 보다도 예상치 못한 우발적 사고가 갈등과 위기로 확대될 가능성이 커지고 있다.

따라서 우발적 사고에 신속하게 대응하고 합리적으로 해결할 수 있는 긴급 대응 및 협상 체제 준비의 중요성을 이번 연구를 통해 새삼 실감하게 되었다. 아울러 장기적으로는 한중간에 뿌리깊게 내재하고 있는 북한문제를 둘러싼 동상이몽의 현실을 냉철하고 객관적으로 이해하고 그 기초에서 양국이 한반도의 안정이라는 공감대를 바탕으로 새로운 소통과 협력의 기반을 마련하는 것이 중요하다는 교훈을 얻은 것도 개인적으로는 중요한 수확이었다.

이 연구가 미완의 과제로 남겨진 것은 전적으로 필자의 책임이며 다만 이 연구가 완성하지 못한 공백이 후속 연구를 자극하여 보다 체계적이고 완전한 협상의 퍼즐 그림이 완성되어 한국의 대중 외교와 한중관계 발전에 건설적이고 구체적인 제언이 제시되기를 기대하는 것으로 아쉬움을 달래고자 한다. 연구의 고비마다 새로운 동력과 아이디어를 제공해 준 기획편집위원회에 감사드린다. 특히 필자의 게으름으로 인해 예상보다 연구 기간이 길어졌음에도 연구가 마무리될 수 있도록 인내하고 힘을 실어준 국립외교원 외교사연구센터의 이상숙 교수, 정종혁 연구원께 깊이 감사를 드린다.

차 례

| 부록 |

범 례

1. 본 총서는 한국외교협상사례 기획편집위원회가 선정한 『한국 100대 외교협상사례』에 기초하여 협상의 배경과 중요 쟁점, 전개과정과 협상전략, 후속조치와 평가 등을 서술한 것이다.

2. 본 총서의 집필자 추천 및 원고 심사는 한국외교협상사례 기획편집위원회가 담당하였다. 본 위원회의 구성은 다음과 같다.

   공동위원장 신욱희(서울대학교), 홍석률(성신여자대학교)
   위　　　원 신종대(북한대학원대학교)
   위　　　원 우승지(경희대학교)
   위　　　원 정병준(이화여자대학교)
   위　　　원 조양현(국립외교원)

3. 본 총서는 각 협상사례를 상대국 및 주제에 따라 총 7개의 클러스터로 분류하였다. 각 클러스터는 책등 및 앞표지 상단의 사각형 색으로 구분하였다.

   1) 한반도(황색)
   2) 미국(주황색)
   3) 일본(자주색)
   4) 중국, 러시아(보라색)
   5) 유럽, 제3세계(남색)
   6) 국제기구, 환경(녹색)
   7) 경제통상(연두색)

4. 부록에는 협상의 관련 자료 및 해제와 연표 등을 수록하였다.

1) 관련 자료에는 한국, 협상상대국, 제3국의 외교문서 원문 및 발췌문, 발표문, 언론보도 등을 수록하였다.

2) 자료의 제목, 공식 문서명, 발신일, 수록 문서철, 문서등록번호, 기타 출처 등은 부록 서두에 목록화하였다.

3) 자료 해제에는 각 자료의 배경, 요점, 함의 등을 간략히 기술하였다.

4) 연표에는 주요 사건의 시기와 내용, 관련 자료 등을 표기하였다.

(예)

시기	내용
1950. 10. 7.	유엔총회 UNCURK 창설 결의
[자료 1] "Resolution 376 (V) Adopted by the General Assembly"	

5) 자료의 제목은 공식 문서명을 기재하는 것을 원칙으로 하되(예: "Telegram from the Embassy in Korea to the Department of State") 편의상 자료의 통칭 등을 기재하기도 하였다(예: "닉슨 독트린").

6) 자료는 원칙적으로 발신일을 기준으로 나열하되, 경우에 따라 협상 단계 및 자료간 연관성 등을 고려하여 배치하였다.

| 개요 |

한국 외교사에서 1983년 중국 민항기 사건과 1985년 어뢰정 사건 해결을 위한 중국과의 외교 협상은 이례적이고 특별한 사례이다. 두 협상은 한국 정부가 미수교국이었던 중국과 정부간 공식 외교 협상을 진행한 특별한 사례였다. 두 사례는 모두 우발적으로 발생한 예기치 않은 사건으로 인해 외교 협상이 시작되었기 때문에 사전 준비 없이 긴급하게 진행해야 했던 이례적인 협상이기도 했다. 특히 민항기 사건은 한중관계사의 측면에서 보면 1949년 이후 34년간 단절과 적대의 오랜 시기를 거쳐 관계개선의 중요한 분기점에서 진행된 최초의 정부간 공식 협상이라는 역사적 의미도 있다. 그리고 1983년 민항기 사건 계기의 첫 공식 협상 이후 9년 만에 한중 수교가 이루어졌고 이제 다시 30년의 시간이 경과했다. 수교 30년을 맞는 현재의 한중관계의 복잡한 현실을 고려할 때 당시 협상에 대한 냉철한 복기는 협상 사례로서의 교훈과 함께 현재 양국관계를 성찰하는 소중한 기회이기도 하다.

한국 정부는 참고할 전례가 없고 준비되지 않은 미수교국 중국과 긴급하게 협상을 진행해야 하는 상황에서 여러 가지 어려움에 직면했다. 한국과 수교국인 중화민국(대만) 정부는 두 사건 모두 정치적 망명임을 강력하게 주장하며 한국 정부에 관련자들을 대만으로 인도해 줄 것을 요청했다. 반면에 중국은 자국에서 발생한 범죄 행위이므로 범죄자 송환을 한국에 요청하면서 정치 망명이라는 주장에 강하게 반발하고 있었다. 한국 정부는 상호 첨예하게 대치하고 있는 중국과 대만의 주장 사이에서 어려운 결정을 해야 했다. 뿐만 아니라 한국 정부는 냉전시기라는 특수한 상황에서 국제사회의 이목과 국내정치 상황도 함께 고려해야 하는 복잡한 국면에 직면해 있었다.

중국 역시 미수교국인 한국과 준비되지 않은 협상을 진행해야 했을 뿐만 아니라 두 사건의 특성상 한국에 협조를 요청해서 가능한 한 신속하게 해결해야 하는 입장에 있었기 때문에 협상에서 결코 우위에 있지는 않았다. 두 사건은 중국의 입장에서는 일어나지 않았어야 하는 불미스러운 사고였다. 중국은 정치 망명으로 처리되지 않도록 해야 할 뿐만 아니라 가능한 한 신속하게 범인을 포함한 자국민 전원을 송환하고자 했다. 그러면서 동시에 한국과의 협상 과정에서 혈맹국인 북한을 의식해서 가능한 정부간 공식 협상의 형식을 회피해야 했다. 즉 중국은 두 협상 과정에서 한국과의 관계발전은 주된 고려사항이 될 수 없었으며 오히려 가능하면 조용하고 신속하게 사건을 해결하는 것이 중요했다.

반면에 한국 정부는 예기치 않은 두 사건의 해결 과정을 통해 중국과의 관계 개선의 기회를 포착하고자 했다. 한국은 1972년 6.23선언을 통해 사회주의 국가들에 대한 문호개방 정책을 발표했고 중국과의 관계 개선을 추진해왔다. 중국은 덩샤오핑 집권이후 개혁 개방 정책을 통해 사실상 미국을 비롯한 서방 국가들과의 관계 개선과 교류를 활발하게 전개했음에도 북한을 의식하며 한국과의 교류와 접촉을 기피해왔다. 중국은 당시에 남아공화국, 이스라엘과 함께 '남조선'을 외교관계의 '금지구역(禁区)'로 설정하고 있었다.

어려운 환경과 조건에도 불구하고 한국 정부는 중국 정부와의 공식 협상을 성사시키고 협상을 통해 단기간에 순조롭게 합의를 이루어내고 사건을 해결했다. 특히 결과적으로 두 협상은 미수교 상황에서 한중관계의 발전과 수교에 이르는 중요한 디딤돌 역할을 했다. 1983년 민항기 사건의 경우에 한국은 중국과의 관계 개선을 고려하여 피납된 승객과 승무원 그리고 협상 대표단에게 최대의 편의를 제공했고 합의를 도출하기 위해 전향적인 자세로 협상에 임했다. 그러면서도 한국 정부는 국제법과 규범, 그리고 인도주의 정신을 지키는데도 소홀하지 않았다.

중국 민항기 사건 협상은 중국 협상 대표단이 서울에 도착한 이후 3일 동안 4차의 전체회의와 6차의 실무회담 등 총 10회의 협상을 통해 합의에 이르렀고 합의 내용을 양해각서 형식으로 문서화 했다. 한국 정부는 중국측을 설득하여 양해각서 말미에 한국과 중국의 정식 국호를 처음으로 명기토록 하여 정부간 공식 협상임을 명문화하였다. 민항기 사건의 경우에는 승객, 승무원 전원과 기체에 대해서는 중국의 요청대로 편의를 제공하며 귀환시켰다.

그런데 납치범에 대해서는 중국측의 끈질긴 요구가 있었음에도 불구하고 '항공기 불법납치 억제를 위한 헤이그 협약'을 준수하면서 한국 법정에서 정식 재판을 통해 처벌한 것은 국제법 준수와 주권 행사라는 기본원칙을 견지했다는 점에서 중요한 의미가 있다. 중국과의 협상이 마무리된 이후 민항기 납치범들은 대한민국에서 재판을 받고 각각 4~6년의 징역형을 선고받았다. 그 후 약 1년을 복역하다가 형 집행정지로 출소한 뒤, 해외로 추방하는 방식으로 대만으로 보내졌다. 납치범들을 추방 형식으로 대만에 보낸 것에 대해 중국측이 반발했지만 당시 한국 정부 입장에서는 인도주의 정신과 대만과의 관계를 고려한 적절한 외교적 선택이었다.

1985년 어뢰정 사건은 민항기 사건 협상의 합의 경험과 내용이 바탕이 되어 협상이 상대적으로 신속하게 진행되었다. 민항기 사건 협상후 작성된 양해각서 제9항에 유사한 긴급사태 발생시 상호협력의 정신이 유지되어야 한다는 내용이 있었다. 그리고 이 합의 내용을 바탕으로 홍콩주재 한국 총영사관과 중국 신화사의 홍콩분사간의 이른바 '홍콩 채널'이 가동되었다. 그에 따라서 어뢰정 사건 발생 직후 바로 홍콩 신화사 분사의 간부가 한국 총영사관측에 긴급 접촉을 요청하면서 협상은 시작되었다.

어뢰정 사건은 중국 해군내의 선상 반란으로 발생한 민감하고 특수한 사건이었다. 그리고 중국 해군이 표류하는 어뢰정 수색을 이유로 한국 영해를 불법 침범함으로써 사건은 주권과 안보 문제로 확장되었다. 우선 한국 정부는 협상에 앞서 중국의 불법 영해 침범 사안에 대해서는 단호한 입장과 원칙을 고수해서 미수교국 중국으로부터 먼저 사과를 받아냈다. 그리고 나서 '군함'에 대해서는 국제법상 특수한 지위를 인정할 수 있다는 근거를 바탕으로 중국과의 협상을 통해 어뢰정과 승조원 전원을 중국의 요구대로 귀환시켰다.

우발적 사건으로 인한 미수교국과의 협상이었던 까닭에 상대에 대한 정보와 이해가 부족했고 협상 준비도 충분치 못했다는 특수성을 감안하면 신속하고 순조롭게 협상을 통해 사건을 해결하고 마무리했다고 평가할 수 있다. 한국 정부는 두 협상 사례에서 중국의 요구를 국제법과 원칙을 벗어나지 않는 범위에서 수용하면서도 한국의 주권적 지위를 지켜내어 원칙, 명분, 실익을 모두 견지했다. 특히 한국 정부는 한반도의 냉전구도가 여전히 작동하고 있음에도 불구하고 중국과의 관계 개선을 위해 전향적이고 유연한 협상 전략을 전개했고 결과적으로 일정한 성과를 이루어 냄으로써 역사적 맥락에서도 중요한 의미와 성과를 남겼다고 할 수 있다.

한국 정부는 사실 중국과의 관계 개선을 모색하는데 있어 다양한 국내외의 견제와 장애를 극복해야 하는 난제를 안고 있었다. 즉 미국과 일본의 보이지 않는 견제, 반공을 기반으로 긴밀한 관계를 유지해왔던 대만의 노골적인 저항과 반발, 그리고 반공 색채가 강한 친대만 성향의 국내 정치 및 언론의 반대 등이 있었음에도 이러한 상황적 제약을 돌파하면서 중국과의 협상을 순조롭게 진행하고 사건을 해결했다. 그리고 민항기 사건의 경우 냉전 시기 군사정권 하에서 외교부가 중국과의 협상을 주도했고, 미수교 상황에서 중국의 반대에도 불구하고 양국이 처음으로 국호를 명기하는 양해각서를 작성하여 첫 정부간 공식 외교 협상이었다는 것을 명확히 한 것도 중요한 의미와 성과라 할수 있겠다. 그리고 한국 정부는 두 협상을 계기로 중국 정부와 중국인들이 한국을 재인식하게 하고 관계 진전이라는 변화를 이끌어 낼 수 있는 모멘텀을 만들어 내는 성과를 이루었다.

다만 협상과 합의 과정에서 일부 구조적 한계가 노출된 부분이 있었고, 보다 냉철하고 세밀하게 다루어지지 못한 내용도 없지는 않았다. 우선 민항기 사건 협상 과정에서 한국 정부는 중국과의 최초의 정부간 공식 협상이었다는 정치적 상징성을 중요시하고 합의 내용을 문서화하는데 전력을 기울였다. 그럼에도 당시 미수교국인 중국과의 협상이라는 근본적 한계가 있었고 중국이 북한을 의식하며 정부간 협상이라는 형식을 최소화하고자 했기 때문에 '양해각서'의 형식이나 내용에서 완결성을 확보하는데 한계가 있었다.

우선 '양해각서'는 일반적인 외교문서라면 포함되어야 하는 '누가, 언제, 어디서 무엇을 합의했다'는 기본적 내용과 형식을 충분히 담고 있지 않았다. 중국측은 양해각서 본문에 '대한민국'이라는 정식 국호 사용을 피하기 위해 '한국 당국' 또는 '서울'이라는 표현을 고집했다. 특히 '중화인민공화국' 또는 '중국' 대신에 '선투 총국장과 일행'이라고 표현하여 협상 주체가 중국 정부가 아닌 선투 개인 또는 그 일행이 되는 기형적인 양해각서가 되었다. 한국은 양해각서라는 문서를 남겨서 이를 통해 정부간 공식 협상임을 분명히 하고자 한 반면에 중국은 가능한 한 정부간 공식 협상이라는 것을 드러내지 않으려는 태도를 견지했고 그 결과 양해각서 본문에는 협상 주체가 모호하게 표기되었다. 그나마 양해각서의 말미에 양국의 정식 국호를 명시한 것은 한국 협상 대표의 끈질긴 설득의 성과라 할 수 있겠다.

그리고 어뢰정 사건의 경우에도 사건 발생 이틀 만에 한국 정부가 서둘러 정치적 사건이 아니라고 발표함으로써 선상 반란을 일으킨 승조원 두 명에 대해 충분한 조사가 이루어졌는가에 대한 논란을 초래할 여지를 남겼다. 그리고 중국으로부터 영해 침범에 대해 협상에 앞서 먼저 공식 사과를 받아낸 자체는 중요한 의미가 있었지만 애매한 사과의 주체와 방식과 관련해서는 충분한 문제 제기와 논의가 있었는지 검토가 필요하다. 아울러 사과 내용에서도 '부주의'라는 표현은 실제 영해 침범이 3시간이나 지속되고 한국 해군과 대치했던 당시 상황에 부합하지 않은 것으로 중국에게 변명의 여지를 제공한 측면도 있었다. 이러한 부분은 사실 외교문서가 공개되고 나서야 비로소 검토되고 공론화 될 수 있는 미묘한 영역이기는 하지만 협상 사례를 통해 교훈을 얻기 위해서는 돌아볼 가치는 있다.

두 협상은 모두 중국내의 불미스러운 사건으로 시작된 만큼 한국이 상대적으로 주도권을 쥐고 충분한 시간을 가지면 협상을 이끌어 갈 수 있는 사안이었다. 그런데 한국은 사건 해결을 위한 협상을 통해 중국과의 관계 개선이라는 정치적 성과를 실현하려는 목적을 내재하고 있었고 그 목적이 협상 상대인 중국측에 노출되면서 스스로 협상력을 약화시킨 측면이 있었으며 결과적으로는 중국측의 바람대로 신속하게 협상이 마무리되었다. 그리고 두 협상이 성공적으로 완료되었고 그로 인해 중국의 한국에 대한 인식에 긍정적 영향을 준 것은 사실이다. 그럼에도 두 협상의 성공이 한중 수교를 촉진하는 중요한 실질적 기능을 했는지에 대해서는 냉정한 평가가 필요해 보인다.

한국 정부는 두 협상을 계기로 중국과의 관계 개선의 기회를 포착하고자 했었다. 한국 정부는 중국과의 관계 개선을 통해 국제사회에서 한국의 외교 지평을 넓히는 한편, 결과적으로 북한을 압박하고 고립시키는 효과를 가져올 수 있다는 기대를 갖고 있었다. 그런데 중국은 오히려 북한의 고립으로 야기될 주변 정세의 불안정 등 다른 전략적 고려를 하면서 한국과의 관계 진전에 신중한 태도를 견지했다. 두 협상 이후 한중간 교류가 점진적으로 증가하기는 했지만 중국은 여전히 한국과의 공식 관계를 인정하지 않았으며 실제로 수교에 이르기까지는 9년의 시간이 필요했다.

중국은 민항기 사건이 발생하기 이전인 1982년부터 독립자주외교 노선을 전개하면서 한국과도 간접 경제교류 등 비공식 관계를 점진적으로 신중하게 확대해오고 있었다. 중국은 두 협상 이후에도 큰 틀에서는 비공식, 비정치 관계를 중심으로 하는 한국과의 제한적, 점진적 관계발전 기조를 유지했다. 그러면서 중국은 한국과의 교류로 인해 북한과의 관계에 부정적 영향을 미치지 않도록 관리하면서 오히려 북한과의 관계를 안정화시키고자 했다. 중국이 이른바 북정남경(北政南經)의 정경분리 정책 기조에서 사실상의 투 코리아(two Korea) 정책으로 전환이 이루어진 것은 1991년 남북한 유엔 동시 가입이 실현된 후이며 한중수교 논의도 급진전 되었다.

두 협상은 결과적으로 한중수교 이후 북한문제에서 '중국역할'에 대해 한국 정부가 전략적 고려와 기대를 확대시켜 오게 되는 출발점이었다. 한국 정부가 북한을 압박하려는 의도에서 중국과의 관계 개선을 추진한 것은 당시 북한의 전략적 가치를 중요시 해왔던 중국에게 호응을 기대하기는 어려운 상황이었다. 요컨대 한중 양국은 관계 개선의 출발선에서부터 서로 상이한 전략적 동기를 내재하고 있었으며 '전략적 동상이몽' 상황은 양국의 관계 개선 과정에서부터 잉태되어, 축적되어왔던 것이라 할 수 있다. 수교 30년을 맞이하여 중대한 역사의 기로에 서 있는 한중관계가 미래의 새로운 관계를 재설계하기 위해서는 누적된 전략적 동상이몽의 현실을 직시하는데서 출발해야 한다.

1980년대 한중 외교협상 사례연구

중국 민항기(1983년) 및 어뢰정(1985년) 사건 협상을 중심으로

Ⅰ. 서론

1. 중국 민항기 및 어뢰정 사건 협상사례의 특징과 역사적 의미

1983년 중국 민항기 납치 사건과 1985년 어뢰정 사건은 공히 한국이 냉전 시기에 미수교국이었던 중화인민공화국[1]과 처음으로 직접 정부간 외교 협상을 진행한 특별한 협상 사례이다. 한국 정부로서는 사실상 중국과의 최초의 외교 협상이었기에 협상 경험이나 참고할 전범도 없었다. 특히 두 사건은 우발적으로 발생한 예기치 않은 사건이었기에 충분한 사전 준비가 없는 상황에서 갑작스럽게 협상을 진행해야 하는 이례적인 특수 사례였다. 따라서 한국정부는 선례가 없고 준비되지 않은 미수교국 중국과 순탄하게 협상을 진행해야 하는 것이 우선 과제였다. 중국 역시 한국과 마찬가지로 준비되지 않은 협상을 진행해야 했을 뿐만 아니라 두 사건의 특성상 상대적으로 더 다급하고 열세의 입장에서 협상을 진행해야 하는 상황이었다.

1 두 사건 발생 당시에는 정부의 공식 문서 등에서 중화인민공화국은 '중공'으로, 현재의 대만은 '중국', 또는 '중화민국'으로 표기했다. 이 글에서는 직접 인용문을 제외하고 서술의 편의와 일관성을 기하기 위해 중국, 대만으로 표기한다.

그런데 한국 정부는 사실 두 사건 협상을 앞두고 더 중요한 과제를 안고 있었다. 한국정부는 1970년대 이후 중국과의 관계개선 의사를 지속적으로 타진했지만 중국은 반응을 보이지 않고 있었다. 따라서 이 두 사건은 예상치 못했던 중국과의 공식 접촉의 기회가 되었으며, 이 협상을 통해 중국과의 관계 개선의 기회를 포착하려는 전략적 고려를 하고 있었기 때문에 한국정부에게는 매우 중요하고 쉽지 않은 협상이 되었다.

박정희 대통령은 1973년 6.23 선언을 통해 '대한민국은 호혜평등의 원칙하에 모든 국가에게 문호를 개방할 것이며, 우리와 이념과 체제를 달리하는 국가들도 우리에게 문호를 개방할 것을 촉구한다.'는 이른바 공산권에 대한 문호개방정책을 선언한바 있다. 즉 사실상 당시 중국을 포함한 사회주의 국가들과의 관계 개선 의지를 공식적으로 표명한 것이다. 그 이후 한국정부는 사회주의 국가, 특히 인접한 대국인 중국과의 관계를 개선하기 위한 노력을 지속해왔다. 반면에 북한과 동맹관계에 있던 중국은 한국 정부와의 접촉을 회피하면서 한국 정부의 관계 개선 신호에 공식적 반응을 하지 않았다.

1983년과 1985년 사건은 바로 이러한 국제정세와 한국의 외교 환경에서 돌연히 발생한 것이다. 두 사건은 내용이 다른 별개의 독립된 사건으로서 중요한 차이도 있지만 상호 연계성이 있고 그 결과와 함의 또한 유사성을 지니고 있다. 즉 우선 두 사건은 공통적으로 한국의 의사와는 무관하게 어느 날 갑자기 발생한 우연적 사건이었지만 중국과의 접촉 기회를 꾸준히 모색해왔던 한국 정부 입장에서는 오히려 예기치 않은 기회가 될 수도 있는 사고였다. 반면에 중국의 입장에서는 한국에게 협조를 요청해서라도 신속히 해결해야 하는 일어나지 말아야 했던 우발적 사고였다.

1983년 민항기 납치사건 협상이 한중 양국 정부간 첫 공식 협상이었다면 1985년 어뢰정 사건 협상은 앞선 1983년의 협상과 합의 경험이 중요한 선례와 전범이 되어 이를 원용하여 협상이 진행되었다. 어뢰정 사건은 중국 군과 관련된 특수한 사건이었고, 특히 중국 해군이 불법으로 우리 영해를 침범한 민감하고 복잡한 사안이었지만 결과적으로 순조롭게 협상을 통해 해결되었다. 두 사건의 순조로운 협상을 통한 해결은 한중관계 발전의 중요한 디딤돌 역할을 했으며, 특히 양국이 서로에 대한 인식을 새롭게 하게 되었고 한국에서는 중국과의 관계 개선에 대한 기대를 고조시키는 계기가 되었다.

두 협상은 미수교국인 중국을 상대로 한국 정부가 최초의 공식 외교 협상을 진행한 특별한 사례라는 중요한 의미를 갖고 있다. 그리고 한중관계사의 측면에서 보면 1949년 이후 30여년 간 단절과 적대의 오랜 시기를 거쳐 관계 개선의 중요한 분기점에서 진행된 협상이라는 역사적 의미도 지니고 있다. 그리고 1983년 공식협상이후 9년만에 한중 수교가 이루어지고 이제 다시 30년의 시간이 경과했다. 따라서 두 협상 사례에 대한 검토는 협상 내용 자체 뿐만 아니라 한중수교에 이르는 과정에 대한 역사적 복기라는 중요한 외교사적 함의를 갖고 있다. 그리고 수교 이후 30년 한중관계 발전의 배경과 과정을 이해하는 데도 중요한 시사를 줄 수 있다.

2. 중국 민항기 및 어뢰정 사건 협상 사례연구의 의의와 중요 질문

1983년과 1985년에 연이어 발생한 두 사건은 한중 양국이 모두가 예상치 못한 우발적 사건이었고 양국은 미수교 상태에서 첫 정부간 공식 외교 협상을 진행하는 어려움이 있었다. 그런데 이러한 어려움에도 불구하고 양국은 비교적 순조롭게 협상을 진행했고 타협을 이루어낸 성공적인 협상 사례라 할 수 있다. 특히 결과적으로 두 협상은 이후 한중관계 발전과 수교에 이르는 과정에서 중요한 돌파구 역할을 했다는 역사적 평가를 받고 있으며 한중관계사에서 중요한 상징적 의미를 갖고 있는 사례이기도 하다.

수교 30년을 맞는 현재의 한중관계의 복잡한 현실을 고려할 때 당시 협상에 대한 냉철한 복기는 협상 사례로서의 교훈과 함께 현재 양국관계를 성찰하는 기회가 될 수 있을 것이다. 두 사건의 협상과 직접 관련 있는 공식 외교문서는 39년이 지났음에도 불구하고 여전히 공개되지 않고 있어 구체적인 협상 과정, 내용, 그리고 협상 전략의 실체를 파악하는데 한계가 있다. 그럼에도 두 협상이 결과적으로 9년, 7년 이후 한중 수교의 중요한 돌파구를 마련했다는 평가를 받고 있는 중요한 사례인 만큼 다양한 대안 자료를 수집하여 가능한 한 당시 상황을 객관적으로 파악하고자 했다.

첫째, 당시 협상에 직간접으로 관여한 외교관들과의 심층 면담, 외교관들의 구술기록과 언론인터뷰 등을 취합하여 교차 확인 작업을 진행했다. 특히 국립외교원 외교사연구센터에서 진행하고 있는 '한국외교관 구술기록'에서 밝힌 외교관들의 구술과 회고가 이 연구를 진행하는데 많은 도움이 되었다.

둘째, 협상을 전후한 시기에 중국과 관련하여 공개된 일부 외교 문서도 검토하고 연구에 반영하였다. 협상을 전후한 시기에 한중 양국의 정책과 상호 인식, 그리고 제3국을 통한 한중간 간접 접촉과 교류 상황등을 파악하는데 이들 외교 문서들을 활용하였다.

셋째, 중국에서 발간된 자료와 기록들도 검토하여 한중 양국간의 두 사건에 대한 인식, 그리고 협상 목적과 전략의 차이를 파악하고 분석하였다. 특히 민항기 납치사건의 경우 중국에서는 당시 사건 관련자와 협상 대표들을 중심으로 매우 상세하게 정리 발표한 구술 기록 자료가 있었다. 이 자료는 중국측의 사건에 대한 인식과 협상 전략이 한국과 어떠한 차이가 있었는지를 파악하는데 도움이 되었다.

넷째, 두 협상 사례는 우발적으로 발생한 사건자체에 대한 객관적 이해도 중요한 만큼 당시 국내외의 언론 보도를 검색하고 확인하는 작업도 병행했다. 언론 자료 검토를 통해 사실관계를 정리하고, 아울러 당시 사건에 대한 정부측의 인식과 여론의 동향을 파악하였다. 특히 당시 외교부 장관이 국회에 출석하여 보고한 국회회의록이 당시 정부의 인식과 입장을 이해하는데 중요한 자료로 활용되었다.

1983년과 1985년 협상에 대해서 한국은 대체로 중국과의 관계 개선을 견인한 성공적인 협상사례로 평가하고 있다. 반면에 중국은 두 사례에 대한 인식과 평가가 상이하다. 이는 두 사건과 관련된 중국자료를 검토해 본 결과에서도 확연히 드러난다. 즉 중국에서는 1983년 민항기 사건과 협상에 대해서는 관련 인사들의 구술기록 등 자료가 다수 발표된 반면에 1985년 어뢰정 사건에 대해서는 사실 관련 보도만이 간략하게 남아있을 뿐 구술 자료는 물론이고 2차

분석 자료도 없다.

1983년 민항기 사건과 협상 관련해서는 당시 중국 측 협상 대표였던 선투(沈图) 민항 국장의 회고록, 그리고 당시 피납된 민항기의 기장이었던 왕이쉔(王仪轩), 중국 외교부 조약법률국 부국장 쉬광젠(许光建) 등 당시 중국 협상대표단에 참여했던 인사들의 구술 기록 등이 책으로 출판되었다.[2] 1983년 민항기 사건은 중국에서도 기록으로 남길 정도의 성공적인 협상 사례로 평가하고 있다. 따라서 1983년 협상 사례의 경우에는 중국측의 회고록과 구술 자료가 있어 중국의 입장에서 보는 협상 내용과 결과가 한국의 평가와는 어떠한 차이가 있는지를 검토하면서 협상 내용을 정리하는 기회가 되었다.

반면에 1985년 어뢰정 사건은 협상 결과 자체만으로 보면 1983년 민항기 사건 협상의 연장선상에서 타협이 이루어졌고, 군함, 군인 등 중국측이 요청한 모두를 송환받았기 때문에 중국의 입장에서도 실패한 협상이라고 볼 수 없다. 다만 중국의 입장에서 군과 관련되어 있는 사건인데다가 작전 수행중인 어뢰정 내부에서 부하가 상사에게 총격을 가한 일종의 하극상과 군기 문란이라는 치부를 보여준 사건이었기 때문에 공개하지 않으려는 것으로 해석해 볼 수 있겠다. 특히 중국은 당시 어뢰정을 추적하는 과정에서 한국 영해를 무단 침범했고, 그 결과 한국에 공식 사과하는 상황까지 발생한 만큼 사실상 드러내고 싶지 않은 사건이었다. 실제 중국내에서는 이 사건을 중국 해군의 4대 참사의 하나로 기록하고 있다.[3]

2 민항기 사건과 협상에 관해 중국에서 발행된 주요 자료는 沈图, 1993, 『沈图回忆录』(天津, 百花文艺出版社); 王仪轩, 许光建, 2009, 『中韩劫机外交』(当代中国出版社).

3 중국 해군창설이래 4대 참사로는 1959年 418号잠수함 침몰사고, 1978年 160号 구축함 폭발

두 사건 협상과 관련된 핵심적 질문은 첫째, 거시적 차원에서 두 협상에 대한 역사적 평가이다. 우선 두 협상은 앞서 언급한대로 일반적으로 한중수교의 디딤돌, 또는 돌파구 역할을 했다는 역사적 평가가 있다. 9년, 7년간의 시차가 있는 한중수교에 과연 두 협상은 어떠한 실질적인 작용을 했는가? 이와 관련 협상 전후 한국과 중국 사이에는 양국관계에 대해 어떠한 인식 차이가 있었는가? 하는 질문을 바탕으로 협상 사례를 복기 하고자 한다. 이를 위해 두 협상 전후 한중관계에는 어떠한 변화가 이루어졌는지를 함께 검토하고자 한다.

1983 민항기 사건의 경우 중국이 매우 이례적으로 먼저 한국 정부에 협상단 파견을 제의하고 직접 협상을 시도한 배경에 대한 객관적인 검토가 필요해 보인다. 당시 한국 정부는 민항기 사건과 어뢰정 사건 모두 국제법과 원칙에 따른 해결을 모색하면서도 사실상 중국과의 관계개선의 기회로 활용하기 위해 적극적으로 협상에 임했다. 반면에 중국이 당시 미수교국인 한국과의 직접 협상에 전향적인 태도를 보인 이유와 의도에 대해서는 냉정하게 재검토할 필요가 있다.

둘째, 미시적 차원에서 협상과정과 내용을 검토하고 이를 통해 당시 양국의 협상 전략과 목표를 파악하고자 한다. 두 협상은 공히 미수교국간에 이루어진 첫 정부간 공식 외교 협상이라는 독특성을 지니고 있는 만큼 그 세부 과정에 대한 검토가 필요해 보인다. 외견상 치밀하게 준비되지 않은 긴급한 협상이 결과적으로 성공적으로 마무리되게 된 내용과 과정에 대한 검토는 중요하고 의

사고, 1985年 3213号 어뢰정 사건, 2003年 361号 잠수함 사고가 제시되고 있다. 그 가운데 160号 구축함 폭발사고로 군인 133명이 사망한 사건이 최대 참사로 기록되고 있다. http://www.pinlue.com/article/2017/05/1219/361628894856.html.

미가 있다. 독특한 두 협상 사례가 주는 교훈과 메시지를 발견하고자 한다. 협상 프로세스와 구체적인 내용에 대해서는 사실 여전히 상당부분이 공개되지 않고 있어 그 실체를 세밀하게 파악하는데는 한계가 있다. 그럼에도 양국 협상 참여자들의 구술, 언론 인터뷰, 그리고 당시의 언론 보도 등을 종합적으로 분석하여 재구성하는 시도를 하고자 한다.

셋째. 두 협상이후 한중관계는 일정한 발전이 있었고 결과적으로 수교에 까지 이르게 되었다. 실제로 두 협상 사례는 큰 틀에서 볼 때 한중관계 발전의 중요한 돌파구라는 평가가 지배적이다. 따라서 이 글은 두 협상 자체의 배경, 과정, 전략 등을 가능한 한 상세하게 검토하는 미시적 접근과 동시에 두 협상이 진행된 전후의 국제정세와 한중관계를 거시적으로 함께 검토하여 두 협상이 한중수교와 현재의 한중관계에 어떠한 영향과 함의를 갖는지를 종합적으로 파악하고자 한다.

Ⅱ. 중국 민항기 및 어뢰정 사건 협상의 배경과 주요 쟁점

1. 협상의 배경: 한중 양국의 국내정세 및 국제정세의 변화

두 협상은 공통적으로 어느 날 갑자기 발생한 예상치 못한 사건으로 인해 중국측이 요청하여 협상이 진행된 사례이다. 심지어 미수교 상황에서도 협상은 성공적으로 마무리되었고 그 결과 한중관계는 새로운 발전의 계기가 만들어졌다. 비록 사건 자체는 우발적으로 일어났지만 사건 전후의 국제정세와 역사의 진화 과정을 거시적으로 조망해 보면 성공적인 협상이 온전히 우연의 결과가 아니었다는 것을 발견할수 있다. 한국과 중국이 미수교상태였음에도 공식 협상이 불가피해진 배경, 이유, 그 과정을 이해하기 위해서는 사건 발생이전의 국제정세의 변화 추이와 양국의 국내사정에 대한 이해가 중요하다.

요컨대 1983년 우발적 사건이 미수교 관계였던 한중 양국이 최초로 공식 접촉을 하게 하는 돌파구 역할을 하게 된 것은 단순한 '역사의 우연'이라고 만 평가할 수 없다. 역사의 흐름을 긴 호흡에서 돌이켜 보면 이미 1970년대 초 냉전시기임에도 불구하고 미중 관계 개선과 중일 수교 등 국제정세에 일대 혁신적 변화의 기류가 전개되고 있었다. 한국과 중국 양국 국내 정세도 대대적 변화의 흐름이 진행되는 등 한국과 중국간에 관계 개선이 진행될 수 있는 주목할 만한 환경의 변화가 진행되고 있었다. 이러한 일련의 변화의 연장선상에서 민항기 납치라는 우발적 사건이 양국간 직접 접촉의 돌파구가 될 수 있었던 것이다.

한국은 박정희 정부 시기인 1973년 6.23 선언을 기점으로 중국과의 교류 의사를 지속적으로 피력해왔지만 중국은 민항기 사건 이전까지는 직접 접촉을 회피해왔다. 박정희 정부는 1970년대 들어서 중국과의 관계 개선에 긍정적 변화들이 나타나고 있다고 판단했다. 예컨대 1972년 닉슨의 중국방문과 미중 관계 개선, 중일 국교정상화가 한중관계의 기능적 협력의 가능성을 여는데 기여할 것이라는 기대를 갖게 되었다.

아울러 박정희 정부는 중소분쟁의 장기화는 중국의 한반도에서의 긴장완화와 한국과의 관계개선의 동기가 될 수 있으며, 중국에 있어서의 북한 비중도 상대적으로 약화될 것이라고 기대하였다. 특히 1972년 7월 7.4 남북공동성명 발표직후 중국 관영 언론에서 한국에 대해 '괴뢰집단' 대신에 '남조선'이라 호칭하고, 비방과 공격도 중지하며, 남북한 관계 개선에 대해 환영한다는 입장을 표명한 것이 한중관계 개선에 대한 긍정적 신호라고 판단하였다.[4]

박정희 정부는 1973년 6.23 선언을 전후하여 실제로 다양한 방식으로 중국과의 접촉을 시도하였다. 예컨대 1973년 이후부터 중국을 적성국 대상에서 제외하면서 국제무대에서 중국대표와의 접촉을 허용하고, 접촉의 기회를 포착하려 했다. 이탈리아, 프랑스, 홍콩 등 제3지역 주재 외교관들에게 연회 등 비공식 석상에서의 중국 외교관의 접촉을 지시하고 미국, 일본 등 우방국 외교관의

4 "한국의 대중국(구 중공)정책, 1972," 외교부 동남아1과, 대한민국 외교사료관 분류번호 721/1CP, 1972.

중재 역할을 이용하도록 하였다. 그리고 한국정부는 홍콩을 통한 중국 당국과의 간접적인 접촉을 시도하기도 했다.

당시 중국은 홍콩에 신화통신사(新华通讯社) 분사(分社)을 설치하고 미수교국가와의 비공식 접촉 창구로 활용해오고 있어 한국 정부 역시 홍콩 언론 인사를 통해 신화사 간부와의 접촉을 모색했다. 예컨대 1976년에는 당시 김성진 문공부장관이 동남아 순방 귀로에 홍콩에서 인터뷰를 통해 "한국정부는 언제든지 어느 장소이든지 어떤 형태의 레벨에서도 중국 정부 당국과 접촉하고 싶다."는 의사를 전달했지만 중국의 반응을 얻지는 못했다.[5]

당시 중국은 문혁 말기로서 국내적으로 정치적 혼란을 수습하는데 몰두하고 있었기 때문에 한국과의 교류에 관심을 가질 상황이 아니었다. 그럼에도 중국측에서도 이미 1970년대 초부터 한국이 중국에 대해 적극적으로 접근해오고 있다는 것에 주목하고 어떻게 반응해야 하는지에 대해 정책적 논의가 있었다. 예컨대 민항기 협상에도 참여했던 중국 외교관 장정차이(蒋正才)의 인터뷰 기사를 보면 한국 정부가 영해를 침범한 중국 어선을 모두 대만으로 보내다가 1970년 무렵부터 중국으로 돌려보내기 시작했고, 해외에 있는 공관에서는 한국 외교관들이 접촉을 시도하고 있다는 내용이 중앙의 저우언라이(周恩来) 총리에게까지 보고가 이루어지고 한국의 중국에 대한 태도 변화를 주시하기 시작했다고 한다.[6]

그런데 중국은 문혁이 종결되고 덩샤오핑(鄧小平)이 권력을 장악하고 1978

5 이병국, 1997, 『한중경제교류현장론』 (나남출판사), pp. 182-183.

6 "卓长仁劫机案谈判始末—中韩交往的一次破冰之旅,"(2019. 7. 9) https://www.youqu5.net/gushi/43958.html

년 개혁 개방정책을 추진하게 되면서 자연스럽게 경제교류의 대상으로서 인접한 신흥공업국 한국에 대한 관심이 서서히 표출되기 시작했다. 실례로 1978년 11월부터 개최된 중국 공산당 중앙공작회의에서 한국, 홍콩, 싱가포르, 대만 등 이른바 '아시아 4마리 작은 용(四小龙)'이라고 불리는 신흥공업국들이 고도성장을 성취한 이유에 대한 자료가 회의 참석자들에게 배표되었고 이에 대한 내부 토론이 진행되었다고 한다.[7] 그리고 실제로 1979년부터 제3국을 통한 한중 양국간 간접교역도 시작되었다. 1981년 11월 신병현 당시 부총리는 국회 답변에서 "현재 중공과의 직접교역은 없지만 개선되리라고 생각한다"고 밝혀 양국간 간접 교역이 진행되고 있음을 사실상 간접적으로 확인해주었다.[8]

그리고 1980년 12월 후야오방(胡耀邦) 당시 총서기는 유고 기자와의 회견에서 한국 등의 발전 경험을 연구하고 있다고 밝힌 것으로 알려져 교역뿐만 아니라 한국과의 경제협력에 대해 관심이 있다는 것을 시사했다. 그럼에도 중국 정부는 공식적으로는 한국과의 교역을 인정하지는 않았다. 예컨대 1981년 3월 당시 지펑페이(姬鹏飞) 부총리는 "중국은 이스라엘, 남조선, 남아프리카공화국과는 그 어떠한 관계를 가지고 있지 않다."고 하여 한국과의 무역을 부인한 바 있다.[9] 중국은 한국과의 비공식적 경제교류는 묵인하고 있었지만 공식적인 한국과의 접촉은 여전히 북한을 의식하며 거부했다. 중국은 1981년과 1982년에 걸쳐 중국에서 개최한 유엔관련 국제회의에 한국대표의 입국을 연

7 张瑾彬, 1999, "党和国家工作重点转移到经济建设上来的决策," 中国社会科学院当代中国史研究所编『当代中国史研究』第3期, p. 64.

8 신명순, 1985, "한국과 중공의 관계개선에 관한 방안연구,"『한국과 국제정치』 제1권 제1호, pp. 78-79.

9 『人民日报』1981. 3. 31.

이어 거부했다. 심지어 제3국에서 개최된 국제회의에서 한국대표가 발언할 때 중국대표단이 퇴장하는 사례도 빈번했다.[10]

중국정부는 여전히 국제무대에서 한국대표와는 악수도, 인사도 나누지 말고 보고도 못 본척하라는 내부 지침이 유지되고 있었다.[11] 그래서 그 연장선상에서 국제회의에서 한국대표가 발언을 할 경우 중국의 수석대표는 퇴장하는 것이 관행이었다. 중국은 상징적으로 수석대표는 퇴장하지만 부대표 또는 단원 중 일부가 남아 한국 대표의 발언 내용을 청취, 기록하는 방식을 선택했다. 중국은 당시에 남아공화국, 이스라엘과 함께 '남조선'을 외교관계의 '금지구역(禁区)'로 인식하고 있었다.

1982년 9월 김일성이 중국을 방문했을 때 덩샤오핑, 후야오방 등 당시 중국의 최고위 지도자 거의 모두가 기차역으로 김일성의 방중을 마중하는 등 대대적으로 환영을 하고 '조선'이 한반도의 유일한 정부임을 밝혀 한국을 합법적인 주권국가로 인정하지 않음을 분명히 한 바도 있다. 그런데 중국측은 환영행사는 대대적으로 펼친 반면에 북한과 구체적이고 긴밀한 정책 협력에는 적극적이지 않았다. 예컨대 당시 김일성이 주장하는 고려연방제 방안이나 주한미군 철수 주장에 대해서 중국측은 형식적 동의를 표하는 정도였으며 적극적으로 호응을 하지는 않았다.[12] 중국은 당시 개혁개방정책을 통해 경제발전에 집중하면서 한반도의 현상유지와 안정에 정책의 우선순위를 두고 있었다.

10 一纸批文打开中韩"禁区"," 南阳网历史频道(2016. 3. 9) http://ls.01ny.cn/detail/26355.shtml(검색일 2016. 10. 20).

11 李文亚, "张庭延亲历中韩建交, 金日成说的惊人之语", 『人民日报』 2012. 10. 22.

12 김일성 북한 주석의 중국 방문 관련 상세한 내용은 刘金质, 杨淮生 主编, 1994, 『中国对朝鲜和韩国政策文件滙编 5(1974-1994)』(北京, 中国社会科学出版社), pp. 2353-2361 참조.

그리고 민항기 사건이 발생하기 직전부터 중국은 한국에 대해 긍정적 신호를 보내는 변화를 보이기 시작했다. 이는 한국 정부의 지속적인 대중국 접촉 시도의 결과이기도 하지만 더 주목해야 하는 것은 중국 외교 전략의 전반적인 변화이다. 즉 1982년 중국에서 12차 공산당 전국대표대회가 개최되어 사실상 덩샤오핑 체제가 안착되었음을 대내외에 공식화하면서 동시에 소위 '독립자주외교노선'이라는 덩샤오핑 외교노선을 발표하였다.[13] 이를 통해 중국은 기존의 미국 등 서방에 경사된 외교를 다변화하면서 중국 외교 활동 대상과 영역을 확장할 것임을 예고하였다.

이른바 '독립자주외교노선'은 중국이 해외로부터 자본, 기술, 선진 경영기법을 적극 도입하여 경제발전에 매진하기 위해 전방위적인 대외개방을 전개하고, 동시에 이를 위해 평화적이고 안정적인 국제환경과 주변안보환경을 조성하겠다는 것이었다. 따라서 중국의 한반도 정책도 한반도의 안정에 최우선 순위를 두면서 다른 한편 신흥공업국의 대표주자인 한국과의 경제교류를 모색하는 방향으로의 점진적 전환을 시사했다.

요컨대 중국은 덩샤오핑 실용주의 정권의 등장과 외교노선의 변화로 인해 한반도 정책에서의 유연성이 증대되면서 한국과의 교류와 접촉을 단계적으로 확대해왔다. 그럼에도 중국은 여전히 북한과의 전략적 관계를 유지하면서 한반도의 안정화에 초점을 맞추고 있었다. 다시 말해 중국은 경제적 필요에 의해

13 덩샤오핑은 "중국의 대외정책은 독립자주적이며 비동맹정책이다. 중국은 미국 카드도, 소련 카드도 사용하지 않을 것이며 다른 나라가 중국카드를 사용하는 것도 허용하지 않을 것이다." 라고 하며 중국외교 독립 자주성을 강조하였다. 『邓小平文选』 第3卷(北京: 人民出版社, 1993), p. 57.

한국과의 비공식 관계를 신중하게 점진적으로 개선하면서도 다른 한편으로 한국과의 접촉으로 인해 북한과의 관계에 부정적 영향을 미치지 않도록 관리하는데 집중하면서 오히려 북한과의 관계를 안정화시키려는 시도를 병행했다.

특히 중국은 북한의 도발로 인해 한반도의 안정이 위협받거나 또는 북한이 소련으로 경사되는 것을 억지하기 위한 차원에서 북한에 대한 형식적 지지와 관리 기조를 유지하고자 했다. 즉 한국정부는 중국과의 관계 개선이 결과적으로 북한의 외교적 고립과 압박의 효과를 초래할 수 있다는 기대를 갖고 있었지만 중국은 오히려 북한의 고립으로 야기될 정세의 불안정 등 다른 전략적 고려를 하면서 한국과의 관계 진전에 신중한 입장을 유지했다.

2. 중국 민항기 및 어뢰정 사건 발생과 경과

가. 1983년 중국 민항기 사건 발생과 경과

1983년 중국 민항기 납치 사건이라는 예상치 못한 우발적 사고가 한국과 중국 양국간 공식 접촉의 결정적인 돌파구가 되었다. 그런데 사실 이러한 유사한 돌발적인 사고는 이미 앞서 두 차례가 있었다. 1961년 9월 15일 까오위종(高佑宗), 샤오시엔(邵希彦)이 중국 수송기 AU2기를 몰고 제주도에 비상착륙한 것이 처음이었다. 그리고 1982년 10월 16일 중국공군 소속 우롱건(吳荣根)조종사가 미그19기로 한국에 귀순한 사건이 있었다. 당시 한국 정부는 조종사는 대만으로 인도하되 기체는 국제관행에 따라 처리할 것이라 발표했다. 당시 한국이 중국과의 관계를 고려하여 먼저 우호적인 제안을 했음에도 불구하고 중국정부는 정작 어떠한 요구와 반응도 하지 않았다. 민항기 사건 발생 대략 7개월 전에 발생한 사건이었지만 이 경우에는 중국이 반응을 보이지 않아서 한중간 공식 접촉의 계기가 되지는 않았다.

그런데 1983년 5월 5일 중국 민항기가 공중에서 납치되어 한국에 불시착하는 사건이 발생하자 중국의 대응은 기존과 완전히 달랐다. 어린이날 휴일이었던 5월 5일 현지시간 오전 10시 49분 중국 승객 96명과 승무원 9명을 태우고 선양(沈阳)공항을 출발해 상하이(上海)로 비행하던 중국 민항기가 11시 25분에 피랍 사실이 다롄 공항으로 긴급 전달되었다. 다롄 상공에서 줘창런(卓长仁)등 6명의 중국인이 항공기를 납치하고 대만으로의 망명을 시도하였다. 조종사가 평양 미림 비행장 부근 상공에서 3-5회 선회 비행하며 착륙을 시도하자 권총 1발을 발사하여 부상시키고 오후 1시 59분경 휴전선을 넘어 서울 비행정보구역으로 진입하게 되었다.

당시 중국 민항기는 연료가 부족하여 인근 비행장에 착륙을 할 수밖에 없게 되었다. 당시 서울, 경기, 강원지역에는 적기의 공습을 알리는 경보가 울렸고 방송은 훈련이 아닌 실제상황임을 알리는 비상사태가 발생했다. 공군 F-5 4대가 출격하여 중국 민항기를 에스코트하면서 춘천시의 주한 미군기지인 캠프 페이지(Camp Page) 비행장으로 유도하여 14시 11분에 불시착했다.

당시 사건을 접수한 국방부 상황실과 내무부는 긴급 상황으로 인식하고 사건의 내용을 국무총리 및 청와대에 보고하고 비상체제로 돌입하였다. 한국 정부는 함병춘 대통령 비서실장 주재로 오후 5시께 청와대에서 긴급대책회의를 열어 관련부처 고위 관계자들간의 업무협의를 가졌다. 오후 5시 반에 국방부 대변인이 사건의 경위에 대해 공식발표를 했고, 대책회의에서는 문화공보부를 공식발표 창구로 결정하고 5일 밤 2차 발표를 했다.

중국은 민항기가 납치되어 춘천에 착륙하였다는 소식을 접한 직후 우선 미수교국인 한국과 직접 연락을 취할 수 있는 방도를 찾기 위해 동분서주했다. 중국은 민항기 납치사건을 인지한 직후부터 6일 오전까지 무려 8회에 걸쳐 서울로 전보를 보내며 한국과 연락을 모색하는 한편, 주중 미국과 일본 대사관, 중국민항 도쿄 사무소 등 가능한 모든 연락 루트를 동원해 현지 상황을 파악하고자 했다. 사건 발생 초기 중국은 미국과 일본을 통해 한국에 간접적으로 의사를 전달하려 했다.

중국은 5일 17시 10분에 동남아지역 항공 고정통신망(AFTN)센터인 일본 도쿄를 경유해서 김포 서울지방항공국 국제항공 통신소 앞으로 첫 전문을 보냈다.[14] "우리 여객기 1대가 실종됐다. 이에 관한 어떤 정보가 있는가?" 그리고 19시 35분 2차 전문에서는 처음으로 '대한민국'이라는 국호를 사용했다. 즉 "대한민국 교통부 김철용 항공국장과 얘기하고 싶다. 승객과 승무원들의 안전에 유의해 달라. 사건 해결을 위해 귀국 방문을 허가해주기 바란다. 조속한 회신을 요망한다."는 내용이었다. 그리고 6일 오전 1시 40분 3차 전문은 중국 외무부 제1국장이 대한민국 외교부 앞으로 보냈다. 이 전문은 한국과는 직접 외교 관계를 맺고 있지 않으므로 주한 일본 대사를 통해, 주일 중국대사에게 메시지를 전달해 달라는 주문과 함께 "여객기가 납치됐는지? 귀국측 조사 결과를 알려달라. 승객, 승무원, 기체의 안전 보장을 요청한다. 범인들은 국제협약에 따라 처리해달라. 중국민항 직원 서울급파 허가 바란다"라는 내용이었고

14 중국의 전문에 대한 자세한 내용은 『한국일보』 1983. 5. 8 ; 『조선일보』 1983. 5. 8 참조.

한국측의 회신이 없자 같은 내용으로 4차와 5차 전문을 보냈다.

그리고 오전 5시 6차 전문을 통해 일방적으로 "아국 민항대표단을 상호 8시 북경공항에서 출발시키겠다."고 했다. 이후에도 한국측의 회신이 없자 오전 11시, 오후 1시로 출발 시간을 늦추는 7차, 8차 전문을 연이어 발송했다. 이 전문 전달 과정을 통해 당시 중국이 어느 정도 다급하게 상황을 인식했는지 엿볼 수 있으며 중국이 한국에 대한 이해도 부족했고 한국과의 접촉 채널이 없었다는 것을 시사해주고 있다.

중국은 6일 오전에 국가 항공기납치사건 긴급대책 영도소조(国家紧急处置劫机領导小组)를 소집하여 대책을 강구하였다. 당시 덩샤오핑의 경제특구 정책을 진두지휘하던 실세 부총리 구무(谷牧)가 조장으로서 회의를 주재하였고 그 외에 공안부장, 외교부 부부장, 국무원 부비서장 등이 참여하였다. 소조의 긴급 대책 회의에서는 한국측의 회신을 기다리면서 3가지 방안이 논의되었다고 한다.

즉 첫째, 선투 중국 민항총국장이 서울로 가서 한국측과 직접 교섭하는 방안, 둘째, 미국이나 일본을 통해 한국정부에 승객과 승무원의 안전을 확보하는 방안, 셋째, 중국은 국제민간항공(ICAO) 회원국으로서 국제민간항공 이사회 의장에게 한국정부와의 협상을 요청하고 '헤이그 협약' 등 관련 국제 협약을 준수하도록 요구하는 방안이 제시되었다.[15] 중국측도 당시 미수교국인 한국과 협상을 진행해야 하는 예상치 못한 상황에 내부적으로 적지 않은 고민이 있었음을 보여주고 있다.

중앙서기처 후치리(胡啓立)서기는 민항기 피랍 보고를 받고 기체와 승객을

15 沈图, 1993, p. 188.

귀환시키기 위해서는 현장에 가는 것이 급선무라는 판단을 하고 한국에 협상단을 파견하는 방안을 결정하고 통보하였다고 한다.[16] 그리고 바로 선투 총국장을 단장으로 하는 '민항국공작소조(民航局工作小组)'를 구성하였다. 그리고 중국 외교부에서는 5월 6일에 곧바로 "중국 민항기가 납치되어 남조선에 긴급 착륙했고 중국 측은 남조선 당국이 국제민용항공협정의 규정에 근거하여 비행기, 승무원, 승객 전원을 중국에 송환하고 납치범도 인도할 것을 요구 한다"는 성명을 발표 했다.[17]

중국은 이 사건이 일어나자 매우 이례적으로 당일 저녁 곧바로 사건 처리를 위해 중국 민항총국 관리가 한국에 입국할 수 있도록 해 달라는 전문을 보내왔다. 사건 당일 중국 민항국은 한국 교통부 김철용 항공국장 앞으로 텔렉스를 보내, 사건 해결을 위해 대표단의 한국방문을 요청한 것이다. 당시 중국은 직접 한국과 소통창구를 찾을 수 없는 상황에서 루루이링(廬瑞令) 민항총국 국제사 부국장이 1983년 1월 싱가포르에서 열린 아태지역 항공회의에서 만난 한국 교통부 김철용 항공국장의 명함에 적힌 텔렉스를 통해 연락을 시도했다.

중국 측에서는 가능한 한 한국 정부와 직접 연락을 취하기 위해 수소문을 했던 것으로 보인다. 그 과정에서 의외의 연락처를 발견하게 된 것이다. 중국은 앞서도 언급했지만 공식적으로 해외에서 한국 외교관과의 인사, 대화 등을 통제해왔으며, 특히 명함을 교환하는 것은 금기시했다. 그런데 이렇게 기존에 엄격하게 통제되던 해외에서의 한국 외교관과의 접촉 금지도 1983년 초 부터

16 沈图, 1993, p. 188.

17 『人民日報』 1983. 5. 6.

조금씩 융통성을 보이기 시작했다.

중국 외교부는 80년대 초 국제무대에서 한국 외교관과의 불가피한 조우 현상이 빈번하게 발생하게 되자 이러한 엄격한 지침을 완화할 필요성에 대해서 당 중앙에 여러 차례 건의를 해왔다고 한다.[18] 그런 상황에서 1981년 캐나다에서 개최된 국제농구대회에서 양국간 경기전 단기와 화환 교환과정에서 일어난 해프닝이 계기가 되어 중국의 한국에 대한 엄격한 내부규정에 대한 조정 필요성이 논의되었다고 한다.[19]

이후 당 중앙 고위 인사가 1982년부터 한국과의 접촉 완화에 대한 내부 연구를 진행하도록 한 것으로 알려졌다. 그리고 그 결과 1983년부터 중국은 국제무대에서 한국과의 접촉을 허용하기로 결정했다고 한다.[20] 그래서 중국에서도 한국 외교관이 접근해올 경우 간단한 인사와 대화를 나누는 것을 허용하게 된 것이다. 이러한 중국측의 한국에 대한 미세한 점진적인 정책 변화가 결국 명함 교환을 가능하게 했고 민항기 납치라는 긴급 상황에서 유용하게 쓰이게 되었다.

중국은 텔렉스를 보내는 과정에서 수신자명에 대한민국(Republic of Korea)이라는 명칭을 사용하며 연락을 해왔다. 이것은 중국정부 수립 이후 한국에 보낸 최초의 외교 전문이었다.[21] 그 만큼 중국 측에서 이 사건을 중대하게 인식하고

18 중국 외교부는 1982年 7月 당중앙에 "국제다자활동에서 남조선에 대한 대응방법 조정에 관한 지시 요청(关于在国际多边活动中调整对南朝鲜做法的请示)"를 보낸 것으로 알려졌다. 董洁, 1994, "打破坚冰：中韩建交的背景, 历程与启示," 『党政干部论坛』 第10期, p. 46.

19 이에 대한 자세한 내용은 이동률, "한중수교," 동북아역사재단 한국외교사편찬위원회 편, 2019, 『한국의 대외관계와 외교사: 현대편 3』(서울: 동북아역사재단), p. 238 참조.

20 李文亚, 2012. 10. 22.

다급하게 접근했음을 보여주는 것이다. 전문은 "중국 민항기가 무장 폭도들에 의해 납치되어 춘천공항에 착륙되었기에 중국민항총국은 서울에 직접 가서 처리를 위한 교섭할 것을 바라고 있으며 대한민국 측의 협력을 바란다."는 간단한 내용이었으나 한중 양국 정부간 최초의 공식 접촉이었다.[22] 1953년 한국전쟁 정전협정 체결 이후 처음으로 중화인민공화국에서 한국으로 발송된 외교 전문이었다.

한국 정부도 이례적으로 매우 신속하게 다음날인 6일 오전에 곧바로 외교부 명의로 답신을 보냈다. '중화인민공화국 민항국국장 선투선생: 보낸 전보를 수신했다. 방문을 접수한다. 기상상태가 나쁘고 항공편이 많아서 준비가 필요하다. 5월7일 현지시간 12시 30분 김포국제공항에 도착을 제안한다. 이 사안은 우리 외교부가 담당하기 때문에 귀국 외교부 고위급 대표가 수행할 것을 강하게 요청한다. 아국의 비행정보구역진입시 CA955 번호를 사용하기를 요청한다.'는 내용이었다.[23] 한국정부는 5월 7일 12시 30분에 김포공항으로 대표단이 입국할 것과 한국에서는 이번 일을 외교부에서 전담한다는 점을 강조했다. 한국정부는 처음부터 정부간 공식 협상으로 진행하려는 의지를 분명히 했다.

중국 협상대표단은 선투 중국민항총국장을 단장으로 루루이링 민항국 국

21 조선일보의 보도는 중국이 보낸 총 10번의 전문 가운데 2차 전문에서 처음으로 대한민국이라는 국호를 사용한 것으로 보도했다. ""선린(善隣)입각입국(入国)수락" 중공전문(中共電文)에 「대한민국(大韓民国)」 표기," 『조선일보』 1983. 5. 8., https://newslibrary.chosun.com/view/article_view.html?id=1910319830508m1012&set_date=19830508&page_no=1; 홍인표, 2019, 「한중수교 내막, 물이 흐르면 도랑이 생긴다」, 『한중저널』 창간호.

22 沈图, 1993, p. 200.

23 沈图, 1993, p. 202.

제사 부국장(國際司副司長), 차오옌화(曹岩華) 민항국 공안국국장(公安局局長), 쉬광젠 외교부 조약법률국 부국장(條約法律司副司長), 장정차이(蔣正才) 아주사 처장(亞洲司處長), 첸원룽(錢文榮)신화사 기자, 바이즈젠(白志堅) 판공실 비서처 부처장(辯公室秘書処副処長), 판자진(范家晋)안전부 부부장(安全部副部長), 류안(劉安) 베이징민항국 부국장, 리커리(李克利)중국민항국 국제사(司)통역 등 협상팀 10명을 포함한 33명으로 구성되었다.[24]

중국은 협상당시 한국과 미수교 상태에 있었고, 또한 북한을 의식하여 대표단원들의 공식 신분은 모두 '민항국 직원'으로 되어 있었다. 그러나 실제로는 중국 외교부와 정보기관의 부국장급 인사가 포함돼 있었으며 한국정부도 그 사실을 인지하고 있었지만 협상이 진행되는 동안에는 중국의 입장을 고려하여 밝히지는 않았다.

예컨대 장정차이 아주사 처장은 통역 신분으로 참여했는데 김포공항에서 숙소로 이동하는 차량에는 한국 외교부의 아주국장과 동북아2과장이 동승하여 사실상 상호 굳이 확인하지는 않았지만 실제 신분을 알고 있었다는 것을 암묵적으로 인지하고 있었다. 중국 대표단이 5월 7일 서울에 도착하면서 곧바

24 중국 대표단 가운데 선투, 루루이링, 차오옌화, 쉬광젠, 장정차이, 첸원룽, 바이즈젠의 소속과 직책은 중국측 자료에서 확인한 것이다. 중국에서 발간된 자료집에는 선투, 루루이링, 쉬광젠, 장정차이, 첸원룽의 구술 기록을 중심으로 서술하고 있어 이들이 선투 국장과 더불어 협상에서 중요한 역할을 한 것으로 보인다. 王仪轩, 许光建, 2009, p. 42. 그리고 판자진, 리커리, 류안 삼인은 중국 자료에서도 소속과 직책이 밝혀져 있지 않았고 협상에서 보안, 통역 등의 역할을 한 것으로 추측된다. 이들에 대한 자료는 조선일보 보도를 인용한 것이다. 조선일보의 보도에서 중국 인명에 중국 자료와 일부 차이가 있는 부분은 중국 자료의 인명을 반영하였다. "공로명(孔魯明)차관보등 양국(兩国)대표 10명씩," 『조선일보』 1983. 5. 8., https://newslibrary.chosun.com/view/article_view.html?id =1910319830508m1016&set_date=19830508&page_no=1

로 이 사건 처리를 위한 한중 양국 당국자간 공식 협상이 시작되었다.

나. 1985년 중국 어뢰정 사건 발생과 경과

1985년에는 훈련중이던 중국 어뢰정이 표류하여 한국으로 견인된 사건이 발생했다. 3월 21일 오후 중국 북해함대 고속정 제1지대 제51대대 소속의 3213호 고속어뢰정이 훈련을 마치고 귀항하는 과정에서 선상반란이 일어났다. 3213호는 21일 저녁 7시 무렵 다른 어뢰정 5척과 함께 기동훈련을 마치고 산둥반도의 칭다오(靑島)항으로 돌아가던 중에 상관에게 불만을 품은 통신병 두신리(杜新立 20세)와 기관병 왕중룽(王中荣 19세) 2명이 AK-47 자동소총을 난사하는 선상 반란을 일으켰다. 3213호 대리함장을 비롯한 간부 6명이 사망하고 부함장 등 2명이 중상을 입으면서 어뢰정은 표류하게 되었다.

편대를 이탈해 동쪽으로 항해하다가 연료가 떨어지면서 흑산군도 근해에 표류했고 22일 오전 12시 경 근처를 지나던 한국어선 제6 어성호에 발견, 예인되어 22일 22시 반 경에 전북 부안군 하왕등도 앞 1km 해상에 정박하고 해경에 신고 되었다.[25] 그리고 3월 23일 새벽 3시 반경에 한국 해군이 하왕등도에 도착했다. 오전 6시 50분경 중국 군함 3척이 하왕등도 앞까지 뒤따라왔으나 우리측의 퇴각명령으로 오전 9시 40분경 물러갔다. 해경정은 부상자 3명을 인근 군산의료원으로 이송하여 23일 오전 7시경 부상자 수술을 실시했다. 그리고 나머지 생존자 10명도 23일 밤 7시 50분경 어뢰정과 함께 군산외항으로

25 권정식, 1999, 「중국어뢰정 사건실기」, 『해양전략』(6월), pp. 1-19.

예인돼 검역을 마치고 상륙했다.

이 사건은 국방부를 통해 청와대에 보고되었고 3월 23일 오후 3시 사건의 경위를 공식 발표하였다. 중국은 신화사 홍콩분사 관계자가 주홍콩 한국총영사관을 방문해 한국 정부에 사고 어뢰정 구조를 요청해왔다. 중국 어뢰정 사건은 민항기 사건과 달리 보다 복잡한 문제를 야기했다. 군 어뢰정인데다가 미수교국인 중국 해군이 표류한 어뢰정을 직접 추적하다가 무단으로 한국 영해를 침범했다.

중국은 외교관계가 없는 상태에서 한국의 협조를 기대할 수 없을 것으로 판단하고 3월 23일 비밀리에 중국 해군이 어뢰정이 정박한 하왕등도 항구에 불법으로 진입했다. 우리 영해를 침범한 해군 함정은 중국 해군 내에서도 '최정예 부대'라 할 수 있는 3,900t LUDA급 DDG 109함과 1,500t급 예인함, 1,000t급 PCS-705함 등이었다.[26] 이들이 내세운 명분은 '인명구조'였지만, 사전에 우리 정부에 양해도 구하지 않은 채 영해를 침범한 것은 명백한 국제법 위반이고 주권 침해 행위였다. 한국 해군은 즉각 퇴거를 요청했으나, 중국이 곧바로 퇴각하지 않으면서 대치가 이루어졌고, 한국 공군 전술기까지 출동하는 등 긴장이 고조되었다.

한국 국방부에서는 노신영 당시 국무총리 서리 주재로 관계부처 장관회의가 긴급 소집됐다. 국방부 측에서는 영해를 침범한 중국 군함을 즉각 무력으로 퇴치해야 한다는 주장도 제기되었다. 그런데 이원경 당시 외교부 장관은 '평화적 해결'의 필요성을 역설해 간신히 외교적 노력을 위한 24시간의 말미를 얻

26 "〈외교열전〉 한중수교 기틀 닦은 중국 어뢰정 사건," 『연합뉴스』 2012. 2. 27.

어냈다.[27]

중국과는 공식 외교창구가 없었기에 우회로를 택하는 수밖에 없었다. 외교부는 우선 주한미국대사관의 헨리 던롭 정무참사관과 주한일본대사관의 아라 요시히사(荒 義尙) 정무공사를 통해 '중국 함정은 즉각 한국 영해 밖으로 퇴각하라'는 요구를 중국 외교부에 전달해 달라고 요청했다. 헨리 던롭 참사관이 워싱턴 국무성으로 우리 메시지를 보고하면서 이 지역 허브 공관인 주일 미국대사관에도 사본을 보냈다. 도쿄 허브공관을 통해 주중 미국 대사관에 바로 전달이 되었다.[28]

그래서 9시 30분경 베이징에 있는 미국 대사관 서기관이 그 메시지를 가지고 중국 외교부에 들어갔더니 중국 외교부에서 "그러지 않아도 퇴각시키고 있다."고 대답했다고 한다.[29] 중국 군함들은 우리 영해에 진입한 지 약 3시간 만인 오전 9시40분께 퇴각했다. 결국 미국, 일본의 도움을 요청하는 외교적 대처로 일단 군사적 충돌은 피했다.[30] 중국 군함의 퇴각이후 중국측은 영해 침범 사실을 인정하고 사과 했지만 사과문에서 '부주의(inadvertently)'로 영해를 침범했다고 해명했다. 그런데 한국정부가 영해 침범을 경고하고 퇴각을 명령했음에도 불구하고 무려 3시간이나 우리 영해에 머물렀던 것은 단순 '부주의'로만 변명할 수 있는 상황보다는 훨씬 심각하고 중대한 침범 행

27 김석우 전 동북아1과장 서면 인터뷰(2021. 3. 3.).

28 국립외교원 외교사연구센터, 2022, 『한국외교와 외교관- 김석우 전통일부차관』 외교사 연구센터 오럴히스토리 총서 18, (서울: 국립외교원 외교안보연구소), p. 220.

29 김석우 전 동북아1과장 서면 인터뷰(2021. 3. 3.).

30 국립외교원 외교사연구센터, 2020, 『한중수교- 김석우, 윤해중, 신정승, 정상기 구술』(서울: 국립외교원 외교사연구센터), p. 23.

위였다.

우리 영해를 불법 침범한 중국 해군 함정이 일단 퇴각하고서 비로소 표류한 어뢰정과 중국 해군들의 신병 처리 문제가 대두되었고 한중간의 협상이 시작되었다. 이 사건은 앞서 민항기 납치 사건 해결을 위한 협상에서 합의 한 방식이 기본 매뉴얼이 되어 협상이 진행되었다. 한국의 홍콩주재 총영사관과 중국 신화사의 홍콩분사가 연락 창구 역할을 했고 그에 따라서 어뢰정 사건 역시 발생 직후 바로 신화사 홍콩분사의 간부가 한국 총영사관측에 긴급 접촉을 요청하였다.

한국정부는 이 사안 역시 중국과의 관계개선이라는 큰 틀에서 전향적으로 접근하였다. 양국정부는 3일간의 회담을 거쳐 정치적 성격이 없는 단순 난동, 살인사건으로 규정하고 어뢰정과 승조원을 중국으로 돌려보냈다. 이 사건 역시 중국의 요구에 대해 한국 정부가 적극적으로 편의를 제공해 주면서 매우 신속하게 처리하여 양국정부간 순조로운 협상이 이루어졌다.

3. 협상의 주요 쟁점과 양국의 입장

가. 중국 민항기 사건 협상의 주요 쟁점과 양국의 입장

중국 민항기 납치 사건의 협상은 중국측의 예상외의 발 빠른 대응으로 신속하게 진행되었다. 협상과정에서 불거진 쟁점은 두 가지였다. 우선 양국간 교섭의 촛점은 6명의 납치범에 대한 처리 문제로 모아졌다. 기체, 승무원, 승객 송환문제는 비교적 쉽게 타결되었지만 6명의 납치범의 처리에 대해서는 협상과정에 진통이 있었다. 납치범 처리 문제는 승무원과 승객의 송환, 기체 반환 문제와 달리 협상의 본질적인 쟁점이었고 복잡한 문제였다. 중국은 납치범이 중국의 범죄자이므로 강력하게 인도를 요청한 반면에 민항기를 납치한 납치범들이 대만으로의 망명을 신청하면서 협상에서 대만까지 고려해야 하는 다소 복잡한 국면이 조성되었다.

특히 대만의 국민당 정부는 당시 이들 납치범들이 정치망명을 요청한 만큼 즉각적으로 기체와 함께 대만으로 보내줄 것을 압박하고 있었다. 사건발생 당일(5일) 20시 20분, 대만 외교부 대변인은 105명의 승객이 자유를 추구하는 사람이면 환영하며 자유를 추구하는 사람을 배척하지 않는 것이 대만의 정책이라고 발표하였다. 중국대표단이 도착하기 전날인 6일에는 쉐위치(薛毓麒) 주한대만대사가 한국 외교부에서 김병연 아주국장을 만나서 납치범들을 "의사(義士)"라고 명명하고 중국으로의 송환에 반대한다는 의견을 전달했다. 한국은 대만 정부의 입장을 이해하지만 한국의 처리방안을 간섭하지 말 것을 요청했다.

반면 중국은 중국에서 범죄를 저지른 형사범이기 때문에 중국으로 신병을 인도해서 처벌해야 한다는 주장을 했다. 중국은 협상과정에서 기체, 승무원, 승객 전원의 송환을 요청했을 뿐만 아니라 납치범 6인에 대해서도 중국 법률에 의거해 처벌할 수 있도록 범죄인 인도를 요구했다. 한국 정부는 대만으로의 정치적 망명을 요청한 납치범 6인을 인도주의적 측면이나 전통우방인 대만과의 관계차원에서 전적으로 중국의 요구를 들어주기는 어려웠다.

또 하나의 중요한 쟁점은 합의 내용을 문서화하고 문서에 국호를 표기하는 문제였다. 한국과 중국이 미수교 상태의 최초 협상에서 상호 정식국호의 사용 여부는 양국 뿐만 아니라 대만, 북한을 비롯한 국제사회에서도 초미의 관심사였다. 외교관계가 없는 양국이 상호 정부를 어떻게 칭하느냐는 그 자체로 외교적 함의를 내포할 수밖에 없었다.

중국은 6일 한국에 보낸 전문에서 '대한민국(Republic of Korea)'이라고 표기하였고, 한국 역시 중국대표단의 방한을 수용하는 성명에서 '중화인민공화국'이라는 국호를 공식적으로 사용했다. 한국 정부는 이미 1973년 3월 서해 대륙붕 경계선 획정문제와 관련해서 '중화인민공화국 당국'이라는 호칭을 사용해 성명을 발표한 사례가 있었지만 중국은 대한민국 국호를 처음 사용한 것이었다.

한국은 사실상 1970년대부터 중국이 유엔회원국으로 국제무대에 등장하고 한국정부 역시 6. 23선언을 발표한 이후로는 중국을 주권 국가로 인식하기 시작했다. 반면에 중국은 여전히 북한과 수교한 상태에서 한국 정부를 인정하지 않고 있었다. 한국정부는 정식 국호표기를 강하게 주장한 반면에 중국은 비록 사건 해결을 위해 다급한 상황에서 전문에는 대한민국으로 호칭했지만 정작 협상에서는 미수교국이라는 이유로 양해 각서에 국호를 표기하는 것에는 난색을 표명했다.

중국은 냉전시대라는 국제정치 환경도 있었지만 북한과의 혈맹관계를 의식하고 있었다. 반면에 한국 정부는 이번 사건을 계기로 대 중국외교에 일정한 돌파구를 마련해보려는 전략적 의도를 갖고 있었다. 이와 같이 양국이 상호 상이한 전략적 배경과 고려를 갖고 있었기 때문에 협상자체 보다는 오히려 협상 이후 양해각서 작성과 국호 표기 문제가 가장 첨예한 쟁점이 되었다.

나. 중국 어뢰정 사건 협상의 주요 쟁점과 양국의 입장

1983년 민항기 납치 사건 협상 이후 양국간에 또 하나의 우발적 사건이 발생하였고 양국은 민항기 사건과 마찬가지로 사건 수습을 위한 당국자간의 협상이 이루어졌다. 중국 어뢰정 사건은 중국 해군의 한국 영해 무단 침입으로 야기된 위기 상황이 중국 해군의 철수로 해소된 뒤 본격적 협상에 들어갔다. 이 협상에서도 크게 두 가지 쟁점이 있었다. 첫째, 앞서 민항기 납치 사건 협상 사례와 마찬가지로 3213호 함정과 승조원, 특히 '선상 반란'을 일으킨 승조원의 처리 문제가 쟁점이었다. 이 사건은 해군 어뢰정 사건인 까닭에 중국 정부도 매우 예민해있었고, 대만에서도 예의 주시하며 적극적으로 개입하면서 문제가 복잡해졌다. 둘째, 사건 수습을 위한 협상과는 별도로 중국이 명백히 불법으로 한국 영해를 침범한 사건에 대한 처리 문제가 있었다.

우선 선상반란을 일으킨 승조원의 처리에 대해서 당시 진수지(金樹基) 주한 대만 대사는 한국의 국회와 외교부를 방문하여 "어뢰정 승조원들을 귀순자로 봐야 하며 그들의 자유의사를 확인해야 한다고 강조하면서 자국 송환을 적극적으로 주장했다."[31] 반면 중국은 해군이 한국 영해를 불법 침범할 정도로 급박하게 움직이며 어뢰정과 승조원 전원을 하루속히 돌려보낼 것을 요청했다. 중국은 어뢰정 추적을 빌미로 한국 영해를 불법으로 진입한 사실도 있고 해서 상대적으로 수세적인 입장에 있었다.

한국 내에서도 승조원의 처리 문제를 놓고 논란이 있었다. 당시에 언론이나 일반 여론은 해상반란을 일으킨 사람들이 자유의거자니까 대만으로 보내자는 의견이 강했다고 한다. 외교부내에서도 논란이 있었다. 외교부[32] 내에서도

31 국립외교원 외교사연구센터, 2020, p. 23.

32 이 사건관련 실무라인은 김석우(동북아1과장), 권병현(심의관), 김재춘(아주국장), 이원경(장관)이었다.

조약국은 대만으로 보내자는 의견이 강했으나, 김석우 당시 외교부 동북아1과장(전 통일부 차관) 등 실무자들의 생각은 달랐다고 한다. 해양법상 공해의 자유나 여러 가지가 원칙이 있지만 '군함'의 지위는 국가의 영토 관할권에 준할 정도로 강하다는 특징을 강조했다. 대한민국이 해양법상 어뢰정에 대해 관할권을 행사할 것이 아니라면 군함의 기국(旗國)이 관할권을 행사하는 것이 맞다는 논리를 폈다. 따라서 김석우 과장은 "중국 군함 안에서 해상반란 사건이 벌어진 것이므로 해양법 원칙에 따라 군함의 기국인 중국으로 군함과 승조원을 송환해야 한다"고 이원경 장관에게 보고서를 작성해 건의했다고 한다.[33]

그리고 어뢰정 사건은 민항기 사건과 달리 한국정부 입장에서 우호적으로만 해결할 수 없는 중요한 문제가 있었다. 즉 중국 해군이 무단으로 한국 영해를 명백히 불법 침범한 사건이 있었고 이에 대한 처리가 선행되어야 했다. 이 문제에 대해 한국정부는 중국의 명백한 불법 행위이므로 협상의 쟁점이 될 수 없다는 단호한 입장을 견지했다.

33 김석우 전 동북아1과장 서면 인터뷰(2021. 3. 3.); "〈외교열전〉 한중수교 기틀 닦은 중국 어뢰정 사건," 『연합뉴스』 2012. 2. 27.

Ⅲ. 중국 민항기 및 어뢰정 사건 협상의 전개와 전략

1. 협상의 전개과정

가. 민항기 사건

중국 민항기 납치 사건의 협상은 중국 협상 대표단이 도착한 5월 7일부터 10일까지 4일간 예비회담을 포함하여 4회의 공식 협상과 6회의 실무회담으로 진행되었다. 짧은 기간이었지만 심야까지 지속되는 마라톤 협상이 진행되었다. 협상은 미수교 상황임에도 한중 양국 정부사이에 직접 이루어졌다. 그동안 중국은 양자차원은 물론이고 국제무대에서도 한국과의 직접 접촉을 기피해왔기 때문에 한국 정부는 사건 처리를 위해 중국이 제3국 중재를 요청할 수도 있다고 생각하고 주한일본대사관에 비상 대기를 요청했다. 당시 피랍된 항공기에는 일본인 승객이 3명 있었다.

사건 발생 초기에 한국과 중국 모두 직접 접촉 라인이 없어 일본이 중간에서 메신저 역할을 수행하기도 했기 때문에 일본정부나 언론에서도 일본에 중재를 요청할 가능성도 예상했다. 그러나 협상은 양국 정부간 직접 이루어졌고, 양국이 상대국가의 국호를 사용하는 등 출발부터 순조로운 협상이 진행되었다.

당시 5월 5일은 어린이날로 휴일이었고 현재와 같은 통신시설이 발전하기 전이었기 때문에 우리 외교부의 담당라인에 있던 주요 인사들, 즉 중국 담당인 동북아2과장, 아주국장, 차관보, 차관 등 은 모두 사건 직후 즉각적으로 연락이 닿지 않았다. 다행히 일본을 담당하는 동북아 1과는 일본과 무역협정 교섭을 준비하는 관계로 전 직원이 출근하고 준비하고 있었다. 중국도 한국과의 접촉 채널이 없었고 중국 민항기에 일본 승객 3명도 탑승하고 있었던 까닭에 주중 일본대사관 와다나베(渡辺) 공사를 통해 주한 일본대사관에 한국의 협조를 요청해놓고 있었다. 따라서 주한 일본대사관의 야나이 순지(柳井 俊二) 정무공사가 동북아 1과와 연락을 취해 중국 측의 협조 요청 소식을 전달하게 되었다. 한국 외교부에서도 중국과 접촉 라인이 없던 상황이었고, 일본승객이 탑승하고 피납된 비행기는 춘천 주한미군 기지에 착륙했기 때문에 미국, 일본 등과의 협조가 이루어졌다.

이 사건은 중국이 관련되어 있기 때문에 당연히 동북아 2과가 중심이 되어야 했다. 그렇지만 초기에 동북아 1과의 연락 역할, 그리고 국제법, 항공관련 사안이 포함되면서 국제법규과, 국제기구과, 교통부, 법무부 등 관계부처도 협상에 참여하게 되었다. 당시 한국은 공로명 외교부 제1차관보를 수석대표로 아래와 같이 10명으로 협상 대표단을 구성했다. 김병연(金炳連) 외교부 아주국장, 김철용(金徹容) 교통부 항공국장, 박희태(朴熺太) 법무부 출입국관리국장, 이원갑(李元甲) 대한항공 상무이사, 이승곤(李承坤)외교부 본부공사, 이계연(李桂淵)고문, 김창수(金昌洙)전문위원, 윤영덕(尹泳悳) 교통부 국제과장, 김세택(金世澤) 외교부 국제기구조약국장직대(職代)가 대표단에 포함되었다.

양국 대표단간의 협상은 5월 7일 오후 2시 30분경 오찬을 겸한 예비회담으로 시작되었다. 이 자리에는 양국 수석대표 포함 4인이 참석하여 협상진행방식과 일정에 대해 논의했다. 그리고 오후 4시 10분경에 1차 협상이 신라호텔에서 시작되었다. 첫 회담은 양국이 각각 10명의 대표가 참석하였고 약 20분간 진행되어 사실상 상견례 성격을 지녔다. 양측이 서로 협상 대표들을 소개하고 양측의 기본 입장과 협상 일정에 대해 의견을 교환하는 정도였다. 회담직후 공로명 차관보가 중국 승무원, 승객과 부상자가 있는 호텔과 병원 방문을 제안해 그곳으로 이동했다.

본격적인 협상은 다음날인 8일 오전 10시 2차 회담을 통해 시작되었다. 8일에는 오후 4시 3차 회담까지 이어지면서 하루 종일 마라톤 협상을 이어갔다. 3차 회담에서 마침내 피납된 승무원과 승객의 송환, 기체의 반환, 그리고 납치범의 한국처리에 대한 합의에 도달했다. 3차 협상을 통해 합의한 내용은 다음과 같다.[34]

첫째, 승무원 및 승객은 대표단과 함께 우선 귀환한다.

둘째, 피랍 항공기는 중국의 잔류 인수단이 비행 가능 여부의 기술적인 검토를 마치는 대로 반환한다.

셋째, 중상자 1명은 잔류하여 치료를 받으며 여행에 필요한 충분한 건강을 회복한 후 귀환한다.

넷째, 상기 합의 내용을 문서화하며 문서작성을 위하여 양측 대표단으로부터 1명의 위원을 지명한다.

이렇게 기본적으로 협상이 타결된 이후 합의에 따라서 그날 저녁 바로 중국

34 제116회 국회 외무위원회회의록 제7호, 1983. 5. 16, p. 5.

의 루루이링 민항총국 국제사 부국장과 김병연 아주국장이 실무대표로 합의 사항을 문서로 남기는 실무 작업을 이어갔다.

협상 과정에서 승무원, 승객, 그리고 기체 반환 문제들은 비교적 쉽게 타결이 되어 순조롭게 협상이 진행되었고 다만 납치범 처리 문제가 협상의 가장 중요한 실질적 쟁점이었다. 중국은 처음부터 납치범들을 '폭도'라고 규정했다. 중국 협상대표단이 한국에 입국한 7일, 선투 대표단 단장은 공항에서의 기자회견을 통해 비행기를 납치한 범인들을 중국에 인도해주기 바란다며, 납치범들이 무장폭도이며 수사 중에 있는 죄수들이라고 주장했다.

반면에 대만은 납치범들을 '의사(義士)'로 규정하고 대만으로 망명을 신청한 만큼 당연히 인도주의 차원에서 그들의 의견을 존중해 대만으로 보내줄 것을 강력하게 주장했다. 민항기 불시착 직후 납치범들의 요구에 의해 한국주재 대만 대사관 공사와 한미연합사 무어 작전차장이 기내로 들어가 면담을 했고 이들의 대만으로의 망명 의사를 확인했다. 한국정부는 납치범 문제를 두고 대만으로의 망명과 중국으로의 범죄인 인도라는 양측의 요구 사이에서 난처한 입장에 처하게 되었다.

한국정부는 5월 6일 "항공기 승객, 승무원은 테러방지 협정에 따라 처리하겠다"고 밝혔다. 미수교국임에도 불구하고 국제법에 따라 처리하겠다는 한국 정부의 입장을 명확히 한 것이었다.[35] 즉 한국정부는 한국과 중국 양국 모두가 가입하고 있는 '항공기의 불법납치 억제를 위한 협약(Convention for the Suppression of Unlawful Seizure of Aircraft, The Hague, 16 December 1970, 이하 헤이그 협약)',

35 국립외교원 외교사연구센터, 2018, 『한국외교와 외교관: 공로명 전외교부장관』 외교사연구센터 오럴히스토리 총서 16 (서울: 국립외교원 외교안보연구소), 159-160쪽.

그리고 한국의 '비행항공안전법'을 근거로 내세워 납치범을 중국의 주장대로 형사범으로 규정하되 중국이 아닌 한국 법정에 세워 처벌하는 절충안을 제시했다.

한국 협상대표는 국제협약과 국제관례에 따라 납치범들을 한국의 국내법으로 처벌할 권리를 갖고 있음을 중국에 설명하였다. 한국은 한중 간에 범죄인 인도에 관한 별도의 협정이 없으며, 범죄인을 인도하지 않으면 착륙국가에서 기소했던 기존 국제관례를 따를 것이라는 기본 원칙을 내세워 중국을 설득했다. 그리고 납치범들을 한국 국내법에 따라 처벌할 수 있도록 승무원들의 증언을 듣게 해달라는 요청을 함으로써 처벌 의지를 명확히 하여 중국의 우려를 불식시키고자 했다. 즉 한국이 이 사건을 반공 의거 또는 정치적 망명으로 해석하지 않고 범죄로 규정하려는 의지를 명확히 보인 것이다.

중국은 결국 한국의 동의 없이는 납치범의 본국 송환이 사실상 어렵다는 현실을 수용하고 대신에 이들에 대한 분명한 처벌 이행 약속을 받고자 하는 차선의 선택을 했다. 그래서 당시 중국은 외교 합의문서에 '형사범'이란 표현을 기록으로 남길 것을 협상과정에서 다시 주장했다. 그러나 한국은 주권차원에서 타국이 한국의 재판 관할권에 간섭하도록 할 수 없으며, 현재 납치범들이 한국정부의 관할 하에서 조사를 받고 있음을 재차 강조하고 이들을 법에 따라 처벌할 것을 거듭 설득하였다.

결국 양측은 납치범들이 '엄격히 처벌' 받아야 한다는 기본 입장에 의견일치를 보고 중국이 입장을 유보함으로써 한국이 납치범들을 처리하는 것으로 일단 타결되었다. 이후 납치범들은 한국에서 4년에서 6년의 징역형이 확정되어 약 1년간 복역하다가 형 집행정지로 출소한 뒤, 1984년 8월에 강제 추방의 형식을 빌려 대만으로 보내졌다.

중국은 납치범을 곧바로 대만에 보내지 않고 대만과 수교한 제3국으로 추방한 이후 대만으로 가는 방안을 제시했다. 그런데 당시 한국 정부는 현실적으로 아시아 지역에는 대양주 도서 4개 국가(통가, 투발루, 나우루, 솔로몬)를 제외하고는 대만과 수교하고 있는 국가가 없고, 아시아가 아닌 중남미 등 다른 지역은 납치범 신변의 안전을 유지하기 어렵다는 이유를 들어서 결국은 부득이 대만으로 보내게 되었음을 중국측에 설명했다.[36]

두 번째 협상 쟁점은 합의한 내용을 문서화하는 과정에서 국호, 서명 당사자의 자격 등을 명기하는 문제였다. 사실 사건 해결의 핵심 쟁점이었던 납치범 처리는 비록 논란이 있기는 했지만 상대적으로 수월하게 합의에 도달했다. 문제는 오히려 해결원칙에 대한 합의에 이른 후 실무회담을 통해 합의 문서를 작성하는 과정에서 더 격렬한 논란이 있었다.

7일부터 시작된 한중간 교섭 회담은 8일 오후 4시의 3차 회담을 끝으로 피납된 승무원, 승객의 송환, 기체의 반환, 그리고 납치범의 한국처리에 대한 합의에 도달하였고 관련 사항을 문서로 남기는 실무 작업을 남겨두게 되었다. 이에 따라 중국대표단은 본국에 9일 오후 4시에 서울에서 출발할 예정이라는 전문을 보냈었다. 그러나 바로 8일 밤 문서 작성을 위한 실무회의에서 양측은 난항을 겪게 되었다. 문서 형식, 문서의 국호 표기, 그리고 납치범에 대한 관할권 삽입 등 내용에 대해 이견을 보였다.[37] 즉 한국은 문서형식으로 양측이 합의

36 한.중공 관계 개선, 1984. 전2권 대한민국 외교사료관 등록번호 36960. 0033.

37 제116회 국회 외무위원회회의록 제7호, 1983. 5. 16, pp. 5-6.

한 사항을 양측 수석대표가 서명하는 '양해각서'를 제의하고 양해각서에는 대한민국(The Republic of Korea)과 중화인민공화국이라는 정식 국호가 표기되어야 한다는 입장이었다. 반면에 중국측은 문서형식은 양측 수석대표가 상대방에게 보내는 서한 형식을 제안하였고, 양국간에 외교관계가 수립되어 있지 않으므로 문서에는 정식 국호 표기는 어렵다고 하였다. 그리고 납치범의 관할권에 대해서는양측의 상반된 입장을 병기해야 한다는 의견을 제시했다.

국호 표기와 서명자의 자격을 둘러싼 문제에 대한 이견이 좀처럼 좁혀지지 않았다. 결국 실무진 차원에서 이견이 좁혀지지 않게 되어 양국 수석대표들의 참석 하에 재논의되어야만 했다. 이에 따라 9일 오후 2시 실무회담부터는 양측 수석대표들까지 참석하는 협상이 다시 시작되었다. 회의는 5시 30분까지 정회와 재개를 거듭하며 지속되었지만 결론에 이르지 못했다.

양측 수석대표인 공로명 차관과 선투 국장은 9일 오후 8시에 회의를 재개하면서 합의를 시도했지만 결국 자정을 넘겨 심야 회담을 이어갈 정도로 마라톤 협상이 지속되었다. 중국측은 국호 표기 문제는 본국에 보고하고 다시 훈령을 받아 협상에 임할 정도로 민감하게 인식했으며 그 과정에서 회담은 여러 차례 정회와 재개를 거듭했다.

우선 문서형식에 관해서는 한국은 중국민항총국이 중국 국무원에 소속된 국가기관이며, 선투 국장이 중국 공산당 중앙위원회 위원인 점을 강조하면서, 양국 대표단이 자국 정부로부터 사건 처리를 위하여 위임을 받고 회의에 임하였으므로 합의각서가 가장 합리적이고 보편적인 형식임을 재차 설명하여 중국측의 양해를 얻었다. 납치범의 관할권에 대한 상반된 입장의 병기 제안도 납치범들이 이미 우리 정부의 관할하에 들어와 있고 회의를 통해 명백히 우리의 관할권 행사방침이 표명되었기 때문에 중국측에서 결국 자신들의 입장을 유보하고 묵인하였다.

합의 각서에 정식 국호를 표기하는 문제가 결국 협상에서 가장 타결이 어려운 쟁점이었다. 한국이 처음 제시한 초안에는 본문에 '대한민국'이 수 차례 등장했는데 이에 대하여 중국이 '대한민국'을 문서에 명시하는 것을 거부하고 '남조선'이라는 명칭을 쓸 것을 주장했다. 중국의 입장은 쌍방이 외교관계를 수립하고 있지 않기 때문에 문서에 정식 국호를 표기하는 것이 어렵다는 것이었다. 반면 한국은 사건 직후에 중국이 보내온 전문에 '대한민국'이라는 국호가 명기된 점, 납치된 항공기의 승객, 승무원 및 대표단이 한국의 영토에 입국하고 있는 것이 부정할 수 없는 현실임을 강조하면서, 정식 국호의 표기를 강하게 주장하였다.

또한 양해각서에 서명할 대표의 표기에서도 양국은 치열하게 대립하였다. 한국은 '대한민국정부를 대표하여 외교부 제1차관보 공로명', '중화인민공화국정부를 대표하여 민항총국장 선투'를 주장한 반면, 중국은 '중국민항총국장 선투', '외교부 제1차관보 공로명'으로 표기하기를 희망하였다. 요컨대 결국 각서 말미 서명란에 '정부를 대표하여'라는 문구 포함 여부가 마지막 쟁점이 되었다. 중국은 하루속히 승객과 기체를 송환하는데 최우선 순위를 두고 있었던 까닭에 더 이상 시간을 지체할 수 없다고 판단하여 '정부를 대표 한다'는 문구를 양해각서에 포함시키지 않는 대신에 서명란에 '대한민국 외교부 제1차관보 공로명'과 '중화인민공화국 중국민용항공총국 총국장 선투'라는 명의를 기입하는 것으로 합의하였다.

결국 양해 각서는 첨부한 [자료 3]과 같이 양측의 주장을 절충하여 본문 내용에는 대한민국 대신에 '한국 당국'으로, 중국은 '선투 총국장'으로, 그리고 쌍방을 일괄해서 표현할 때는 '양측'이라고 지칭하였다. '정부를 대표하여'라는 표현은 사용하지 않고 정식 국호의 사용은 1회에 한하여 "대한민국 외교부 제1차관보 공로명"과 "중화인민공화국 중국민용항공총국 총국장 심도"의 명의로 서명되었다. 한국측은 국호 사용에 대해서는 일관되게 단호한 입장을 견지했다. 이에 따라 중국 대표단이 본국과의 협의를 통해 항공기와 승객의 송환을 우선한다는 선택을 하면서 최종적으로 절충이 이루어졌다.

이처럼 양국간 협상에서 사건 자체 보다는 오히려 합의문 작성과 국호 표기 문제로 난항을 겪었다는 것은 바로 양국이 미수교 상황에서 어려운 협상을 진행했다는 것을 상징적으로 보여주는 것이다. 중국은 가능한 한 비공식의 실무회담으로 신속하게 마무리하고자 한 반면에 한국은 정부간 공식회담으로 만들고자 하는 상이한 입장이 사실상 협상의 쟁점이었다. 중국은 사건의 속성상 협상에서 수세적 입장에 있었음에도 불구하고 가능한 한 한국의 정식 국호 사용을 최소화하기 위해 마지막까지 줄다리기를 했다는 것은 당시에 한국과의 관계에서 여전히 '북한'을 강하게 의식하고 있었다는 것을 단적으로 보여주고 있다.

그리고 협상이 타결되고 승무원과 승객이 중국으로 돌아간 이후 항공기 기체 반환문제가 남았다. 원래는 5월 11일 오전에 서울을 거쳐 베이징으로 반환할 예정이었으나 기술적인 문제로 쉽지 않게 되었고 15일이 되어서야 반환이 이루어졌다. 그 과정에서 대한항공 기술진과 중국측 기술진 사이에 항공기 수리, 이동 등과 관련 협력이 이루어졌고 당시 대한항공 조중훈 회장이 수차례 중국을 방문하게 되었다. 이 과정에서 한국의 수교 의사가 간접적으로 전달되었고 대한항공 차원에서는 후일 북경 취항 허가권 등을 취득하는 기초를 다진 것으로 알려졌다.

나. 어뢰정 사건

이 사건은 기본적으로는 앞서 민항기 납치 사건 해결을 위한 협상 경험이 있었고 그 협상에서 합의 한 내용이 기본 매뉴얼이 되어 협상이 진행되었다.

민항기 사건 해결 협상에서 서명한 양해 각서 제9항에는 "쌍방은 이번 사건 해결과정에서 발휘된 상호협력의 정신이 이후에도 쌍방과 관련되는 긴급사태의 발생시에도 지속적으로 유지되어야 한다."라고 명시한 것이 유사 상황 발생시 신속하게 협상을 할 수 있는 근거가 되었다. 그리고 이 합의 내용을 바탕으로 이후 유사한 '긴급사태' 발생 시 대응할 수 있는 공식 접촉 창구를 개설하였다. 즉 한국의 홍콩주재 총영사관과 중국 신화사의 홍콩분사가 연락 창구 역할을 수행하기로 하였고 그에 따라서 어뢰정 사건 역시 발생 직후 바로 홍콩 신화사 분사의 간부가 한국 총영사관측에 긴급 접촉을 요청하였다.

이와 관련 3월 24일 친중공계 홍콩 석간지인 신만보(新晩報)는 정확한 외교 소식통을 인용하면서 신화사 홍콩분사 측과 한국총영사관간에 교섭이 이루어지고 있다고 하고, 이것이 사실이라면 이는 홍콩주재 한국과 중국 정부 기관간의 교섭 채널이 열리게 되는 것이라는 보도를 했다. 그리고 홍콩주재 한국 부총영사가 신화사의 스투창(司徒强)에게 이 보도의 출처에 대해 문의했고 신화사측은 보안유지에 각별 노력하고 있다고 언급했다는 외교전문이 있었다.[38]

38 중공 어뢰정 사건. 1985 전4권. 대한민국 외교사료관 등록번호 38190. 0011.

이를 통해서도 당시 홍콩주재 한국총영사관과 신화사 홍콩분사간의 비공식 접촉이 있었음을 암시해주고 있다. 이미 민항기 사건을 협상을 통해 처리한 경험이 있는 양국 정부는 이 문제도 민항기 사건 해결 경험을 적용하여 처리하는 수순을 진행했던 것으로 보인다.

그런데 어뢰정 사건은 민항기와는 달리 군함과 군인이 관련된 사건이었기 때문에 앞서 언급한대로 이 사안에 대한 국제법적 해석을 놓고 한국 외교부내에서도 논란이 있었다. 논란 끝에 결국은 군함에 대해서는 국제법상의 특수한 지위를 인정할 수 있다는 김석우 당시 동북아 1과장의 의견을 수용하는 방향으로 결론을 내리고 사고 어뢰정과 승조원들을 기국인 중국으로 송환하기로 결정했다.[39]

즉 국제 해양법상 해상반란이 일어난 경우 공해와 영해를 막론하고 군함의 지위에 관한 기국의 관할권을 인정한다는 점에 근거했다. 당시 한국정부는 1983년 중국 민항기 사건을 해결하면서 중국과의 협상 경험을 쌓았고, 무엇보다 전두환 정부도 대 공산권 외교를 강화하겠다고 적극적으로 밝힌 상황에서 어뢰정 사건도 중국과의 관계 개선이라는 대승적 차원에서 전향적으로 접근하였다. 즉 이범석 외무부장관이 1983년 6월 29일 국방대학원에서 '선진조국의 창조를 위한 외교과제'라는 강연을 통해 북방정책을 제시하면서 한반도의 평화유지를 위해서는 소련 및 중공과의 관계를 정상화할 필요가 있다고 언급하였다. 당시 한국정부의 중국과의 관계 개선 의지가 어뢰정 사건 협상에도 일정정도 반영되었다고 볼수 있다.

39 김석우 전 동북아1과장 서면 인터뷰(2021. 3. 3.)

당시 한국은 중국과의 장기호(張基浩)과장, 권병현(權丙鉉)심의관, 김재춘(金在春) 아주국장. 그리고 이원경(李源京) 외교부 장관이 중국과의 협상라인이었다. 양국정부는 3일간의 회담을 거쳐 어뢰정 사건을 단순 살인사건으로 규정하고 어뢰정과 승조원을 중국으로 돌려보냈다. 이 사건 역시 한중 양국이 협의를 통해 신속하게 처리하였다.

반면에 어뢰정 사건 협상에 임하기에 앞서 한국 정부는 중국 해군의 불법 영해 침범 행위에 대한 중국측의 공식 사과가 있어야 한다는 단호한 입장을 고수했다. 즉 한국정부는 넘길 것은 넘겨 주되 따져야 할 문제는 분명히 따지겠다는 입장을 견지했다. 어뢰정과 승조원 처리를 위한 공식 협상을 진행하기 위해서는 중국의 불법행위에 대한 명확한 사과 조치가 선행되어야 한다는 입장이었다. 외교부는 우선 중국 함정들이 우리 영해에서 퇴각하는 시점에 맞춰 영해 침범에 대한 엄중한 항의 성명을 발표했다. 그리고 같은 날 주홍콩 한국 총영사가 신화통신 홍콩분사의 외신부장에게 우리 정부의 항의 각서를 전달하고 사과, 책임자 문책, 그리고 유사 사건의 재발 방지 약속을 요구했다.

중국 정부 역시 우리 측의 항의를 진지하게 받아들였다. 중국 외교부는 우선 자국 군함들이 한국 영해를 벗어날 즈음 "실종된 어뢰정을 수색하는 과정에서 해군 함정 3척이 '부주의'로 한국 영해를 침범했다"고 성명을 발표했다. 비록 영해 침범의 의도성을 인정하지는 않았지만 최소한 사실 자체는 시인했다. 그리고 사흘 뒤인 3월 26일에는 자국 군함의 한국 영해침범 사건에 대해 공식 사과하는 양해각서를 주홍콩 한국총영사관을 통해 한국 정부에 전달했다.

중국의 양해 각서는 '중화인민공화국 외교부의 명을 받은(authorized by)' 신화통신 홍콩지사 부사장이 주홍콩 부총영사 앞으로 보낸 것이었다. 주목할 만한 점은 중국 측이 이 각서에서 사과의 가장 높은 단계인 'Apology'라는 표현을 사용한 것이었다. 중국 측은 영해 침범사건에 대해 공식 사과한 것은 물론 책임자 문책과 재발방지까지 약속했다. 그리고 민항기 사건 협상 때와 달리 중국측에서 국호 사용에 대해서도 유연한 태도를 보였다. 각서 본문에서는 주로 귀국(貴國), 귀측(貴側)수역 등의 표현을 사용했지만 수신자 이름에는 '駐홍콩 大韓民國 총영사관 김정훈'이라고 정식 국호를 사용하였고 말미에도 '중화인민공화국 외교부'라고 국명을 사용한 것으로 알려졌다.

사실 중국이 사과했다는 문서 자체는 공개되지 않았고 한국 정부의 언론 발표를 통해 알려졌다.[40] 즉 당시 정부대변인이었던 이원홍 문공부장관이 3월 26일 오후 발표를 통해 "중공 정부측은 26일 주 홍콩 한국총영사관을 통하여 영해 침범사건에 대해 공식적으로 사과하고 이러한 영해 침범 사건의 재발방지에 노력하고 책임자에 대하여는 조사후 필요한 조치를 취하겠다고 통보해 왔다."고 발표했다.[41]

당시 중국측에서도 비공개를 전제로 사과문를 전달했고 그래서 한국 국호를 사용하는 것에 대해서도 반대하지 않았을 것으로 보인다. 이러한 중국측의 입장 변화는 2년 사이에 중국의 한국에 대한 인식의 근본적인 변화가 반영된 것 이라기보다는 중국측의 실수로 인해 야기된 사안이기 때문에 논란을 키우기 보다는 신속하게 해결하려는 의지가 반영된 것으로 해석된다. 사실 중국은 사건 협상이후에도 수교가 성사될 때 까지 공식적으로 대한민국이라는 국명

40 김찬규, 1985, "中共魚雷艇事件과 國際法," 『사법행정』 26(5), pp. 8-9.

41 "중공(中共), 영해(領海)침범 공식사과(謝過)," 『조선일보』 1985. 3. 27.

사용을 주저해왔다.

우리 정부는 중국 측의 이러한 사과를 받아들여 이틀 뒤인 3월 28일 오전 11시 양국의 중간 지점인 위도 36N, 경도 124E 지점에서 어뢰정과 승조원 전원을 중국에 인도했다. 이로써 일주일 동안 국제사회의 이목이 쏠렸던 중국 어뢰정 사건은 협상을 통해 신속하게 마무리됐다.

그리고 어뢰정 사건은 중국 해군 내부의 총격사건 이었을 뿐만 아니라, 중국 해군이 무단으로 미수교국인 한국의 영해를 침범했기 때문에 안보차원에서 민감한 사건이었다. 따라서 동맹국인 미국, 그리고 인접한 일본, 그리고 대만 역시 긴장하고 주시할 수밖에 없는 예민한 사건이었다. 우선 미국 국무성은 3월 25일과 26일 정오 브리핑을 통해 "더 이상의 인명 피해 없이 사건이 종결된 것은 다행이며, 한국과 중국 양국이 사태 악화를 방지하기 위해 책임 있게 대처한 것을 환영한다."고 논평하였다.[42]

이번 사건은 영해 불법침범, 선상 반란 병사의 정치망명 여부, 어뢰정의 송환문제, 한중관계의 미래 등 복잡하고 미묘한 사안이 겹쳐져 있는 사건임에도 미국은 이와 관련해서는 공식 언급 없이 의외로 사태가 안정적으로 수습된 것에 의미를 부여하였다. 그만큼 사건 자체가 초래한 긴장감이 높았음을 반영해주고 있으며, 다른 한편 미국 역시 우발적 사고로 인해 중국과 긴장 국면이 조성되는 것을 경계하고 있었고 사건이 신속하게 정리되기를 희망했음을 시사해주고 있다.

일본은 이 사건과 관련 정부차원의 공식논평은 없었다. 다만 아베 당시 외

42 중공 어뢰정 사건. 1985 전4권. 대한민국 외교사료관 등록번호 38190. 0120.

상이 3월 28일 국회 질의에 대해 답변하는 과정을 통해 우회적으로 입장을 표명했다. 즉 "일본은 한중간 의사전달에 협력한 바 있다. 최종적으로 당사자간 직접 교섭을 통해 문제가 해결된 것은 잘 된 일이다. 사건이 큰 문제없이 해결된 것을 대단히 기쁘게 생각한다."고 답변했다.[43] 일본 역시 미국과 유사하게 상황이 더 이상 악화되지 않고 한중 양국이 직접 교섭을 통해 수습된 것에 의미를 부여했다.

요컨대 미국과 일본 모두 중국 군함이 불법으로 한국 영해를 침범했고 한국 해군과 대치하는 상황이 군사적 긴장을 초래할 가능성에 대해 우려하고 있었던 것이다. 즉 사안 자체가 민감한 만큼 상황이 악화되어 한반도 정세가 불안정해지는 것을 우선적으로 경계했던 것이다. 선상에서 반란을 일으킨 중국 병사의 정치적 망명 문제에 대해서는 양국 모두 공식적으로는 문제 제기가 없었다. 중국이 영해 침범에 대해서 곧바로 사과 의사를 표시한 것도 사건을 조기에 수습하는 분위기를 만드는데 도움이 되었다.

그리고 한중 양국이 미수교 상황임에도 제3국을 경유하지 않고 실질적인 공식 협상을 통해 사건을 해결한 점에 주목하면서 향후 한중관계의 진전에 미칠 영향에 대해서 미국, 일본을 비롯한 국제사회가 관심을 표명했다. 특히 일본은 한중관계가 이번 사건 해결로 인해 큰 진전이 있을 것으로 보지는 않으면서도 한중관계를 포함한 동북아 정세의 변화 가능성에 촉각을 세웠다. 아울러 일본 언론에서는 선상 반란을 일으킨 2명의 정치 망명 여부에 대해 의문을 제기했다. 마이니찌 신문은 사건 처리 과정에서 총격전의 원인이 불명확하고

43 중공 어뢰정 사건. 1985 전4권. 대한민국 외교사료관 등록번호 38190. 0121.

범인 2명의 망명 의사 표명 여부 또한 밝혀지지 않았다는 점을 지적하고 이 부분은 이후 중국측이 해명해야 할 것이라고 언급하였다.[44]

특히 대만은 한국정부가 중국과의 협상을 통해 어뢰정과 승조원 전원을 송환하기로 결정한 것에 대해 깊은 유감과 불만을 표명했다. 대만 외교부 대변인은 3월 26일 "우리 외교부는 어뢰정과 모든 승조원을 중공에 송환하기로 한 한국의 결정에 깊은 유감을 표하며 한국의 사건 처리 과정에 대해 심각한 불만을 표명할뿐만 아니라 송환된 승조원들의 생명과 안전을 매우 우려하고 있다."고 발표했다.[45] 대만은 어뢰정 사건의 진상규명을 위한 노력을 지속할 것임을 밝히면서 한국과의 무역회담 연기, 통신협정 갱신 불허, 한국 상품 수입 규제 등의 일련의 보복 조치 검토를 시사하는 강경한 태도를 취했다.[46]

2. 한국의 협상전략

가. 민항기 사건

당시 한국 정부가 최초로 중국 정부와 협상을 하는 상황에 대해 국내 언론과 여론 뿐만 아니라 미국, 일본 등 해외에서도 상당한 관심을 가지고 주목했다. 당시 협상 상황실을 담당했던 동북아 1과에서는 협상 팀에서 협상 진행상

44 중공 어뢰정 사건. 1985 전4권. 대한민국 외교사료관 등록번호 38190. 0121-0122.

45 "자유중국(自由中国) 정부「깊은 유감(遺憾)」표명." 『조선일보』 1985. 3. 28. 1면.

46 안기부, "중공 어뢰정 및 승무원 송환과 관련한 해외 시각," 중공 어뢰정 사건. 1985 전4권. 대한민국 외교사료관 등록번호 38190. 0126, 0101.

황과 내용을 상황실로 알려오면 30분 단위로 청와대, 총리실, 그리고 관계부처에 보고했다고 한다. 그리고 이 과정에서 미국과 일본 대사관에도 상황을 전달했다고 한다.[47] 당시에는 현재의 청와대 국가안보실장에 해당하는 민군간 컨트롤타워 직위가 없었을 뿐만 아니라 미수교 공산권 국가와 관련된 외교현안이나 정보는 모두 안기부에서 수집, 분석하고 대응 방안을 직접 청와대에 보고했던 상황이었기 때문에 안기부가 막후에서 중요한 역할을 했다. 특히 민항기가 미군 기지에 불시작한 상황이었기 때문에 당시 안기부장 노신영이 외무장관 출신이어서 미국, 일본 등 주요국가와의 외교문제를 해결하는데도 적합하다고 전두환 정부는 판단했을 것으로 보인다.

한국 정부는 민항기 사건 관련 하여 내부 논의과정을 통해 기본적으로는 다음 같은 세 가지 협상 원칙을 마련했다. 첫째 '헤이그 협약'과 인도주의 정신에 입각하여 기체와 승객, 승무원은 송환하고 그에 따른 인도절차, 방법, 시기, 비용 등에 관해서는 중국 대표단과의 논의를 통해 구체화하기로 기본 방침을 정했다. 둘째, 납치범 처리 문제는 '헤이그 협약'을 근거로 한국의 주권에 속하는 사항으로서 한국이 재판 관할권을 행사한다. 그리고 셋째, 양국 사이에 국교가 없으나 금번 사건처리는 합의사항을 공식 문서화함으로써 매듭짓는다는 방침을 세웠다.[48]

한국의 입장에서 협상과정에서 가장 큰 난제는 납치범 처리 문제였다. 납치범들이 민간 항공기를 공중 납치하는 범죄를 저질렀지만 정치 망명을 신청했

47 국립외교원 외교사연구센터, 2020, p. 20.

48 제116회 국회 외무위원회회의록 제7호, 1983. 5. 16, p. 5.

다. 중국은 중국 영공의 중국 민항기내에서 벌어진 범죄 행위로 규정하고 자신들의 관할권을 주장하며 자국으로의 범죄인 인도를 강하게 요구했다. 반면에 한국과 외교 관계에 있는 대만에서는 이들이 정치 망명을 신청했다는 것을 부각시키면서 인도주의 차원에서 대만으로의 인도를 강력하게 요구하고 있는 복잡 미묘한 상황이었다. 한국정부는 납치범 처리와 관련 하여 처음에는 국내법과 국제협약에 저촉되지 않는 4가지 방안, 즉 한국정부의 재판권 행사, 중국에의 송환, 제3국으로 추방, 정치망명을 허용해 제3국으로 보내는 방안을 놓고 다각도로 검토했던 것으로 알려졌다.

한국 정부는 당시 전통 우방인 대만과의 관계도 고려해야 하고 중국과의 관계개선의 좋은 기회도 놓치지 말아야 하는 딜레마에 직면한 것이었다. 즉 한국이 납치범들의 희망대로 대만으로의 망명을 허용하게 되면, 중국과의 관계개선의 기회를 놓칠 수 있다는 우려가 있었고, 민간여객기 납치범들을 처벌하지 않았다는 국제적 비난을 받을 가능성도 있었다. 반면에 한국은 항공기 불법납치를 억제하는 국제협약에 가입한 국가로서, 협약에 따라 중국으로 인도한다면, 인도주의적 견지에서 망명 희망자들을 버렸다는 비난을 받을 것이며 전통 우방인 대만과의 관계가 악화될 수밖에 없는 상황에 직면하게 되었다.

당시 한국에서도 대만 대사를 역임했던 백선엽 장군, 정일권 총리 등 친 대만 성향의 인사들은 대만 입장을 지지하고 정부가 친중국적인 정책을 펴고 있다는 우려와 불만을 제기하기도 했다. 즉 국내에서도 민항기 납치범들을 자유의 투사로 보아 재판 없이 대만으로 망명을 허용하자는 주장이 있었다. 전두환 정부는 당시에 전통 우방인 대만과의 관계를 고려하지 않을 수 없었으며 다른 한편 중국과의 관계 개선에 대한 의지도 있었던 만큼 국내의 다양한 의견도 고려하는 절충적 접근이 필요했다.

한국정부는 우선 납치범의 관할권이 항공기 착륙지인 한국에 있다는 입장을 명확히 했다. 다만 한국정부는 중국이 사실상 가장 우려하는 것은 줘창런등 납치범 6인이 대만으로 정치 망명하여 '자유투사'가 되는 것이라는 것을 파악하고 헤이그협약과 국내 '비행항공안전법'을 근거로 제시하면서 이들을 형사범으로 처리할 것임을 분명히 하여 중국의 우려를 해소하고자 했다.

즉 한국의 '비행항공안전법' 8조와 9조 규정에 '항공기 납치범은 범죄 내용의 경중에 따라서 유기, 무기형, 심지어 사형에 처할 수 있다'고 한 근거를 제시하면서 줘창런 등 납치범이 총격을 사용하여 승객에 상해를 입혔으므로 중형이 불가피 할 것임을 협상과정에서 강조했다. 특히 공로명 수석 대표는 중국측이 가지고 있는 정확한 범죄인 명단, 자료, 증인, 증언 등을 한국측에 제공해주면 관련 법률에 따라 신속하게 처리하겠다는 요청을 하여 한국 정부의 사법처리 의지를 중국에게 보다 분명하게 보여주고자 했다. 결국 이러한 설득 노력이 주효하여 한국 정부가 납치범 처벌의 관할권을 갖게 되었다.

한국 정부는 기본 입장을 정리한 이후 이 사건을 그동안 지속적으로 추진해 온 대중국 관계개선의 기회의 창으로 활용하고자 전향적으로 접근하였다. 당시 한국 외교부는 장관뿐만 아니라 공로명 차관보(우리측 수석대표)도 '지금 당장은 아니지만 이것이 앞으로 한중관계의 정상화로 가기 위한 굉장히 중요한 스텝이다.'라는 인식을 가지고 교섭에 임했다. 그만큼 민항기 납치사건은 예기치 않은 사건이었지만 한국의 대중국 외교에는 중요한 기회로 인식했다.

당시 한국정부는 협상을 순조롭게 마무리하는 것도 중요했지만 사실 협상과정을 통해 중국과 우호적인 관계를 맺고 나아가 수교의 디딤돌을 마련하려는 전략적 고려를 하고 있었다. 따라서 협상과정을 통해 가능한 한 중국정부, 중국 협상팀, 그리고 중국 승객들이 한국에 대해 이해하고 우호적인 인상을 갖게하려 했다.

당시 중국 민항기는 착륙하는 과정에서 춘천 미군기지 비행장의 활주로를 이탈하면서 불시착했다. 중국 측은 하루라도 빨리 기체 송환을 희망했지만 비행기 수리가 예상보다 많은 시간이 소요되면서 그 기간을 이용해서 자연스럽게 중국측 기술자들과의 교류가 이루어졌고 '한국 알리기'의 기회를 가졌다. 중국측 협상팀, 승무원, 승객들이 머무는 동안 특급 호텔에 숙소를 마련하고 기업체와 주요 산업현장을 둘러보게 했고, 개별적으로 라디오와 내복 같은 선물을 주며 상당한 정성을 들였다. 비록 중국인 승객과 교섭대표단이 한국에 체류한 기간은 짧았지만 우리 정부는 이들에게 대한민국을 이해시키는 기회로 활용했다.

한국 정부는 최초의 양국 당국자간의 역사적 협상이었던 만큼 협상 결과를 공식 기록으로 남기려는 의지가 강했다. 한국은 이를 통해 중국의 한국정부 승인 혹은 묵시적 인정이라는 정치적 의미를 명문화하고자 하였다.[49] 우리측 공로명 교섭대표는 "남의 안방에 들어와서 안방 주인에게 인사도 안하는 법이 어디 있느냐"며 중국측을 설득했다. 아울러, 한국정부가 그동안 승객과 중국 협상 대표단에 대해 기울였던 안전 보장과 환대를 은근히 내세우며 합의문서에 양국의 국호를 표기할 것을 요구했고 결국 중국의 양보를 이끌어냈다.[50]

49 국립외교원 외교사연구센터, 2018 a, pp. 160-162.

당시 협상에 참여했던 중국 대표단은 상대적으로 한국의 적극적인 접근과 환대에 대해 미처 예상하지 못했던 것으로 회고하고 있다. 특히 중국측은 협상에서 가장 중요한 쟁점이었던 납치범 처리에 관한 합의가 마무리 되면서 사실상 협상은 끝났다고 생각했다. 중국은 한국측이 합의 문서를 만들고 서명을 요청할 것을 예상조차 못했다는 반응이었다. 어쨌든 한중 양국 정부간 최초의 협상이었지만 이에 대한 양국의 접근방식과 의도에서 상당한 차이가 있었던 것은 분명해 보인다.

요컨대 한국정부는 이 사건을 통해 중국과 관계 개선의 새로운 기회를 포착하기 위해 협상과정에서 대만 국민당 정부의 비판을 일정정도 감수해 가면서까지도 중국 요구를 국제법 원칙에 벗어나지 않는 범위에서 최대한 수용하려고 했고, '초대하지 않은 손님'인 중국인 승객과 승무원에 대해서도 각별히 대우했다. 결과적으로 협상은 순조로웠고 중국 정부는 한국정부의 배려에 대해 공식적으로 감사의 뜻을 전해왔으며 중국이 한국을 새롭게 호의적으로 인식하는 계기가 되었다.[51]

나. 어뢰정 사건

한국정부는 이 사안 역시 민항기 사건과 마찬가지로 기본적으로는 중국과의 관계개선이라는 큰 틀에서 전향적으로 접근하고자 했다. 그런데 어뢰정 사건은 앞서 민항기 사건과는 다른 미묘하고 복잡한 문제가 있었다. 즉 중국 해

50 "〈외교열전〉 불시착機에 中 미사일 전문가 탔었다" 『연합뉴스』 2011. 7. 4.

51 刘金质, 杨淮生 主编, 1994, pp. 2374-2375.

군이 무단으로 한국영해를 침범한 사건과 연계되어 있었기 때문에 단지 우호적인 입장에서만 처리하기 어려웠다. 한국 정부는 이번 사건에 대해 일종의 투트랙 전략을 견지한다는 입장을 정리했다. 즉 어뢰정 및 승조원의 처리에 관한 문제와 중국 해군의 한국 영해 침범에 관한 문제를 분리하여 대응하고 협상을 전개하기로 한 것이다.

우선 어뢰정 사건에 대해서는 긴급피난이며, 우리 영해 밖에서 정치적 망명의 배경 없이 군함에서 일어난 난동이었다는 판단을 하고 협상에 임했다. 즉 정부 발표문에 어뢰정 사건 자체에 대해서는 "중공 어뢰정과 승조원의 처리는 금번 이 사건이 근본적으로 긴급피난 및 해난구조의 성격과 아울러 공해상에서 일어난 중공 군함 내부의 난동 살인사건이라는 판단하에 유사한 경우에 적용될 수 있는 국제법 및 관행을 존중하여 부상 승조원 응급치료를 끝내고 승조원과 사체 그리고 선체를 3월 28일 오후 쌍방 영해간의 중간 지점에서 중공 당국에 인도키로 하였다."[52]고 발표하였다.

반면에 영해침범과 관련해서 한국정부는 3월 23일 외교부 대변인 성명을 발표했다. 즉 "23일 오전 중공군함 수척이 훈련중 실종된 어뢰정 1척을 수색하는 과정에서 한국의 영해를 침범한데 대하여 정부는 중공측에 대해 엄중히 항의하고, 한국의 영해침범에 대한 사과와 관련자 문책을 요구하였다. 이러한 정부의 항의는 홍콩소재 중공기관에 전달될 것이며 미국과 일본에 대하여도 이를 중공에 전달토록 요청하였다."[53]고 정부의 입장을 명확히 발표하였다. 그

52 『서울신문』 1985. 3. 27, 1면.

53 중공 어뢰정 사건. 1985 전4권. 대한민국 외교사료관 등록번호 38190. 0002. ; 『서울신문』 1985. 3. 27, 1면.

리고 우리 정부는 중국 당국이 사과와 해명을 수락함으로써 영해 침범 사건을 일단락 짓기로 하였다.

당시 대만 언론들은 어뢰정 사건을 '귀순'이라는 제하의 머리기사로 대대적으로 보도하였고, 일부 외신에서도 2명의 승조원이 대만에 정치적 망명을 요청하고 있다는 설을 보도했다.[54] 그리고 대만은 주한 대사를 긴급히 귀임케 하고 특별회의를 소집하는 등 대응 방안 마련에 분주하였다. 그리고 홍콩 거주 대륙 탈출인 연합회 회원들 5-6명이 홍콩 주재 한국총영사관이 있는 코리아 센터 및 외환은행 지점 앞에서 "한국정부는 인도주의 정신에 따라 반공 영웅을 비호해 달라"는 현수막을 내걸고 시위를 하는 등 한국 정부에 대한 압박이 지속되고 있었다.[55] 따라서 한국 정부는 중국정부와 대만정부 사이에서 신속한 입장 표명을 통한 사건 수습이 필요했다.

한국정부는 어뢰정 예인 이틀 만인 3월 25일 정부 대변인 발표를 통해 다음과 같이 한국의 기본 입장을 밝혔다.[56]

1. 3.21 저녁 중공 해군 북해함대 소속 어뢰정 1척이 공해상 훈련후 기지 귀환중 평소 불만을 품고 있던 승조원 2명이 총기난동을 일으켜 6명 사망, 2명이 부상하는 사태가 발생했다.
2. 동 어뢰정은 공해상에서 연료부족으로 표류중 3.23. 오전 대흑산도 근해에서 조우한 아국 어선에 구조를 요청, 동어선의 예인으로 전북 부안군

54 중공 어뢰정 사건. 1985 전4권. 대한민국 외교사료관 등록번호 38190. 0032.
55 중공 어뢰정 사건. 1985 전4권. 대한민국 외교사료관 등록번호 38190. 0003.
56 중공 어뢰정 사건. 1985 전4권. 대한민국 외교사료관 등록번호 38190. 0018.

화왕동도에 정박케 되었다.

3. 아국은 이들의 부상자 치료요청에 따라 어뢰정 및 승조원 전원을 군산항에 예인, 후송 및 시체안치 조치를 취하고 기타 승조원은 군산 관광호텔 수용했다.
4. 이들은 기관점검, 급유, 부상자 치료 등 긴급사정이 해제되는 대로 조속 본국 귀환을 희망했다.
5. 아국은 이들에 대한 인도적 고려와 해난구조에 관한 일반적 관행에 따라 제반 구호와 편의를 제공중이다.

요컨대 한국정부는 이 사건을 중국 군함에서 발생한 단순 난동으로 성격을 규정하고 이를 바탕으로 중국과의 협상에 임했다. 이에 따라 어뢰정과 선원 모두를 중국에 귀환시키는 합의가 국제법에 근거하였다는 것을 명확히 하여 이에 따라 초래될 수 있는 다양한 논란을 불식시키고자 했다. 3월 26일 한국 문공부 장관은 중국의 불법 영해 침입에 대한 사과가 있은 후 바로 중국 어뢰정과 선원을 귀환시킬 것임을 발표하였다. 즉 3월 27일 오후 양국간 등거리의 공해상에서 어뢰정, 13명의 선원과 6명의 시체를 돌려보낼 것임을 발표했다.

이 사건 역시 중국의 요구에 대해 한국 정부가 적극적으로 편의를 제공해 주면서 매우 신속하게 처리하여 양국정부간 순조로운 협상이 이루어졌다. 그 결과 중국정부의 한국 인식 변화에도 순기능을 하면서 한중관계가 탐색기에서 관계개선의 초기단계로 이행하는데 중요한 배경이 되었다고 평가되었다.[57] 이후에도 유사한 중국 공군 전투기의 망명사건이 간간이 발생할 때 마다 모두 앞서 '민항기 해결방식'이 원용되어 순조롭게 해결함으로써 양국간에 긴급사태 발생시 해결하는 공식 방식으로 정착하게 되었다.

이 사건은 민항기 사건 협상과정과는 기본적으로 유사했지만 군이 관련된 특수한 상황이었다는 중요한 차이가 있었다. 우선 사건 자체 뿐만 아니라 협상과정이 한국 언론에 별로 노출되지 않았으며, 통제된 상황에서 비공개로 신속하게 처리되었다. 민항기 사건이 사실상 언론에 적극적으로 노출되었던 것과는 크게 대비되었다.

다른 한편 중국이 한국의 영해 침범에 대해 발 빠르게 사과함으로써 한국은 국제법과 규범에 벗어나지 않는 범위에서 최대한 중국의 요구를 수용하면서 타협에 이르렀다. 그런데 중국의 사과 내용 그 자체는 한국의 요구를 모두 수용하고 외교적으로는 매우 강력한 표현을 사용한 것은 맞지만 중국측 사과의 주체와 방식은 논란의 여지가 없지 않다.

당초 한국 정부는 중국 외교부의 공식 발표를 통한 사과를 요구했지만 결국 중국은 이를 수용하지 않았다. 중국 외교부가 아닌 신화사의 홍콩분사를 통해 사장도 아닌 부사장의 명의로 사과를 발표하면서 중국측은 외교부의 수권에 의해 신화사 관리가 전달한 것이라는 주장을 폈다. 비록 미수교 라는 특수 상황이라고 할지라도 중국의 주장을 수용하게 된 과정에는 논란의 여지가 없지 않다.

중국측은 홍콩분사사장(分社社长)인 쉬자둔(許家屯)이 베이징 회의 참석으로 부재중이라는 이유로 리추원(李儲文)부사장(分社副社長) 명의로 사과문을 전

57 정재호, 2011, 『중국의 부상과 한반도의 미래』(서울대학교출판문화원), pp. 99-101.

달하고자 했다. 한국정부는 사장 명의로 하고 대리 서명의 방식을 타협안으로 제시했으나 이 또한 중국측에서는 대리제도 자체가 없다는 이유를 들어 수용하지 않았다고 한다.[58] 협상과정에서 이 부분에 대해 구체적으로 어떠한 논의가 있었는지는 외교 문서가 공개되지 않아 정확하게 판단하기는 어렵다. 그럼에도 민항기 사건에서 이루어낸 성과보다 더 진전이 있었다고 보기는 어려우며 한국 정부가 민항기 사건 때 만큼 적극적으로 협상에 임했는지가 드러나고 있지 않다. 한국정부에서 영해침범에 대한 중국 사과의 형식과 내용에 대해서는 적절한 문제 제기는 있었어야 하는 것은 아닌가 하는 평가에 대해서도 돌아볼 필요가 있다.

3. 중국의 협상전략

가. 민항기 사건

중국 정부는 민항기 납치 사건은 이전의 중국 공군기의 망명 사건과는 차원이 다른 문제로 인식하고 신속한 사태 해결에 초점을 맞추었다. 중국은 105명의 많은 인원이 탑승한 민항기가 공중 피랍되었다는 사실에 상당히 당황한 듯 보였다. 한국 정부는 앞서 언급한대로 이 협상을 계기로 중국과의 관계개선 의 발판을 마련할 수 있도록 해야겠다는 복안을 갖고 협상에 임했다. 반면에 중국 측은 갑작스러운 사건에 당황하면서 한국과의 관계라는 정치적

58 박인규, 1990, "한국의 대중국 외교정책결정과정에 관한 연구: 중국 민항기 납치사건과 어뢰정 사건을 중심으로," 서울대학교 행정대학원 석사학위논문, p. 51.

고려보다는 가능한 한 신속하게 사건을 해결하고 비행기, 승무원과 탑승객 전원의 귀환은 물론이고 납치범들도 대만이 아닌 자국으로 송환해서 처벌하기를 원했다.[59]

중국이 민항기 문제를 심각하게 인식하고 가능한 한 신속하게 처리하는데 우선순위를 두고 있었다는 것은 앞서 살펴봤듯이 사건 발생초기 대처 과정에서부터 여실히 드러나고 있다. 우선 중국 정부는 이례적으로 일본, 미국, 홍콩 등 가용한 모든 외교 채널을 통해 한국정부와 연락을 취하기 위해 총력을 기울였다. 앞서 언급한대로 중국 정부는 사건 발생 직후부터 다음날 오전까지 무려 8차례의 전문을 다양한 경로를 통해 발신했다. 이는 통상 중국이 이러한 유사 문제가 발생했을 때 보다는 신속하고 그리고 공개적으로 문제를 해결하려 했다는 측면에서는 매우 이례적이라 할 수 있다. 특히 어뢰정 사건의 경우는 군대 문제였기 때문이기도 하지만 철저하게 비공개로 진행하고자 한 반면에 민항기 사건은 오히려 중국측에서 더 적극적으로 사건을 공개하면서 협상을 시도하고자 했다.

중국은 민항기 사건 발생 직후 곧바로 신속하게 일련의 대응 과정을 진행했다. 중국이 신속하게 '긴급대책 지도소조'를 만들고 이틀이라는 짧은 기간에 3차례나 대책회의를 열었다는 것은 매우 이례적으로 평가된다. 심지어 협상단에 참여하는 중국 인원들은 서울로 출발하기 직전 공항에서 처음으로 만날 정도로 다급하게 구성되었다. 중국이 이례적으로 긴급하게 대응할 정도로 이 사건을 심각하게 인식했음을 시사해주고 있다. 실제 구무 소조장이 소조 대책 회

59 국립외교원 외교사연구센터, 2020, p. 57.

의에서 '건국 이래 처음 있는 중대한 악성 항공기 납치 사건'이라고 규정한데서도 그 심각성을 엿볼 수 있다.[60]

당시 통역으로 참여했던 중국 외교부 아주사(亞洲司) 조몽처(朝蒙处)처장(处长) 장정차이(蒋正才)[61]의 구술에 의하면 중국 협상팀은 기체와 납치범을 포함한 승무원, 승객 전원을 조속히 귀환시키는데 우선순위를 두고 있었지만 사전에 충분한 준비도 없었고, 심지어 협상 상대인 한국에 대한 기본적인 이해도 부족했던 것으로 전하고 있다.

통역을 담당했던 중국 외교부 부처장조차 한국에 대한 소식과 정보는 '통일신문(统一新闻)'이라는 일본판 신문을 통해 간접적으로 이해하는 정도였다고 회고 하고 있다.[62] 그리고 통역하는 과정에서 중국 통역은 북한식 한국어 표현을 사용하고, 한국은 대만식 중국어만 사용할 줄 알아서 상호 이해와 소통에도 어려움이 적지 않았다고 했다.

그리고 중국 협상대표단이 김포공항에 도착하자마자 수 많은 기자들에 둘러싸여 질문 공세를 받을 것도 중국에서는 전혀 예상도 못했던 색다른 충격적 경험으로 기억하고 있을 정도였다. 당시만 해도 중국에서 한국에 대한 이해가 예상보다는 매우 부족했던 것이다. 따라서 비록 짧은 시간이지만 한국에 체류했던 중국 승객, 협상단들에게는 직접 체험한 서울의 모습은 신선한 충격이었

60 沈图, 1993, p. 188.

61 장 부처장은 당시 통역 담당으로 공작소조에 참여했다. 김일성대학 조선어문과를 졸업했고 주로 대북한외교를 담당했었다. 한중 수교이후, 1998년에는 주부산 중국 총영사를 역임하고 퇴임했다. 장 처장의 구술 기록에 대한 자세한 내용은 王仪轩, 许光建, 2009, pp. 46-49.

62 王仪轩, 许光建, 2009, pp. 46-49; "卓长仁劫机案谈判始末一中韩交往的一次破冰之旅,"(2019. 7. 9) https://www.youqu5.net/gushi/43958.html

고 한국을 새롭게 인식하게 되는 계기가 되었던 것이다.

사건 발생이후 협상단이 서울에 도착하기 전까지 중국은 서울과 직접 연결할 수 있는 통로가 없었던 까닭에 가용할 수 있는 모든 방법을 동원해서 춘천 현지 상황을 파악하려고 시도했다. 중국은 중국에서 직접 춘천 현지와 통신이 되지 않았던 까닭에 도쿄, 뉴욕, 런던, 홍콩의 중국 대사관과 민항 지사를 동원해 중국 승객들이 투숙하고 있던 춘천의 호텔로 직접 지속적으로 연락을 취했다. 특히 피납된 항공기 기장 왕이셴(王儀軒)과 연락을 취하기 위해 다양한 시도를 했다.

그 과정에서 중국은 홍콩의 신화사 분사와 도쿄의 중국 민항 지사가 주요한 역할을 했던 것으로 보인다. 쉬자둔의 회고록에 의하면 중국 국무원에서 외교부와 민항총국의 관련 인사들을 홍콩에 급파하여 홍콩 주재 한국 총영사관 측과 먼저 협상을 진행했고 이 자리에서 선투 등 중국 협상대표단의 한국방문이 합의되었다고 전하고 있다.[63] 도쿄의 중국 민항 지사에서는 현지 정보를 중국 중앙정부에 보고했다. 특히 자세한 정보 취득 경로는 알려지지 않았지만 도쿄의 중국 민항 총경리가 베이징에 비교적 상세하게 현지 사정을 담은 전문을 전달한 것으로 알려졌다. 예컨대 전문에는 중국 승객들이 투숙한 호텔의 이름과 위치, 그리고 그곳의 경비 상황에 대한 내용도 있었고, 서울에서 납치범에 대한 조사와 대책 회의에 관한 정보도 포함되어 있었다.[64]

중국 협상대표단이 중앙정부로부터 전달받은 협상 지침은 가능한 한 빠른

63 許家屯, 1999,『許家屯香港回憶錄』(香港, 聯經出版事業(股)公司), pp. 349-350.
64 沈图, 1993, p. 201.

시간 안에 납치범을 포함 승객, 승무원 전원과 기체와 함께 귀국하는 것이었다.[65] 중국측은 납치범들이 이미 중국내에서의 다양한 범죄 경력이 있어 이들에 대한 재판 관할권이 중국에 있다는 주장을 폈다. 예컨대 10일 중국관영 신화사 통신은 중국보안당국을 인용한 보도에서 납치범들이 중국에서 무기탈취, 신분증 위조, 사기 등의 범죄를 저질렀으며 특히 주범이라 할 수 있는 줘창런은 오랜기간 동안 중국의 여러 지역에서 뇌물증여, 사기, 차량불법 판매 등의 범죄를 저질렀다고 보도했다.[66] 중국은 줘창런을 비롯한 납치범 6명의 신상과 범죄사실 등을 열거하면서 범죄인 인도를 한국 정부에 요구했다.

그런데 한국과의 협상과정에서 납치범 처리 문제를 놓고 격론이 벌어져 쉽게 결론이 나지 않을 것으로 판단하면서 일단 기체, 승무원과 승객을 우선적으로 귀국시키고 납치범 문제는 시간을 갖고 협상을 지속하는 차선을 선택했다. 즉 중국은 애초에 기체와 승객, 승무원들을 귀환시키는 데 우선순위를 두고 있었다는 것을 시사해주고 있다. 중국은 납치범들이 정치 망명으로 인정되어 대만이나 제3국으로 보내질 가능성을 크게 우려했다. 그런데 협상과정에서 한국 정부가 정치 망명으로 인정하지 않을 것이라는 판단을 한 이후에는 납치범 문제는 시간을 갖고 다시 협상을 진행하기로 하고 기체와 승객 송환을 우선적으로 진행한 것으로 보인다.

기체와 승객, 승무원의 귀환은 한국 정부에서 이미 협상에 앞서 성명을 통해 밝힌 내용이었기 때문에 협상은 신속하게 마무리 되었고 중국 협상팀은 서

65 王仪轩, 许光建, 2009, pp. 40-43.

66 "六名劫机暴徒都是刑事犯罪分子," 人民日报, 1983年 5月 11日 第1版.

둘러 귀국을 준비했다. 그런데 협상 완료 후 서둘러 귀국을 준비하던 중국 입장에서 의외의 난관에 봉착했다. 즉 한국 정부에서 협상이후 합의 내용을 문서 초안으로 작성해 서명을 요청했기 때문이다. 실제로 협상과정에서 한국정부는 상호 정식 국호 사용을 주장하면서 정부간 협상이라는 형식을 갖추는 것에 중요한 의미를 두었던 반면에 중국은 협상의 주체와 성격에 대한 관심보다는 신속한 사건 해결에 방점을 두고 있었다. 중국 당국은 신속하게 사건을 해결하고자 했음에도 한국의 국호 표기 요구는 북한을 의식하면서 수용하지 않았다.

중국 협상단은 사실 민항기, 승무원, 승객 뿐만 아니라 가장 중요한 협상 쟁점이었던 납치범 처리 문제까지 신속하게 모두 합의했지만 정작 한국 정부에서 합의 사항을 문서화하고 공동 서명을 요청하는 과정에서 다시 협상은 난관에 봉착했다. 중국측은 우선 협상결과를 문서로 남기는 것을 예상하지 못했고, 문서를 합의서라는 형식으로 규정하는 것에 대해 반대했다. 특히 한국 정부가 서명을 요청하기 위해 제시한 합의 문서에 '대한민국'이라는 표현이 9군데나 들어간 것에 대해 동의 할 수 없다는 의사를 분명히 했다. 중국 협상단은 이 문제에 관한 한 협상의 자율권을 갖지 못하고 본국의 지시를 기다릴 만큼 민감하게 인식하고 있었다.

중국은 1983년 민항기 사건으로 한국과 교섭을 진행한 직후인 5월 20일 당시 우쉐첸(吴学谦) 외교부장을 취임 이후 처음으로 북한에 파견하여 한국과의 협상 내용을 북한에 설명하고 이해를 구한 것으로 전해지고 있다. 실제로 2천년대 이전에 발행된 중국문헌들은 당시 양해각서에 국호를 표기하지 않은 것으로 서술해 왔을 정도로 조심스러운 태도를 견지해 왔다.[67]

중국은 이처럼 북한을 의식하고 있었음에도 불구하고 다른 유사 사례와는 달리 이례적으로 신속하고 적극적으로 한국정부와의 협상을 통해 이 사건을 마무리하려고 한 것은 단순히 한국에 대한 인식과 태도의 변화라는 측면 이외에 다른 예민한 문제에 대한 고려가 있었을 것이라는 추론도 제기되었다. 중국정부는 당시 한국과 대만과의 관계를 감안하여 승객, 승무원 전원이 대만으로 인도될 가능성에 대해 매우 우려했다는 견해가 있다.[68]

민항기가 착륙한 곳이 캠프 페이지라는 미군 비행장이었고 탑승객 중에는 일본인 3명이 포함되어 있기도 했지만 납치 사실을 인지한 직후 중국이 공개적으로 일본과 미국에 협조를 요청했다는 것도 흥미로운 일이었다. 물론 중국이 한국과 직접 연락이 닿지 않자 조급함에 미국과 일본에 연락을 시도했다고 볼수도 있다. 그런데 다른 한편 중국은 한국이 승객, 납치범 등 문제를 처리하는데 있어 우려와 불신을 갖고 있었고 그래서 한국 정부가 대만측의 요청에 따라서 문제를 해결하지 못하도록 사건 자체를 공론화하고자 한 것은 아닌가 하는 추론도 갖게 한다. 그래서 중국은 최대한 빠른 시간안에 한국측과 직접 연결할 수 있는 방안을 모색했고, 한국과 연락이 닿자 바로 한국행을 결정했다는 것이다.

그리고 당시 승객 중에는 중국항공공업학원 부원장, 동북공정학원 교수를 비롯하여 40여명의 항공 및 우주관련 연구자, 기술자가 포함되어 있었다. 선투 회고록에 의하면 기밀문서와 증명서 등을 기내와 호텔에서 소각하였다고

67 이성일, 2009, "한중관계에 있어서 1983년 중국민항기 사건의 영향 분석," 『동북아문화 연구』 9월, p. 400.

68 이성일, 2009, pp. 398-399.

전하고 있다.[69] 그리고 공로명 차관보의 구술 기록에는 몇 년이 지나서 박춘호 교수로부터 당시 유엔에 근무하던 중국인에게 그 비행기에 중국 최고 권위의 미사일 전문가가 탑승하고 있었다는 얘기를 전해 들었다고 했다.[70] 확인된 내용은 아니지만 중국 정부는 미국, 또는 대만으로의 기밀 누출에 대한 우려를 갖고 있었기 때문에 미수교국인 한국정부와의 공식 접촉을 무릅쓰고 이례적으로 신속하게 협상을 진행했다는 것이다.

그리고 중국 정부는 당시에 1990년 베이징 아시안 게임 유치를 준비하고 있었다. 아시안게임을 유치하기 위해서는 아시아 올림픽 평의회(Olympic Council of Asia)회원국의 참가를 보장해야 하는 만큼 미수교국이지만 회원국인 한국의 참가도 수용해야 했다. 실제로 1983년에 민항기사건 직후인 8월에 베이징아시안게임 조직위는 한국을 포함한 모든 나라의 참가를 수용하겠다고 발표하였다. 즉 중국의 입장에서도 야심차게 준비한 베이징 아시안 게임의 유치 성공을 위해서는 우발적으로 발생한 민항기 납치 사건 역시 한국과의 협상을 통해 순조롭게 마무리하고 한국의 참여도 수용해야 했다.[71]

중국은 협상 타결이후 납치범 처리에 대한 중국의 입장을 간접적인 방식으로 나마 지속적으로 한국에 전달하면서 대만으로의 정치적 망명 허용을 저지하고자 했다. 예컨대 중국 외교부 산하 국제문제연구소 아세아 태평양 주임 타오빙웨이(陶炳蔚)는 일본 게이오 대학에서 개최된 동북아 세미나에 참석하여 사견임을 전제로 납치범들은 정치범이 아니고 악질 범죄자이므로 한국 법원

69 沈图, 1993, pp. 198-199.

70 국립외교원 외교사연구센터, 2018a, p. 164.

71 국립외교원 외교사연구센터, 2020, p. 20.

에서 최고형을 언도해야 한다고 주장했다. 그렇지 않을 경우 한중 관계는 크게 후퇴할 것이라고 까지 주장했다. 그러면서 형 집행이후 제3국으로 추방하여 대만으로 보내는 방식을 제시했다.[72] 타오빙웨이는 1984년 5월 16일 도쿄에서 한국 외교안보연구원의 박상식 실장과의 면담을 통해 재차 납치범들이 반드시 처벌받아야 한다는 의견을 피력했다. 심지어 민항기 납치는 문혁시기에 반드시 처벌받아야 하는 범죄 행위로 분류되었던 만큼 이들이 처벌받지 않는다면 중국 인민들이 크게 분개할 것이라며 국내정치적 맥락에서 처벌의 당위성을 강조하기까지 했다.[73]

나. 어뢰정 사건

중국은 어뢰정 사건은 중국 군의 치부를 드러낼 수 있는 문제였으므로 최대한 빠른 시간 안에 비공개로 협상을 마무리 짓고 신속하게 해결하는데 우선순위를 두었다. 중국 정부에서 어뢰정 사건을 매우 특수하고 민감하게 인식하고 있었다는 것은 민항기 사건과 어뢰정 사건에 대한 중국의 자료 발간 상황의 차이를 통해서도 확연하게 나타나고 있다. 어뢰정 사건은 민항기 사건과 달리 협상에서의 중국의 입장, 협상과정 등에 대한 자료가 전무하다. 단지 사건 자체에 대한 간단한 사실 보도만이 남아 있을 정도로 철저하게 비공개로

72 한.중공 관계 개선, 1984. 전2권 대한민국 외교사료관 등록번호 36960. 0034.

73 타오빙웨이는 문화혁명때 아래와 같은 행동을 한 사람은 반드시 처벌해야 한다는 인민들의 요구가 있다고 주장했다. 즉 원로당간부를 모독한자, 죄 없는 사람을 구타, 살해한 자, 그리고 인민의 재산을 갈취한 자인데 피납범은 세번째에 해당하므로 반드시 처벌을 받아야 한다고 주장했다. "한반도 및 주변정세에 관한 타오빙웨이 중공 외교부 국제문제연구소 아태연구실 주임과의 대화요지," 한·중공 관계 개선, 1984. 전2권 대한민국 외교사료관 등록번호 36960. 0054-0066.

처리했다.

중국 입장에서는 민항기 사건과 달리 군 내부의 하극상과 반란이기에 가해자들을 반드시 처벌해야 한다는 기본 입장을 가지고 있었다. 중국은 덩샤오핑 체제가 출범하여 개혁 개방을 추진하는 초기 단계에서 여전히 내부 반대의 목소리가 적지 않았을 뿐만 아니라 사회 기강이 해이 해질 수 있다는 논란이 있었다. 이런 민감한 시기에 군에서 일종의 '반란 사건'이 발생한 만큼 사회적 파장이 커질 수 있다는 우려가 있었다.[74] 특히 중국 군 기강 차원에서 볼 때 매우 나쁜 선례가 될 수도 있다는 우려가 있었기 때문에 최대한 선체는 물론이고 승조원 전원을 소환해야겠다는 강한 입장을 갖고 있었다.

중국은 심지어 어뢰정 사건 발생 초기에 서둘러 해결하려는 조급함 때문에 미수교국인 한국의 영해까지 무단으로 침범하는 큰 실수를 저질렀다. 중국 입장에서는 영해 침범 문제 역시 논란이 확대되어 국제사회에 알려지는 것에 대한 큰 부담이 있었던 것이다. 따라서 중국은 선체와 승조원 전원을 소환하고 사건을 신속하게 마무리하는데 우선순위를 두고 있었다.

중국정부는 한국 측의 영해 침범에 대한 사과 요구에 대해서는 사건의 조기 해결을 위해서는 더 이상 논란이 확대되지 않도록 신속하게 대응하는 것이 좋겠다는 판단을 한 것으로 보였다. 실제로 한국 정부의 공식 발표와 사과 요구 직후에 곧바로 중국 외교부 대변인은 다음과 같은 성명을 발표했다.

"중국 해군의 어뢰정 1척이 3월 22일 황해에서 훈련중 연락이 끊겼다. 중국 해군 함정들은 이 어뢰정을 수색하던 중 부주의로 한국 영해에 들어갔다. 중국

74 홍인표, 2019, p. 78.

해군 함정들은 이 사실을 발견, 즉시 자진하여 한국 영해를 떠났다. 어떤 사고도 발생하지 않았다. 문제의 어뢰정은 아직 한국 해안 어딘가에 있다. 우리는 한국측에 가능한 한 조속한 시일 내에 적절한 방법으로 어뢰정과 전 승조원을 우리 측에 송환하는데 도움을 줄 것을 요청한다."[75] 즉 중국은 한국의 영해에 '부주의'로 침범했다는 것을 인정하면서 어뢰정과 모든 승조원의 조속 송환을 최우선시하고자 했다.

그리고 중국 정부는 3월 26일 주홍콩 한국 총영사관을 통하여 각서로써 영해침범 사건에 대해 공식 사과하고 이러한 영해 침범 사건의 재발방지에 노력하고 책임자는 조사 후 필요한 조치를 취하겠다고 알려 왔다. 또한 중국 정부는 한국 정부가 어뢰정과 승조원을 조기 송환키로 한 데 대해 감사를 표명했다. 중국이 이처럼 신속하게 사건을 종결시키고자 한 이면에는 중국의 정치 일정과도 관련이 있다. 즉 베이징에서는 3월 26일부터 제6기 전국인민대표대회 3차 회의라는 중요한 정치행사를 앞두고 있었던 만큼 이 문제가 뉴스의 중심이 되고 논란이 확대되는 것은 적극적으로 피하고 싶었을 것으로 유추해 볼 수 있다.

중국의 입장에서 불법 영해 침범 문제에 대해 한국에 이해를 구하고 수용할 수 있는 사과를 하는 것이 협상과정에서 가장 큰 과제였다. 중국은 미수교국인 한국에 대해 직접 공개적인 사과를 하는 것이 선뜻 내키지는 않았지만 앞선 이유로 사건을 조기 해결하기 위해서는 불가피한 선택이었다. 당시 홍콩의 성도일보(星岛日报) 보도에 따르면 중국은 이 문제 해결에서 크게 두 가지 측면에

75 "外交部新闻发言人就我一艘鱼雷艇在训练中失去联系一事发表谈话,"『人民日报』1985年 3月 24日 第4版

서 우려를 갖고 있었던 것으로 보였다. 우선 중국 국내에는 언론 통제를 통해 어뢰정 사건 자체가 보도되지 않았다. 따라서 영해 침범에 대해 한국에 사과를 하는 것 역시 언론에 노출되지 않아야 했다.[76] 그리고 중국은 중국과 소련사이에서 줄타기를 하고 있는 북한을 의식하고 있었기 때문에 한국정부와의 공식 접촉을 최대한 우회해야 하는 상황에서 정부가 나서 공식 사과하는 것을 피하고자 했다.

중국은 미수교라는 특수한 상황을 적절하게 활용하고자 한 듯 하다. 중국 정부가 직접 사과하는 것이 아니라 신화사 홍콩분사를 통한 간접 사과라는 우회로를 선택한 것이다. 그것도 당시 홍콩분사 사장이었던 쉬자둔이 아닌 외교 담당 부사장인 리추원의 명의로 비공개 사과문을 내놓았다. 쉬자둔 사장이 3월 26일 개최된 베이징 전국인민대표대회 참석 일정으로 불가피하게 부사장이 대신 한 것이라 것이 공식적인 이유였다. 그런데 이 역시 쉬자둔 사장이 공산당 중앙위원이었고 향후 홍콩반환 협상을 앞두고 있는 정치적 입지를 고려하여 의도적으로 부사장이 대신 사과하는 전략적 우회로를 선택한 것으로 추론해 볼 수 있다.

그리고 3월 28일 중국 외교부 대변인은 한국정부에 송환에 대해 감사를 표명했으며 이 내용은 홍콩의 중국계 언론인 대공보, 문회보 등에서 보도되었고 당 기관지인 인민일보에서도 29일 보도했다.[77] "아측 요구에 따라, 남조선측은 실종되어 연락이 두절된 아국 해군의 어뢰정 1척과 승무원 전원을 공해상에서

76 중공 어뢰정 사건. 1985 전4권. 대한민국 외교사료관 등록번호 38190. 0081.

77 "我一度失去联系的鱼雷艇及全部人员返回-有关方面对南朝鲜方面的协助表示感谢,"『人民日报』 1985年 3月 29日 第1版.

3월 28일에 아측에 돌려주었다. 남조선측의 협조에 대하여 아측 관계 당국은 감사를 표시했다."[78] 중국 외교부는 감사를 표명했지만 여전히 '남조선'이라고 칭하고 있으며 중국 군함이 한국 영해를 침범한데 대해 한국정부에 사과했다는 내용도 없었고 어뢰정 내부에서 선상 반란이 있었다는 내용에 대해서도 전혀 언급하지 않았다.

한국 정부는 이 사건 해결과정에서 중국정부와의 공식 협상의 기회를 마련하고자 하였다. 그런데 중국은 미수교국이라는 이유로 신화사를 대리로 내세워 정부간 직접 협상을 우회하고자 한 것이다. 실제로 중국은 미수교국과의 외교 교섭이 필요한 경우 종종 신화사 홍콩분사를 활용해온 전례가 있다. 그리고 주홍콩 한국 총영사관과 신화사 홍콩분사간 직접 긴밀한 협상을 했다기 보다는 양국 정부의 의사를 대리 소통하는 메신저 역할로 한정하고자 했다. 즉 중국정부는 한국정부의 의도와 달리 최대한 양국 정부간 직접 협상이라는 방식을 우회하려는 태도를 견지했다. 이러한 중국의 협상 태도와 전략은 민항기 사건때와 비교할 때 한국에 대한 인식과 한국과의 관계발전 의사의 진전이 있었다고 보기는 어렵다.

78 중공 어뢰정 사건. 1985 전4권. 대한민국 외교사료관 등록번호 38190. 0126, 0145.

Ⅳ. 중국 민항기 및 어뢰정 사건 협상의 결과, 평가, 영향

1. 협상 결과와 의미

중국 민항기 납치 사건 관련 협상은 양국 대표단이 3일 동안 4차의 전체회의와 6차의 실무회담 등 총 10회의 협상을 통해 합의에 이르렀고 합의 내용을 양해각서 형식으로 문서화했는데 이 문서에 한국의 정식 국호를 표기했다.[79] 민항기 납치범들은 대한민국에서 재판을 받고 각각 4~6년의 징역형을 선고받았다. 그 후 약 1년을 복역하다가 형 집행정지로 출소한 뒤, 인도적 차원에서 대만으로 추방 되는 절차를 진행했다. 어뢰정 사건은 민항기 납치사건과 유사한 사례이지만 동시에 중국 군이 관련된 특수사례이기도 해서 중국과의 협상 끝에 어뢰정과 승조원 전원을 중국에 송환했다.

민항기 사건을 계기로 1949년 중국 건국이후 처음으로 중국민항 총국장이 서울을 방문하여 한중 양국 정부간 최초의 공식협상이 진행되었다. 그리고 이 사건의 해결이 한중 국교정상화 실현의 출발점이라는 평가가 있을 정도로 양국관계 발전의 중요한 전환점이 되었다.[80]

79 김하중, 2013, 『김하중의 중국 이야기 2 - 영원한 이웃, 끝없는 도전 : 한국과 중국』 (서울: 비전과 리더십), pp. 164-165.

당시 대한민국은 중화민국(대만)을 중국의 유일 합법 정부로 인정하고 외교 관계를 맺고 있었고, 반대로 중화인민공화국은 북한을 한반도의 유일 합법 정부로 간주하고 있던 특수한 상황에서 미수교 상태인 한중 정부간 공식 접촉이 이루어진 것이다.

민항기 사건과 어뢰정 사건의 협상은 한중 양국이 미수교라는 특수상황임에도 불구하고 양국 정부가 직접 협상을 진행하며 타협을 거쳐 합의에 도달한 만큼 특별한 의미를 지닌 성공사례였다고 할 수 있다. 특히 한국 정부는 한반도의 냉전구도가 여전히 작동하고 있음에도 불구하고 중국과의 관계 개선을 위한 전향적이고 유연한 정책으로의 전환을 모색하고 있던 상황에서 우발적으로 발생한 두 사건으로 인해 중국정부와의 직접 협상의 기회를 갖게 되었다.

한국 정부는 사실 중국과의 관계 개선을 모색하는데 있어 다양한 국내외의 견제와 장애를 극복해야 하는 난제를 안고 있었다. 즉 미국과 일본의 보이지 않는 견제, 반공을 기반으로 동맹적 관계를 유지해왔던 대만의 노골적인 저항과 반발, 그리고 반공 색채가 강한 친 대만 성향의 국내 정치 및 언론의 반대 등이 있었기 때문에 이러한 장애를 극복하면서 중국과의 협상을 진행했다는 것은 그 자체로 긍정적 평가를 받을 가치가 있다.

특히 한국 정부 입장에서 두 사건은 국제법, 외교 원칙, 그리고 인도주의 등 기본 원칙을 준수하면서도 중국에 대해 호의와 편의를 제공해야 하는 어려움이 있었다. 민항기 사건의 경우에는 기체와 승객, 승무원에 대해서는 최대한 중국의 편의를 제공하며 귀환시켰다. 그런데 납치범에 대해서는 중국측의 끈

80 Liu To-hai, 1991, "Sino-South Korean Relations Since 1983: Toward Normalization," The Journal of East Asian Affairs, Vol.V (winter/spring), pp. 49-78.

질긴 요청이 있었음에도 불구하고 '항공기 불법납치 억제를 위한 헤이그 협약'을 준수하고, 한국 법정에서 정식 재판을 통해 처벌한 것은 국제 규범과 원칙, 그리고 주권 행사라는 기본을 견지 했다는 점에서 중요한 의미가 있다.

즉 중국의 요구를 국제법과 원칙을 벗어나지 않는 범위에서 수용하면서도 한국의 주권적 지위를 지켜낸 것은 원칙, 명분, 실익을 모두 견지한 최선의 선택이었다. 그리고 민항기 사건의 경우에는 중국과의 협상을 마무리한 이후에 시간을 갖고 1년이 지난 후 납치범을 해외로 추방하는 방식으로 대만으로 보낸 것은 당시로서는 인도주의 정신과 대만과의 관계를 감안한 적절한 외교 행위였다고 평가된다.

마찬가지로 어뢰정 사건 역시 매우 민감한 사안이었음에도 불구하고 중국의 불법 영해 침범에 대해서는 단호한 입장과 원칙을 고수해서 미수교국 중국으로부터 분명한 공식 사과를 받아낸 것은 높게 평가할 만 하다. 그리고 명분과 원칙을 견지하기 위해 '군함'이라는 특수 상황에서 국제법이 허용할 수 있는 원칙을 찾아내 적용하여 중국에 귀환시킨 것은 당시 상황에서는 합리적 선택이었다.

민항기 사건 해결이후 당시 이범석 외교부 장관이 국회 외무위원회에 출석하여 이 사건에 대해 보고를 하는 과정에서 말미에 정리한 이 협상에 대한 평가가 당시 한국 정부의 협상에 대한 입장, 전략, 그리고 의미를 잘 보여주고 있다.[81]

즉 첫째. 한국과 중공이 국교관계가 없는 상태에서 양국 정부 대표가 대좌

81 제116회 국회 외무위원회 회의록 제7호, 1983. 5. 16, p. 7.

하여 최초의 국가간 공식 회의를 가졌고 양국의 정식국호가 사용된 공식문서가 교환되었다는데 의의가 있다.

둘째, 한중 양국간 교섭이 상호 협조정신 아래 시종 우호적인 분위기속에 진행되었고, 이후에도 양측에서 발생할 수 있는 긴급사태에 대응키로 한 것은 장래에도 양국간 접촉 가능성을 시사한 것으로 뜻깊은 일이며, 이후 양국관계 발전에 좋은 영향을 미칠 것으로 기대된다.

셋째, 피랍 항공기의 승객, 승무원, 대표단 등 130여명의 중공인들이 이번 기회에 아국의 경제발전, 자유 사회의 분위기를 직접 경험하여, 북한에 의해 왜곡되었을 아국의 참모습을 알게 되고 올바르게 인식하게 하는 성과가 있었다.

넷째, 이번 협상의 원만한 해결을 가져온 처리 과정이 국제적으로 널리 알려지면서 우리 정부의 인도주의 및 평화수호 입장과 개방사회의 면모가 국제사회에서 긍정적으로 평가된 것은 국위선양에도 기여한 것으로 생각한다.

이범석 장관의 평가는 현재와 같이 미국과 중국 양강대국간 경쟁의 틈바구니에서 어려움에 직면하고 있는 한국 외교에 중요한 시사를 주고 있다. 즉 외교는 기본과 원칙을 지키는 전제에서 실익을 극대화하기 위해서는 최대한 유연성과 융통성을 발휘하면서 전략적 묘수와 해법을 모색해야 한다는 중요한 메시지를 주고 있다.

2. 협상 평가와 교훈

미수교국과 우발적 사건으로 준비되지 않은 협상이었다는 특수 상황을 감안할 때 협상은 전반적으로 성공적이었고 역사적 맥락에서도 중요한 의미와 성과를 남겼다고 할 수 있다. 다만 협상과 합의 과정에서 구조적 한계가 노출된 부분이 있었고, 보다 냉철하고 세밀하게 다루어지지 못한 내용이 없지는 않았다.

우선 민항기 사건 협상과정에서 한국정부는 중국과의 최초의 정부간 공식 협상이었다는 것을 기록에 남기고자 합의 내용을 문서화하는데 전력을 기울였고 그 결과 '양해각서'가 만들어지는 나름의 성과가 있었다. 그런데 당시 미수교국인 중국과의 협상이라는 근본적 한계가 있었다는 것이 '양해각서'의 형식이나 내용에서 발견된다. 우선 '양해각서'는 일반적인 외교문서라면 포함되어야 하는 '누가, 언제, 어디서 무엇을 합의했다'는 기본적 내용과 형식을 충분히 담고 있지 않다.

양해각서 4항에서 '중국민용항공총국 선투 총국장과 일행은 본 건에 관하여 한국 당국과 교섭하기 위하여 1983년 5월 7일 서울에 도착하였다.'고 명시하고 있다. 중국측은 양해각서 본문에 '대한민국'이라는 정식 국호 사용을 피하기 위해 '한국 당국'또는 '서울'이라고 표현했다. 특히 '중화인민공화국'또는 '중국' 대신에 '선투 총국장과 일행'이라고 표현하여 협상 주체가 중국 정부가 아닌 선투 개인 또는 그 일행으로도 해석될수 있는 여지를 두는 편법을 사용했다. 그나마 양해각서의 말미에 양국의 정식 국호를 명시한 것은 한국 협상 대표의 끈질긴 설득의 성과라 할 수 있겠다.

그리고 협상에서 가장 핵심적인 의제였던 납치범 처리에 관한 합의 내용도 중국측의 반대로 양해각서에 포함되어 있지 않다. 한국은 양해각서에 명시하지 않은 것을 사실상 중국측이 납치범에 대한 한국의 관할권 행사에 대해 이의를 제기하지 않은 것으로 해석하였고 실제 그런 방향에서 처리되기도 했다. 그럼에도 정부간 협의 결과를 담은 양해각서에 가장 핵심적인 의제와 사실관계가 명시되지 않은 것은 매우 부자연스러운 것일 뿐만 아니라 차후에 해석을 둘러싼 논란의 소지를 남긴 미완의 문서라 할 수 있다.

실제 중국측은 합의 이후에도 납치범처리에 대해 간간히 문제를 제기하기도 했다. 중국이 양해각서에 납치범 처리에 대한 합의를 포함시키지 않은 이면에는 당장 다급했던 승객과 승무원의 소환문제를 우선 해결하고 나서 차후에 시간을 갖고 납치범 문제를 재논의하려던 의도가 있었던 것으로 유추된다. 요컨대 한국은 양해각서라는 문서를 남겨서 이를 통해 공식 협상임을 부각시키고자 한 반면에 중국은 가능한 한 정부간 공식 협상이라는 것을 드러내지 않으려는 태도를 견지했고 그 결과 일반적이지 않은 특이한 양해각서가 만들어졌다.

그리고 민항기 사건 협상 과정에서 민항기 수리, 이송, 승무원과 승객 체류비용 등 일체의 비용을 일방적 선의로 한국이 지출한 것이 타당했는지는 외교의 상호주의 원칙 차원에서 돌아볼 필요가 있다. 중국측 구술 자료에 의하면 중국에서는 승객 체류비용과 항공기 수리 비용 등을 지불할 의사를 갖고 20만 달러를 현찰로 준비해서 갖고 왔었다고 했다. 비록 중국측 구술이기는 하지만 중국은 한국이 일체의 비용을 감당하겠다는 입장을 고수하여 내심 의외였다는 내용이 있다.[82]

그리고 당시 중국 협상팀의 회고를 보면 한국의 예우가 과도하다는 인상,

82 王仪轩, 许光建, pp. 88-90.

그리고 양국간 관계 개선에 대한 일방적인 기대를 표명했다고 언급되어 있다. 물론 민항기 승객과 승무원이 한국에 체류하는 동안 최대의 배려를 제공함으로써 한국에 대해 긍정적 인식을 갖게 만든 효과는 분명히 있었다. 그럼에도 한국이 중국과의 관계 개선을 위해 과도하게 대우했다는 평가에 대해서도 돌아볼 필요는 있다. 즉 두 사건은 너무도 명확하게 한국이 우위에서 협상을 이끌어 갈 수 있는 사안이었음에도 불구하고 한국은 당시 중국과의 관계개선이라는 정치적 성과를 실현하려는 목적을 협상 과정에서 상대국인 중국에게 노출함으로써 스스로 협상력을 약화시킨 결과를 초래한 것은 아닌지에 대해서는 냉정한 평가가 필요해 보인다.

물론 두 협상은 특별하게 첨예한 이해관계의 충돌이나 쟁점이 있지는 않았기 때문에 비교적 순탄하게 협상이 진행되었다. 그럼에도 이후 한국은 1992년 중국과의 수교 협상에서도 중국과 비교할 때 상대적으로 한국이 협상을 서둘러 진행하고자 하였다는 인상을 상대에게 준 것으로 전해지고 있다. 중국 협상 실무대표였던 장루이제(張瑞杰) 대사의 회고를 보면 중국측은 한국이 조속히 수교 협상을 진행하기를 원하고 있다고 판단한 것으로 보였다.

예컨대 1차 회담에서 중국은 처음부터 수교문제를 거론하지 않으려는 일종의 전략을 준비했지만 한국측이 급하게 수교 진행을 원하고 있다는 것을 느꼈고, 그리고 특히 대만문제에 대해서는 한국이 이미 충분히 숙지가 되어 있어 별다른 논란이 없었다고 회고하고 있다.[83] 한국측 협상 실무대표였던 권병현 대사도 유사한 상황을 설명한바 있다. 예컨대 한국측은 처음부터 수교를 바로

83 张瑞杰, 2002, "中韩建交往事,"『世界知识』第17期, p. 39.

의제로 제기한 반면에 중국측에서는 종이 한 장을 가져와서 양국관계 발전 방안만을 언급하여 협상 진도가 나가지 않아 어려움이 있었다고 당시 상황을 설명한바 있다.[84]

어뢰정 사건의 경우에도 선상 반란을 일으킨 승조원 두 명이 대만으로의 정치 망명을 요청했다는 외신 보도가 있었음에도 불구하고 사건 발생 이틀 만에 정치적 사건이 아니라고 한국 정부가 곧바로 발표한 것은 서두른 측면이 있다는 논란을 초래할 여지가 있었다. 한국정부의 신속한 대응이 중국의 영해 침범에 대한 '사과'를 이끌어 내는데는 긍정적으로 작용했을 수 있다. 그렇지만 난동을 일으킨 두 명에 대한 인도주의적 차원에서의 세심한 조사 여부는 논란의 소지가 없지 않았다. 두 사람은 본국 송환 후 중국 군사 법정에서 망명 기도 혐의로 사형선고를 받았다고 대만의 중앙통신이 보도했다.[85]

그리고 중국으로부터 영해 침범에 대해 사과를 받은 자체는 중요한 의미가 있다. 그럼에도 애매한 사과의 주체와 방식과 관련해서는 충분한 문제 제기와 논의가 있었는지 검토가 필요하다. 아울러 사과 내용에서도 '부주의'라는 표현은 실제 영해 침범이 3시간이나 지속 되고 한국 해군과 대치했던 당시 상황에 부합하지 않은 것으로 중국에게 변명의 여지를 제공한 측면도 있다. 이러한 부분은 사실 외교문서가 공개되고 나서야 비로소 검토되고 공론화 될 수 있는 미묘한 영역이기는 하지만 협상 사례를 통해 교훈을 얻기 위해서는 돌아볼 가치는 있다.

84 권병현, 2012, "한중수교: 동방문명의 회복의 시작, 새로운 문명이 주도할 계기," 『동아시아 브리프』 7권 3호, pp. 58-59.

85 "중공 어뢰정 난동 주범 처형," 『조선일보』 1985. 5. 17, 4면.

그리고 한중 양국은 인접국가로서 두 사건과 같은 예상치 못하는 긴급한 돌발사건이 빈번할 수 있었고, 실제 중국이 1980년대 개혁개방 정책 실시 이후 자주 발생했다. 그런데 당시 한국과 중국은 미수교 상태였을 뿐만 아니라 여전히 냉전적 대립 국면을 해소하지 못하고 있는 상황에 있었다. 따라서 긴급 상황 발생시에 대응할 수 있는 양국 정부간 공식 또는 비공식 협의 창구나 채널이 없던 상황에서 두 협상이 순조롭게 진행된 것은 특별한 의미가 있다.

우선 두 협상 사례는 이후 한중 양국간에 유사한 사건이 발생했을시에 중요한 전범 역할을 하게 되면서 미수교 상황에서 한중 정부간 긴급한 사안에 대한 협의와 협상의 제도화를 향한 일종의 초보적 진전을 이룬 중요한 의미를 갖게 되었다.

예컨대 민항기 사건 해결 협상에서 서명한 양해각서 제9항에는 '쌍방은 이번 사건 해결과정에서 발휘된 상호협력의 정신이 이후에도 쌍방과 관련되는 긴급사태의 발생시에도 지속적으로 유지되어야 한다.'고 명시하여 이후 양국간 협의를 진행할 수 있는 근거를 마련했다. 민항기 사건 발생 초기 한중 양국은 상호 직접 연락할 수 있는 방법이 없어서 일본, 미국 등 제3국을 경유하는 중재 경로를 물색했었다. 민항기 사건의 한국측 협상 대표였던 공로명 전장관도 민항기 협상의 중요한 성과의 하나로 한중간에 접촉 채널을 구축한 것임을 밝히고 있다. 민항기 협상 이후에 두 개의 비상연락망이 구축되었다고 회고하고 있다. 즉 신화사 홍콩분사와 주홍콩 한국총영사관, 그리고 도쿄에 있는 한중 양국 주재 대사관 사이에도 연락 채널이 만들어졌다고 했다.[86] 그런데 이

86 국립외교원 외교사연구센터, 2018, p. 167.

합의 내용에도 불구하고 실제로 이 합의를 바탕으로 이후 유사한 '긴급사태' 발생 시 대응할 수 있는 공식 접촉 창구가 상설되지는 않았다.

양국간의 비공식 협상 창구로 '홍콩 채널'이 대두된 것은 1985년 어뢰정 사건 이후였다. 물론 민항기 사건 양해각서 9항에 적시된 '상호협력 정신의 유지'라는 합의가 어뢰정 사건을 해결하는데 있어 양국간 직접 교섭을 추진하게 된 주요한 근거가 되기는 했다. 1985년 어뢰정 사건 발생직후 중국측에서 곧바로 신화사 홍콩 분사의 외사 부부장 스투창이 홍콩 주재 한국 총영사관으로 협조 요청을 해왔고 그 이후 사실상 본격적으로 '홍콩 채널'이 양국간 협의 창구로 가동되기 시작했다. 이후에도 유사한 중국 군용기 불시착 사건 및 미그19기 망명사건 발생시 '민항기 해결방식'이 원용되어 앞서 협의 채널을 이용하여 소통함으로써 양국간에 긴급사태 발생시 해결하는 일종의 공식으로 정착하게 되었다.[87]

특히 중국 신화사 홍콩분사와 주홍콩 한국 총영사관 사이에 이른바 '홍콩 채널'이 구축되고 상황 발생시에 접촉창구 역할을 수행한 것으로 알려졌다. 중국의 입장에서도 당시 중국 전투기 등의 불시착 사건이 간간히 발생하고 있어서 외교 관계가 없는 한국과 긴급히 가용한 채널이 필요했고, 한국은 보다 거시적 차원에서 중국과의 관계 개선의 교두보로서의 제도화된 접촉 채널의 필요성이 있었다. 그런데 '홍콩 채널'의 기능과 역할에 대해서는 논란이 있다. 홍콩 채널이 미수교 상황에서 한국과 중국간의 공식적인 협상 채널이었고, 체계적인 상설 대화 채널 또는 핫라인 역할을 수행했는지에 대해서는 논란이 있다.

87 차정미, 2018, "1980년대 한중관계 태동기, 정부-비정부 협력외교의 발전과정," 『국제정치논총』 58권 1호, pp. 46-47.

당시 신화사 홍콩 분사가 교섭 권한이나 재량권을 갖고 있지 않았기 때문에 직접 협상 창구 역할을 하지는 않았다고 보는 것이 타당할 것이다. 단지 어뢰정 사건과 같은 긴급한 상황이 발생했을 때 중국 당 또는 국무원 등 당국에서의 지시와 요청이 있으면 그에 따라서 정보를 수집하거나 연락 업무를 수행하는 정도 였다는 것이다.[88] 실상은 상설화된 제도적 채널이기 보다는 신화사 홍콩분사의 외사판공실 담당과 한국 영사간의 개인적인 차원에서 상호 필요시 오찬, 또는 만찬 형식으로 비공식적 만남을 통해 협력을 요청하고 정보를 탐색하는 역할을 했다고 당시 홍콩 주재 외교관은 회고하고 있다.[89]

따라서 어뢰정 사건 해결 과정에서 언론에서는 신화사 홍콩분사와 홍콩주재 한국 총영사관 사이에 공식적인 협상이 진행된 것으로 전하고 있다. 그런데 실상은 협상을 진행했다기 보다는 사건 발생 초기에 양국 당국간의 연락 업무를 수행한 것으로 보인다. 이상옥 장관 역시 회고록을 통해 한국은 홍콩에 마련된 비공식 접촉 채널을 한중관계 개선을 위한 협의 창구로 발전시키고자 하였으나 중국측은 돌발 사태의 처리와 일부 제한된 문제들에 관한 접촉에 국한시켰다고 밝히고 있다.[90]

예컨대 어뢰정 사건 당시 외교부 전문을 보면 한국정부는 원래 3월 27일 한중 양국의 중간지점의 공해상에서 어뢰정과 승조원 전원을 송환하기로 했다. 그런데 당일 인수 해역에 2.5미터의 높은 파고와 악천후로 24시간 연기가 필요했고 이 내용을 3월 26일 밤 11시 40분에 신화사 홍콩분사에 긴급 제의하

88 김장환 전 주홍콩 총영사 인터뷰(2021. 6. 11) .

89 박양천 전 주홍콩 영사의 인터뷰(2020. 11. 5).

90 이상옥, 2002, 『전환기의 한국외교: 이상옥 전 외무장관 외교회고록』(서울: 삶과 꿈), p. 119.

고 회신을 기다린다는 전문이 있다.[91] 즉 이른바 '홍콩 채널'은 정례화된 협상 창구라기 보다는 양국이 상호 필요시 운영되는 부정기적인 연락 통로 또는 양국 정부간 메신저 역할을 수행했다고 보는 것이 적절해 보인다.

예상치 못했던 두 개의 연속된 우발적 사건은 한중 양국 정부간 공식 접촉의 계기가 되었다. 미수교 상황에서의 돌연한 사건이었음에도 불구하고 한국과 중국 양국 정부는 신속하게 협상을 진행하고 또한 합의에 이르렀다. 한국은 물론이고 중국 역시 상대에 대한 정보와 이해가 충분치 않은 상황에서 우발적 사건을 단기간에 협상을 통해 해결하고 마무리했다는 자체는 분명 성공적인 협상이었다고 평가할만하다.

그리고 어뢰정 사건은 군과 관련된 특수성이 있었기 때문에 중국도 한국도 모두 여전히 사건관련 구체적인 협상 내용을 공식적으로 공개하는데는 제약이 있을 수 있다. 민항기 사건의 경우에는 결과적으로 한중 양국이 모두 성공한 협상사례로 평가하고 있고, 특히 중국에서는 앞서 언급한대로 협상 당사자들의 회고록과 구술 기록을 바탕으로 두 권의 서적이 발간되어 매우 상세하게 당시 협상 상황을 중국의 입장에서 밝히고 있다.

반면에 한국에서는 협상에 관여 했던 외교관들이 인터뷰에 응답하는 형식으로 구술하는 일부 기록만 있어서 상대적으로 한국의 입장에서 보는 협상 내용은 상세하게 밝혀져 있지는 않다. 현재는 주로 중국 자료에 의존해서 당시 상황을 복기하게 되면서 자칫 중국의 일방적 주장에 의해 협상 내용과 상황이 왜곡될 우려가 없지 않다.

91 중공 어뢰정 사건. 1985 전4권. 대한민국 외교사료관 등록번호 38190. 0065.

3. 협상의 영향과 함의

가. 한중관계 발전의 영향

한국에서는 두 사건 협상 이후 대 중국외교에서 어느 정도 자신감을 갖게 되었고 적극적으로 북방정책을 준비하기 시작한 것으로 전해진다. 이범석 외교장관은 공로명 차관보에게 특별지시를 했다고 한다. "즉, 1983년 5월 당시 남·북한과 미·일·중·소의 관계를 계량적으로 분석하고 그 기초 위에서 향후 한국의 외교정책에 대해 건의하라고 지시했고 관련 부서 과장 10명이 테스크 포스를 구성했다. 주요 내용은 남북한 관계의 최종목표는 평화통일이다. 이를 위해서는 중간단계에서 교차 승인이 필요하다. 교차승인을 바로 할 것인가, 그것이 어려우면 균형 있는 교차접촉을 확대해야 한다"는 것이었다.[92]

공로명 전장관도 연합뉴스와의 인터뷰에서 "중국 민항기 피랍 사건을 처리하는 과정에서 한국이 중국에 대해 적의가 없고 실질적인 관계를 갖길 원한다는 진의가 전달됐다"고 평가했다. 이제는 적이 아니라 친구가 되고 싶다는 진정성이 전달된 것을 중요한 성과라고 본 것이다.[93] 이 시기 한국정부는 중국과의 관계 개선을 위해 보다 적극적이고 체계적인 준비를 시작하였다. 외교부는 1976년 무렵부터 주요 10개 공관에 지정, 운영해 왔던 중국담당관 제도가 다소 부진해진 점을 지적하고 중국 자오쯔양(趙紫陽) 총리의 방미와 후야오방(胡

92 국립외교원 외교사연구센터, 2020, p. 24.

93 "〈외교열전〉 불시착機에 中 미사일 전문가 탔었다," 『연합뉴스』 2011. 7. 4.

耀邦) 총서기 방북설 등으로 증대되는 중국에 대한 관심을 감안하여 중국담당관의 활동을 적극화할 것을 1984년 2월에 10개 공관에 훈령하였으며 홍콩 총영사관에는 중국전담반을 구성하였다.[94]

실제로 민항기 사건 협상 이후 한중관계는 이전과 다른 변화가 나타났다. 우선 1983년 8월에는 중국 민항기의 한국 비행정보구역 통과를 허용하는 합의를 이루었다. 그리고 이듬해인 1984년부터 대중국 수출이 급증했다. 중국은 북한의 요청으로 남한산 면직물에 대해 '원산지 증명'을 요구하여 남한 면직물 산업에 타격을 주고 있었다. 그런데 민항기 사건 이후 더 이상 원산지 증명 요구를 하지 않음으로써 한국의 중국 수출총액은 1983년 484만 달러에서 1984년 1,694만 달러로 무려 250%나 늘어났다.[95] 그 뒤로도 대중 수출은 꾸준히 증가해 1990년에는 5억8천485만4천 달러에 달했다.

중국에서도 민항기 납치라는 초유의 사건으로 한국과 처음으로 접촉을 하게 되었고 이후 자연스럽게 한국에 대한 인식도 변화하게 되었다. 민항기 사건이후 중국 승객들의 입소문으로 중국 내부에도 한국의 존재가 점차 알려지고 재인식되면서 한국과의 관계 개선에 대한 우호적인 분위기가 조성되는데 긍정적인 작용을 한 것으로 알려졌다. 즉 중국은 북한의 동맹국으로서 휴전 이후 적국으로만 인식해오던 한국을 재인식하게 되는 계기가 되었다.[96] 중국은 5월10일 국무원 부비서장 우칭퉁(吴庆彤)이 민항기 승객과 승무원의 귀환 환영식에서 한국측의 협조적 조치에 사의를 표명했다고 신화사를 통해 보도했고,

94 "중공담당관 제도 운영" 대한민국 외교사료관 등록번호 19817.

95 국립외교원 외교사연구센터, 2018a, p. 165.

96 국립외교원 외교사연구센터, 2020, pp. 60-61.

선투 총국장도 5월 11일과 16일 기자회견을 통해 한국에 감사의 뜻을 표명했다.[97]

중국협상 대표단 일원으로 참여했던 신화사 기자 첸원룽(錢文榮)의 회고에 의하면 중국측에서는 원래 이 사건을 한중관계발전과 연계시키지 않는다는 방침을 갖고 있었지만 협상 타결이후 결과적으로 한국에 대한 인식에 변화가 있었고 귀국 후 국무위원 구무가 협상대표단과 함께 가진 회의에서는 한국과의 관계발전에 대한 다양한 의견이 개진되었다고 밝히고 있다.[98] 그리고 첸 기자는 협상에서의 인연으로 수교 이전인 1987년 신화사 뉴욕지사에서 근무할 당시 뉴욕에서 총영사로 근무하던 공로명 대사와 자주 만나서 긴밀하게 의견을 교환했다고 회고하고 있다

한중간 민간차원의 교류와 접촉이 증가하면서 중국 관영 언론 등에서의 한국에 대한 보도 태도에도 변화가 나타났다. 중국은 여전히 북한을 의식하여 한국 대신에 '남조선'이라고 부르기는 했지만 이전처럼 '괴뢰정권', '군사독재정권'등의 적대적 표현의 사용은 자제했다. 예컨대 인민일보에서는 1982년 북한 건국기념 축하사설에서는 '남조선 전두환 집단의 두 개의 조선 책동 음모'라는 표현을 사용했지만 1983년 사설부터는 이러한 비난조의 표현은 사라졌다.[99]

아울러 중국은 1983년부터는 국제무대에서 한국과의 교류를 점차 허용하

97 제116회 국회 외무위원회회의록 제7호, 1983. 5. 16, p. 6 ; 『人民日报』 1983. 5. 11 ; 1983. 5. 12 ; 1983. 5. 17.

98 王仪轩, 许光建, 2009, pp. 116-117.

99 『人民日报』 1982. 9. 9 ; 1983. 9. 9.

기 시작했다.[100] 중국은 유엔개발계획(UNDP)과 세계식량농업기구(FAO)가 공동 주관하는 제3차 수산양식 훈련과정(1983. 8. 14.~ 9. 10. 간 중국 우시 개최)에 한국인에 대해 방콕주재 중국대사관을 통해 비자를 발급함으로서 중국내 개최되는 정부간 국제행사에 한국 공무원이 최초로 참가할 수 있게 하였다.

그리고 1984년부터 국제무대에서 중국 외교관과 접촉하는 사례가 늘어가기 시작했다. 1983년 5월 이후 1984년 12월 사이에 유엔 산하 국제기구와 관련 학술회의 참석 목적으로 한국인이 17회에 25명이 중국을 방문했고, 중국인은 1회에 4명이 한국을 방문했다.[101] 김경원 주유엔대사는 1984년 4월 11일 량위판(梁于藩) 유엔주재 중국 차석대표와 면담을 갖고 양국 협력에 대해 논의했다. 량 차석대표는 한국의 경제발전을 주시하고 있고 한국과의 교류가 향후 활발해질 것이라고 언급했다.[102]

UNDP 근무 중국 외교관 롱용투(龙永图)는 1984년 8월 16일 이시영 주유엔대표부 공사와의 접촉을 통해 중국은 유엔 관련 국제행사 주최시 한국의 참가를 허용하는 방침을 정했다고 하면서, 중국은 한반도에 1국2체제가 존재한다는 기본입장에 따라 북한의 고위층 방중 시 중국의 실용주의 경제정책 실시현황을 중점적으로 보여주는 등 북한사회를 개방하게 하려고 노력하고 있다고 알려주었다.[103]

스포츠 분야에서도 유사한 진전이 있었다. 중국정부는 개혁개방이후 국내

100 李文亚, 2012. 10. 22.

101 외교부, "중공의 대한반도 정책 분석," 1984. 12. 15. 외교문서

102 외교문서: 대중공 외교관 직접 접촉, 1984 등록번호: 19982.

103 외교문서: 대중공 외교관 직접 접촉, 1984 등록번호: 19982.

외에 중국의 도약을 알리는 이벤트로 아시안 게임 유치를 준비해왔고, 마침내 1983년 8월 아시아올림픽평의회에 1990년 베이징 아시안게임 유치를 신청했다. 중국이 아시안 게임 유치에 성공하기 위해서는 무조건 한국을 포함한 모든 아시아올림픽평의회 회원국의 참여를 보장해야만 했기에 이 또한 중국 입장에서는 한국에 대한 문호를 열어야 하는 중요한 이유였다.[104] 그리고 1984년 2월, 중국이 개최하는 데이비스컵 테니스 대회에 한국선수가 처음으로 참가했다. 중국은 1984년 3월, 상호 친척방문을 허용했으며 1984년 4월에는 중국 농구 선수단이 처음으로 한국을 방문했다.

그리고 어뢰정 사건 해결 직후인 1985년 4월에 중국 항저우에서 아시아 역도선수권 대회가 개최되었고 이 대회에 한국선수 18명이 중국 민항기편으로 참가했다. 당시 대회에 동반했던 김장환 총영사는 현장에서 만난 중국 외교부 고위 인사가 어뢰정 사건 해결에 대해 감사를 표하면서 그에 대한 보답 차원에서 86 서울 아시안 게임 개최 사실을 중국 CCTV를 통해 처음 방송할 것이라고 알려왔다고 했다.[105]

그리고 당시 중국 최고 지도자였던 덩샤오핑은 1985년 4월 한국과의 관계에 상당한 관심을 표명한 것으로 알려졌다. 즉 "한중관계 발전은 우리에게 필요하다. 첫째 경제적으로 필요하고, 둘째 한국과 대만과의 관계를 단절시킬 수 있다."고 한 것으로 전해졌다.[106] 덩샤오핑은 이후에도 외국지도자와의 면담 시 유사한 발언을 한 것으로 알려졌다. 즉 1988년 5월에도 한국과의 관계발전

104 延静. 2004, 『出使韩国』(齐南: 山东大学出版社), pp. 12-13.

105 김장환 전 주홍콩 총영사 인터뷰(2021. 6. 11)

106 钱其琛, 2004. 『外交十记』(北京 : 世界知识出版社), p. 151.

은 유익하다. 경제적으로는 양국의 발전에 유리하고, 정치적으로는 중국의 통일에도 유리하다. 시기가 무르익었으므로 한국과의 경제, 문화교류는 원래 예정했던 것 보다 더욱 빠르고 광범위하게 추진할 수 있다. 한국과의 민간교류를 발전시키는 것은 중요한 전략적 카드이다. 대만, 일본, 미국, 그리고 한반도의 평화와 안정, 동남아에 대해 모두 중요한 의미를 갖는다고 언급한 것으로 알려졌다. 그러면서 덩샤오핑은 북한을 의식해서 한국과의 수교는 매우 신중하게 진행해야 하고, 북한측의 양해를 얻어야 한다는 점도 강조했다.

어뢰정 사건 역시 한중관계 발전에 적지 않은 영향을 미쳤다. 김석우 전 차관은 덩샤오핑이 1985년 봄 한국 정부에 특사를 보냈다는 사실도 이러한 분석을 뒷받침한다고 설명했다. 당시 덩샤오핑의 특사로 전두환 대통령을 만난 인물은 중국계 로비스트인 안나 셰놀트(Anna Chenault) 플라잉 타이거(Flying Tigers) 부회장이었다.

김석우 전 차관은 셰놀트 부회장이 전 대통령과 만난 자리에서 어뢰정 송환에 대한 중국 정부의 감사의 뜻을 전했다고 했다. 그리고 그 자리에서 '수교'라는 단어를 사용한 것은 아니지만 중국의 장래와 관련해 큰 도움을 받았다는 말이 전해진 것으로 알고 있다고 밝혔다.[107] 1983년 중국 민항기 사건에 이어 1985년의 어뢰정 사건이 중국이라는 존재 자체를 우리 사회의 안방에 들어오게 만든 또 다른 '역사의 초청장' 역할을 했음을 보여주는 것이다.

중국은 1982년 독립자주외교노선을 공식화 한 이후 사실상 한국과의 관계 개선의 필요성을 인식하고, 북한을 의식하면서 단계적으로 접촉과 교류를 확

107 국립외교원 외교사연구센터, 2020, pp. 36-37.

대 해왔다. 그리고 민항기 사건과 어뢰정 사건이후 중국의 한국에 대한 입장과 태도에 주목할만한 변화가 나타났다. 요컨대 중국의 한국에 대한 인식과 태도가 1982년 이후 외교전략의 변화와 연동되어 점진적으로 변화하고 있었고 그 과정에서 민항기와 어뢰정 사건이 우발적으로 발생하면서 그 변화는 보다 뚜렷하고 빠르게 진행되었다고 할수 있다.

나. 한중수교에의 함의

한국은 1973년 6.23 선언을 통해 공산권 국가에 대한 문호개방정책을 발표하면서 중국과의 관계개선을 지속적으로 모색해왔다. 중국 민항기 사건은 한국이 중국과의 관계개선을 타진하고 10년을 경과한 시점에 발생한 예상치 못한 우발적 사건이었다. 이 사건을 계기로 중국과의 공식 접촉이 마침내 성사되었다. 그리고 한국 정부는 민항기 사건 해결 과정에서 항공기 납치사건에 대한 국제법적 원칙을 지키면서 최대한 중국의 요구를 수용하고 편의를 제공하며 협상을 진행했다. 중국측 협상참여자들의 구술기록에서도 한국이 민항기 문제를 해결하기 위해 적극적이었으며 민항기에 탑승했던 중국 인사들에 대해 특별대우를 했다는 것을 증언하고 있다.

특히 협상 초기 중국의 주저와 반대에도 불구하고 설득과 조정을 통해 공식문서에 최초로 '대한민국'이라는 국호를 사용하고 양국이 서명하는 성과를 거두었다. 따라서 민항기 사건 협상이 성공적으로 마무리된 이후 한국은 중국과의 관계 발전에 대한 기대감을 키워왔다. 실제 민항기 사건 해결이후 중국의 한국에 대한 태도에 변화가 있었다. 한국 정부는 중국이 그동안 한국과의 공식 접촉을 기피해왔던 가장 중요한 이유가 '북한 요인'이라고 인식해왔다. 따라서 민항기 사건을 계기로 중국이 한국의 국호를 사용하면서 공식 협상을 진행했다는 것 자체는 중국의 '북한요인'에 대한 입장에도 변화가 생긴 것으로 판단하는 근거가 될수 있었다. 그리고 한국 정부는 이러한 판단하에 중국과의 수교에 대한 기대치를 높여오면서 보다 더 적극적으로 중국과의 관계 개선을 추진했다.

민항기 사건과 어뢰정 사건은 한국과 중국 정부간 최초의 공식 접촉이라는 역사적 계기를 만든 것은 분명했다. 민항기 사건이후 중국 고위층을 중심으로 한국에 대한 인식에 변화가 있었고, 실제로 앞선 언급한대로 한국과의 접촉에서도 이전과 다른 융통성을 보였다. 그럼에도 이러한 변화가 중국이 본격적으로 한국과의 수교를 상정한 징후로 해석하는 것은 시기상조였다.

한국은 민항기 및 어뢰정 사건의 협상을 통한 해결이 중국과의 관계개선의 중요한 발판이 될 것으로 기대한 반면에 중국은 한국만큼 큰 의미를 부여한 것은 아니었다. 한국은 두 사건을 '초대하지 않은 손님' 또는 '예기치 않았던 우발적 기회'로 생각했지만 중국에게는 오히려 내부의 취약성을 드러내는 대형 사고였다. 특히 어뢰정 사건은 중국 군의 입장에서는 감추고 싶은 하극상의 대형 반란 사고였다. 따라서 중국은 이 사건 결과와 후속조치에 대해 의미를 찾기 보다는 가능한 한 신속하게 해결하고 덮어야 하는 사고였다.

앞서 서론에서 언급한대로 중국은 문혁이후 덩샤오핑 체제가 안착하면서 1982년 이른바 '독립자주외교노선'을 공식 제기하고 과거와는 다른 실용주의 외교를 모색하였다. 그리고 그 연장선상에서 한국 등 아시아 신흥공업국과의 경제협력에 관심을 갖기 시작했다. 즉 중국은 민항기 사건이 발생하기 직전 이미 미수교국이지만 한국에 관심을 가지고 있었고 신중하게 단계적으로 관계 발전을 모색해왔다. 즉 국제 무대에서의 외교관들의 접촉 허용, 홍콩을 통한 간접 교역, 그리고 스포츠, 문화 분야에서의 초청과 방문 허용 등 철저하게 정경분리의 기조위에서 비정치 분야에서의 교류와 협력에 한해서 단계적으로 발전시켜왔으며 민항기 사건이후의 변화도 그 연장선상에서 진행되어 왔다.

그렇지만 중국은 여전히 북한을 의식하며 한국과의 정치관계 발전에 대해서는 기존의 신중한 입장을 유지해왔다. 특히 중국 언론들은 민항기와 어뢰정 협상 이후에도 여전히 대한민국 대신에 '남조선'이라는 명칭을 사용해 중국은 한국과 달리 관계개선에 대한 온도 차는 여전히 존재하고 있었음을 시사했다.

예를 들어 민항기 사건이후 중국의 한국에 대한 태도 변화의 상징적인 조치로 거론되는 1983년 8월 중국 우시에서 개최된 제3차 수산양식 훈련과정에 중국정부가 처음부터 자발적으로 한국 공무원의 참가를 허용한 것은 아니었다. 한국 외교부는 민항기 사건을 해결한 직후인 만큼 중국에서 개최되는 유엔주재 국제행사의 경우에는 한국 공무원에게도 비자를 발급할 것이라는 기대를 갖고 신청했다.

그런데 중국정부는 미수교국이라는 이유로 비자발급을 거부했다. 이에 외교부 국제기구국의 이장춘 국장이 유엔 본부에 정식으로 강하게 이의를 제기했다. 중국이 유엔 행사를 개최하면서 한국에게 비자를 발급하지 않는다면 행사 개최를 허용해서는 안 된다는 취지의 문제제기를 했다. 유엔 본부에서 중국에 이러한 한국의 항의를 전하고 나서야 비로소 중국이 비자를 발급했었다.

중국은 두 사건 이후 경제, 스포츠 분야 등 비정치 분야에서는 한국과의 관계를 점진적으로 확대시켜 왔다. 그렇지만 본격적으로 한국과의 외교관계를 고려하기 시작한 것은 1989년 천안문 사건 전후라고 할 수 있다. 실제로 중국 내에서는 이 무렵 한국과의 관계를 전담하는 이른바 남조선영도소조(南朝鮮領導小組, 이하 '소조')를 당시 국무원 부총리였던 톈지윈(田紀雲) 책임하에 구성하였다.[108] '소조'가 설립된 정확한 시기에 대해서는 논란이 있지만 '소조'의 실체에 대해 한국에서 인지하게 된 것은 소조의 구성원중의 한 명인 류야저우(劉亞州)가 1988년 말경 선경의 초청으로 한국을 방문하면서 부터다.[109]

당시 중국은 이 소조를 설립하고 한국과의 교섭 창구로 활용하고자 했고 소조내의 류야저우와 위에펑(岳楓) 두 사람이 주로 한국과의 교섭을 진행했다. 그런데 당시 한국과의 교섭 창구 역할을 했던 두 사람은 모두 군 출신이라는 공통점이 있었다. 류아저우는 인민해방군 총정치부 대령이었고, 위에펑 역시 총정치부 소속이었다. 이 시기 중국이 제시한 주요 협의 내용은 세 가지 였다고 한다. 즉 호혜평등 차원에서 양국 관계 발전, 무역사무소 개설을 위한 회담 재개, 그리고 한국을 경유 하는 중국 군인 망명 문제에 대한 협의였다고 한다.[110]

중국이 이처럼 한국과의 관계에서 군인들의 망명 문제를 중요한 의제로 제시했다는 것이 주목된다. 당시 천안문 사건 전후 시점이라서 중국내에 군의 영향력이 강화되고 있었고, 또 소조의 두 구성원이 모두 군 출신이라서 군의

108 정재호, 2011, pp. 150-152.

109 김장환 전 주홍콩 총영사 인터뷰(2021. 6. 11)

110 김장환 전 주홍콩 총영사 인터뷰(2021. 6. 11)

탈영병 문제가 주요 관심사였던 것으로 추론해 볼 수 있다. 즉 당시에도 한국과 중국간에 협력의 주요 내용에서 여전히 차이가 있었다는 것을 엿볼 수 있다.

요컨대 두 협상 사례는 한중관계 초기 단계에서 양국간 교류의 문을 열고, 양국 국민들간의 오랜 적대와 단절의 역사를 넘어 상호 새로운 인식을 갖게 만드는 계기가 되었다는 측면에서는 분명히 중요한 의미를 갖고 있다. 그런데 다른 한편 한중 양국사이에 관계발전, 특히 수교와 연결시키는 데 있어서는 온도차가 있었다는 것도 부인키 어렵다. 실제로 중국은 두 사건 이후에도 한국측의 지속적인 접근에도 불구하고 정경분리의 기조를 유지하면서 한국과의 공식적 접촉을 회피했다. 민항기 사건이후 수교에 이르기까지 다시 9년 여의 시간이 소요되었다. 중국은 사실상 90년 베이징 아시안 게임을 준비하는 과정에서 한국과의 스포츠 분야를 중심으로 협력 필요성을 인식하였고, 이후 1989년 천안문 사건 이후 경제협력선의 다변화를 모색하는 과정에서 한국과의 경제협력에 대한 관심이 고조되었다.

역대 한국 정부는 국가적, 거시적 차원에서 대승적으로 외교를 추진하기 보다는 정권적 차원에서 외교 성과를 실현하려는 과정에서 문제가 야기되어 왔다. 정권의 임기내에 실질적 외교 성과를 얻고자 하는 과정에서 과잉 행보와 희망적 예단이 작용하면서 실제 외교 협상을 진행하는 실무진들은 오히려 협상력이 약화되거나 무리한 합의를 요구하는 상황이 전개되기도 한다. 이러한 현상은 한중관계 30년의 역사를 통해 반복되어왔다.

다. 한중관계에서 '북한요인'의 함의

한국 정부는 냉전시기 국제사회에서 북한과 치열한 체제 경쟁을 해왔고, 6.23 선언 역시 그 연장선상에 제시된 것이었다. 즉 한국정부는 북한의 동맹국인 중국과의 관계 개선은 북한을 압박하고 북한과의 체제 경쟁에서의 우위를 입증하는 중요한 의미를 갖는 것으로 판단했다. 따라서 민항기와 어뢰정 사건이라는 예상치 못한 우발적 사건은 중국과의 관계 개선을 촉진하고 북한을 압박할 수 있는 좋은 기회로 인식했던 것이다. 다시 말해 두 사건 해결과정에서 중국이 한국정부와 공식 접촉을 하고 한국을 인정하게 되는 것은 중국의 북한에 대한 기존의 인식과 태도의 변화를 의미하는 것으로 해석했다. 한국 정부가 민항기 사건 협상과정에서 '대한민국'이 표기되는 양해각서 교환에 강한 의지를 갖게 된 이유이기도 했다.

그런데 중국은 여전히 북한을 의식하면서 민항기 사건 협상을 위한 공식 접촉과 한중 양국의 외교관계 수립은 다른 문제라는 것을 분명히 하고자 했다. 앞서 언급한대로 우쉐첸 외교부장이 북한을 방문하여 남한과의 협상 내용을 설명하고 이해를 구하는 자리에서 "남조선의 미군 철수"를 주장했고, "김일성 주석의 '두개의 조선' 책동에 대한 저지 노력에 대해 지지를 표명했다."[111] 아울러 중국 협상대표단이 귀국한 직후 5월 10일 야오광(姚廣) 중국 외교부 부부장이 "이번 남조선과의 접촉은 납치사건을 해결하기 위한 것으로 쌍방 관계 개선과는 별도의 것이다."라고 강조하였다.[112] 쉬자둔 신화사 홍콩분사장 역시

111 刘金质, 杨淮生 主编, 1994, p. 2376.

112 제116회 국회 외무위원회회의록 제7호, 1983. 5. 16, p. 6.

한국 정부와 대기업에서 중국과의 무역 및 투자진출 협조 요청 사례가 많아서 당시 지펑페이(姬鹏飞) 국무원 부총리에게 건의했다고 한다. 그런데 지펑페이는 김일성 주석이 중국과 남한간의 무역에 대해 불만을 제기하고 있어 어렵다고 했다고 회고록에 기록하고 있다.[113]

실제로 한국의 기대와 달리 중국과의 수교는 그로부터 다시 9년을 기다리게 되었다. 그사이 중국은 여전히 북한과의 관계를 의식하면서 특별한 사안이 아닌 경우에는 한국과의 교류와 접촉은 비정치적 영역에 한정하면서 사실상 한반도에서 '투 코리아(Two Koreas)' 정책을 전개할 수 있는 환경이 조성되기를 기다려왔다.

1991년 남북한 유엔 동시 가입이 성사되어 중국의 '투 코리아' 정책에 대한 논란의 소지가 없어진 이후에야 중국은 비로소 본격적으로 한국과의 수교 교섭을 제안했다. 요컨대 민항기 사건이 신속하고 원만하게 공식적인 접촉을 통해 해결된 것은 한중 관계 발전의 역사에서 분명 중요한 이정표를 세운 의미가 있다. 그렇지만 다른 한편 협상 타결이후 '북한 변수'와 한중관계의 발전에 대한 해석에서는 한중 양국이 여전히 상당한 간극이 있다는 것을 보여주었다.

이 무렵 1983년 9월 소련의 KAL 격추사건과 10월 미얀마 아웅산 묘소 폭탄테러 사건이 있었고 이 사건에 대한 중국의 반응 역시 기본적으로 한반도와 주변 정세의 안정에 방점을 두고 있었음을 보여주었다. 특히 1983년 10월 아웅산 사건에 대해 소련은 보도조차 하지 않은 반면에 중국은 비록 자체 논평

113 許家屯, 1999, p. 350.

을 하지는 않았지만 미얀마 정부의 발표를 인용하여 사실 보도하여 사실상 북한의 소행임을 시사하였고, 북한의 도발 행위로 인한 상황 악화를 관리하고자 하였다.[114]

즉 중국은 미얀마 폭탄테러사건으로 인해 미얀마 정부가 북한과의 외교관계를 단절한 사실도 전하면서 동시에 중국의 한반도 정책의 일관된 핵심 기조인 예의 '한반도의 평화와 안정'을 수차례에 걸쳐 강조하기 시작하였다. 그리고 1983년 9월 1일 소련의 KAL 격추사건에 대해서도 중국은 9월 2일 외교부 성명을 통해 소련의 행위에 대하여 공식적으로 유감을 표명하였고, 인민일보에서는 9월 3일부터 18일까지 거의 매일 이 사건 소식을 전하며 소련의 '패권주의적 행위'를 비판하였다.[115] 그리고 일부지역에서는 중국외교관들이 우리 공관장들과의 대화에서도 유감의 뜻을 전했다.

그러면서 다른 한편 중국은 1982년 6월 2일부터 진행된 김정일 노동당 비서의 중국 비밀방문에서는 김정일의 후계계승을 공식적으로 인정하였다. 그리고 김정일의 심천 특구 방문을 주선하여 북한의 경제 개혁과 개방을 유도하고자 하는 상징적인 조치를 시작했다. 이처럼 중국이 외견상 상호모순 되어 보이는 북한 정책을 전개한 이유는 바로 한반도의 안정화에 정책의 우선순위를 두고 있기 때문이다. 아울러 중국이 점진적으로 한반도에서 남북한과 동시에 관계를 유지하는 '투 코리아' 정책으로의 전환을 시사해주는 것이었다.

두 사건은 결과론적으로는 한중관계 발전에 긍정적 작용을 한 '우연적 사

114 "버마 아웅산 암살폭발사건 : 각국 언론 반응, 1983-84" 대한민국 외교사료관 등록번호 18149.
115 魏敬民2002, "中韩两国建交始末,"『外交风云』第10期, p. 16.

건'이었다. 그런데 다른 한편 거시적 차원에서 볼 때 두 사건이 한중관계, 특히 한국의 대중국 외교에 야기한 부정적 영향도 있었다. 즉 한국이 중국의 한반도 정책을 냉철하게 객관적으로 인식하기보다는 희망적 기대와 예단을 갖게 되는 계기가 되었고, 아울러 대 중국외교에서 '북한요인'이 과잉되는 의도치 않은 결과를 초래하는 출발이 되었다.

한국의 입장에서는 두 사건이 돌발적이긴 했지만 오히려 중국과의 관계에 돌파구를 마련하는 '기회의 창'이 될 수 있었던 반면에 중국의 입장에서 보면 일어나지 않았으면 좋았을 당혹스럽고 민감한 돌발 사건들이었다. 따라서 중국은 두 사건을 해결하는 데 있어서 한국과의 관계발전은 주된 고려사항이 될 수 없었으며 오히려 가능하면 조용하고 신속하게 해결하는 것이 중요했고 그런 차원에서 한국의 요청을 일정부분 수용했던 것이다.

실제로 한중간의 교섭을 통해 두 사건이 해결되는 과정과 내용을 검토한 결과를 보면 중국이 한국과의 관계발전을 위한 차원에서 협상에 긍정적으로 임했던 것은 아니었다. 중국 민항기 납치사건은 중국이 한국과의 공식적인 접촉을 무릅쓰고라도 신속히 해결했어야 하는 불가피한 정황이 있었다. 예컨대 중국은 미수교국이면서 미국의 동맹국인 한국에 내부기밀이 유출될 가능성을 우려했고, 특히 대만의 개입을 차단하기 위해서는 정부가 직접 나서서라도 신속한 처리가 필요했던 것이다. 어뢰정 사건 역시 오래 끌면 끌수록 중국 군의 치부를 국제사회에 노출하게 되고 중국 군과 사회에도 부정적인 신호를 줄 수 있었기 때문에 중국은 한국이 요구하는 사과를 전향적으로 수용하면서 까지 신속한 협상 타결을 선택했던 것이다.

그런데 당시 북한과 체제경쟁에 몰두하고 있던 한국정부의 입장에서는 두 사건은 공히 소위 '북한 요인'이라는 장애를 극복하고 중국과의 관계를 발전시킨 대표적인 사례로 인식될 수 있었다. 즉 결과적으로 두 사건은 그동안 북한을 의식해서 한국을 인정하지 않고, 직접 접촉을 회피했던 중국의 태도 변화를 이끌어내는 성과를 이룬 것으로 평가되었다.

한국정부의 중국과의 관계 개선 의지는 이미 1970년대 초반부터 신중하지만 적극적으로 표출되어왔다. 중국과의 관계개선 추진의 주요 동인은 데탕트라는 새로운 국제환경을 적극 활용하여 중국 등 공산권 국가와의 관계개선을 통해 북한과의 체제 경쟁에서 우위를 확보하는 동시에 북한체제를 우회적으로 압박하고자 한 것이었다. 돌이켜 보면 두 사건은 결과적으로 한중수교이후 북한문제에서 '중국역할'에 대해 한국정부가 전략적 고려와 기대를 확대시켜오게 되는 출발점이었다.

한국의 중국과의 관계개선의 이러한 주요 동인은 1970년대 박정희 정부에서 시작하여 전두환 정부로 이어졌고, 마침내 1988년 노태우 정부의 북방정책을 통해 보다 명확해졌다. 즉 소련, 중국 등 사회주의 국가들과의 관계 개선을 통해 북한을 압박하여 한반도 안정, 그리고 궁극적으로는 통일에 유리한 환경을 확보코자 한 것이었다. 이런 측면에서 한국의 대중국 외교는 출발선에서부터 '북한요인'이 중요한 위치를 차지하게 되었으며, 한국정부의 입장에서는 중국과의 관계 발전은 북한문제에서의 '중국역할'에 대한 기대가 확장되는 것을 의미하는 것이었다.

반면에 중국은 오히려 '북한'의 전략적 가치에 대한 평가를 바탕으로 한국의 적극적인 접근에 대해 대응 수위를 조절해왔다. 중국은 1949년 건국 후 줄곧 '북한'의 지정학적 가치를 중요하게 인식해왔다. 즉 중국은 1950년대에는 미국이라는 최대 안보위협으로부터의 완충지역으로서 북한의 전략적 중요성을 인식해왔고, 1960-70년대에는 소련과의 분쟁이 격화되면서 북한을 사이에 두고 소련과 영향력 경쟁을 하게 되면서 북한의 전략적 가치는 소련과의 관계로 까지 확장되어 갔다.

이에 따라 한국정부가 북한을 고립, 압박하려는 동기에서 중국과의 관계 개선을 추진한 것은 당시 북한의 전략적 가치를 중요시 해왔던 중국에게 호응을 기대하기는 어려운 상황이었다. 이는 달리 말해 한국의 대중 외교가 초기부터 '북한문제'에 과도하게 매몰되면서 지속적인 중국에 대한 외교 공세에도 불구하고 수교를 달성하기까지 상당히 오랜 시간과 적지 않은 에너지의 낭비를 초래할 수밖에 없었던 것이다. 뿐만 아니라 1992년 중국과의 수교 협상과정에서 한국의 협상력이 약화되게 만들고, 북한문제에서의 '중국역할론'이 과부하가 걸리는 현재 상황에까지 이르게 된 배경이 되었다.

그리고 공식적으로 드러내지는 않았지만 중국은 1982년 '독립자주외교노선'을 표명하면서 대미 외교의 지렛대를 강화하기 위해 외교대상의 다변화를 모색해왔고 그 과정에서 한국의 전략적 가치를 재인식한 측면도 발견된다. 특히 중국은 1989년 천안문 사건이후 미국의 경제 제재를 돌파하고 개혁 개방 정책을 지속하기 위한 경제협력선의 다변화가 절실해진 상황이었다. 중국은 이러한 내우외환의 위기국면에서 새로운 돌파구를 찾는 과정에서 한반도에서의 '투 코리아' 정책을 전개하게 되었고, 그동안 지연시켜왔던 한국과의 수교 협상을 전격적으로 전개했던 것이다.[116] 요컨대 한중 양국은 관계개선의 출발

116 이동률, 2018a, "한중수교에서 '북한요인'의 변화 및 영향," 『한국과 국제정치』 第34권 第3호.

선에서 부터 서로 상이한 전략적 동기를 내재하고 관계개선을 추진해 왔으며 현재 한중관계 발전의 '전략적 동상이몽' 상황은 이미 양국의 관계개선 과정에서부터 잉태되어, 축적되어왔던 것이라 할 수 있다.

특히 한국은 북한에 대한 중국의 역할과 영향력에 대한 주관적 판단을 근거로 대 중국외교에서 북한문제에 대한 비중을 확대시켜 왔다. 반면에 중국은 오히려 한국 이외의 다양한 행위자와 변수들을 종합적으로 고려하여 복잡한 전략적 계산에서 한국과의 외교관계를 조정해왔다. 양국관계의 이러한 '동상이몽'적 상황은 마침내 사드(고고도 미사일 방어체계 THAAD) 배치를 둘러싼 갈등을 통해 적나라하게 노출되었던 것이다.

즉 한국정부는 사드 배치가 북한의 핵 도발과 위협을 상쇄하기 위한 불가피한 방어 조치이므로 그동안 한중관계의 비약적 발전을 감안할 때 설득을 통해서 중국을 이해시킬 수 있을 것이라 기대했다. 반면에 중국은 중국대로 한국과의 관계발전에 공을 들인 만큼 미국의 대중국 견제용으로 인식하고 배치에 반대해 온 사드 무기를 한국 정부가 배치하지는 않을 것이라는 희망적 기대를 가져왔던 것이다. 사드 배치를 둘러싼 갈등이 한중관계 전체를 압도하면서 수교 이후 최악의 상황으로 까지 몰고 간 데는 지난 27년간 양국관계의 비약적 발전의 이면에 누적되어온 전략적 동상이몽이 자리하고 있었음에도 이를 냉철하게 직시하지 않은 채 덮어왔기 때문이다.

한중 양국은 형식상 사드 갈등을 봉합하고 새로운 발전의 기회를 포착해야 하는 상황에 있다. 따라서 이제는 한중 양국사이에 누적되어온 전략적 착시를 직시하고 그 바탕위에서 새로운 관계를 설계하려는 용기가 필요해 보인다. 그런데 2018년 한반도 비핵, 평화프로세스가 한국정부의 중재로 모처럼의 역사적 기회를 맞이하면서 사실상 존재하고 있는 '중국역할'을 마치 의도적으로 간과하려는 듯 한 새로운 현상도 나타났었다. 그동안 북핵문제에서의 '중국역할'을 자의적 기대 속에 과잉시켜온 것도 분명 문제이지만 그렇다고 실체할 수밖에 없는 '중국 역할'을 그냥 간과하는 것도 또한 바람직한 전략적 선택은 아니다. 오히려 한중관계의 재설계를 모색하는 현 시점에서 합리적인 '중국역할'을 견인하기 위한 냉철한 전략적 사고와 고민이 절실히 요구되고 있다.

부 록

| 관련 자료 및 해제 |

5. 중공 어뢰정 표류 사건 관련 홍콩 총영사와 신화사 홍콩 분사간 협의 (중공 어뢰정 사건. 1985 전4권(V.4 기타국 반응). 대한민국 외교사료관 등록번호 38190. 0011.) ········147

- 홍콩내 신만보라는 일간지에서 한국 총영사관과 신화사 홍콩분사간에 비공개로 어뢰정 사건 협의가 진행되고 있다는 보도에 대해 기사의 출처에 대한 문의와 보안 유지를 요청하는 내용이다. 어뢰정 표류 사건을 협상하는 과정에서 이른바 '홍콩 채널'이 가동되었다는 것을 시사해주는 자료이다.

6. 중공 어뢰정 송환 관련 홍콩 총영사와 신화사 홍콩 분사간 협의 (중공 어뢰정 사건. 1985 전4권(V.4 기타국 반응). 대한민국 외교사료관 등록번호 38190. 0065.) ········148

- 3월 27일 중국 어뢰정 송환을 앞두고 인수 해역의 악천후가 예상되어 인수 시간 연기를 긴급히 협의하기 위해 홍콩 총영사관를 통해 신화사 홍콩 분사와의 연락을 지시하는 내용이다. 이른바 '홍콩 채널' 이 긴급 상황 발생시 연락 기능을 했음을 시사해주는 자료이다.

7. 중공 어뢰정 표류 사건 관련 미국 정부와 언론의 반응 (중공 어뢰정 사건. 1985 전4권(V.4 기타국 반응). 대한민국 외교사료관 등록번호 38190. 0120.) ········149

- 주미 한국 대사관에서 중국 어뢰정 표류 사건에 대한 미국 정부와 언론의 반응을 조사하여 보고한 내용이다. 중공 어뢰정 표류 사건에 대한 미국의 인식과 대응을 엿 볼 수 있는 자료이다.

8. 중공 어뢰정 표류 사건 관련 일본 정부와 언론의 반응 (중공 어뢰정 사건. 1985 전4권(V.4 기타국 반응). 대한민국 외교사료관 등록번호 38190. 0121.) ········150

- 주일 한국 대사관에서 중국 어뢰정 표류 사건에 대한 일본 정부와 언론의 반응을 조사하여 보고한 내용이다. 중공 어뢰정 표류 사건에 대한 일본의 인식과 대응을 엿 볼 수 있는 자료이다.

9. 중공 어뢰정 표류 사건 관련 중국내 동향 (중공 어뢰정 사건. 1985 전4권 (V.4 기타국 반응). 대한민국 외교사료관 등록번호 38190. 0081.) ··················151

- 홍콩 총영사관에서 중국 어뢰정 표류 사건에 대한 중국내 동향을 분석한 자료이다. 중국이 국내 정치적 고려로 인해 어뢰정 표류 사건을 비공개하고 있는 상황을 보고하고 있다.

1. 韓半島 및 周邊情勢에 關한 陶炳蔚 中共 外交部 國際問題研究所 亞太研究室 主任과의 對話要旨
(한 · 중공 관계 개선, 1984. 전2권(V.1 1–6월) 대한민국 외교사료관 등록번호 36960. 0054–0066.)

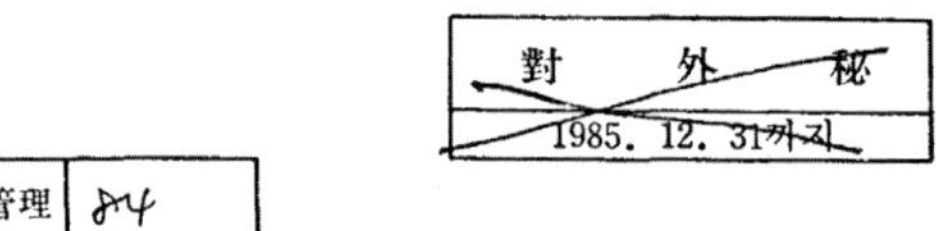

管理番號 84-902

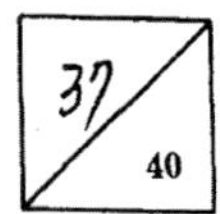

韓半島 및 周邊情勢에 關한 陶炳蔚 中共 外交部 國際問題研究所 亞太研究室 主任과의 對話要旨

○ 日 時 : 1984. 5. 16 13:30 - 15:00

○ 場 所 : 東京 뉴·오타니 호텔

1984. 5. 14-16 美國 George Washington University 附設 中蘇問題研究所와 日本 慶應大學 政治·法律學科 共同主催로 開催된 Northeast Asia in World Politics主題會議에 參席한 中共代表 3名中 인솔자격인 陶炳蔚主任과 單獨面談을 하였는 바, 그 要旨는 다음과 같음.

1. 兩國의 外交政策決定過程 相互問議

陶 : ○ 中國의 경우 外交政策은 周恩來가 外交部長으로 있을 때 부터 外交部가 全的으로 決定함.

-1-

0054

○ 때때로 上部에서 重要政策의 樹立 혹은 變更을 指示할 수 있음.

○ 보통 該當局長과 關聯局長, 外交部長, 次官이 政策協議會를 가짐.
重要政策의 경우 趙紫陽, 鄧小平이 직접 參席함.

2. 對韓國政策再檢討

陶 : ○ 3年前 12全大會에서 결정한 獨立 外交路線에 따라 對韓政策을 再檢討함.

○ 陶氏, 朝鮮處(韓半島 管轄課)長, 亞洲局長, 外交部長, 次官등이 參席함.

朴 : 獨立自主外交路線이 韓國에도 적용되는가?

陶 : 原則的으로 적용되어야 할 것이나, 韓半島의 특수사정 때문에 그대로 적용되기는 어려우므로 어느정도 對韓國政策을 새 外交路線에 適應시켜야 할 것인가를 결정할 必要가 있었음.

-2-

0055

3. 韓・中共關係 改善程度

朴 : 韓・中共關係가 經濟關係에 까지 發展할 수 있을 것인가?

陶 : 發展할 수 있으나 조용히, 그리고 서서히 推進해야 할 것임. 朴室長이 우리 硏究所에 와서 세미나에 參席할 수 있는 날이 오기를 원하나 시간이 걸릴것임. 우리는 서로 忍耐心을 가지고 그날이 오도록 노력해야 할 것임.

4. 3者會談問題

陶 : 中共은 3者會談을 支持함. 北韓側이 만나서 아무 問題라도 討論하자는 데 만나지 않을 理由가 무엇인가? 그러나 6者會談이 왜 必要한지 모르겠음.

朴 : ○ 3者會談을 우리가 反對하는 理由는 北韓側이 3者會談에서 무엇을 討論하자고 할 것인가를 알고 있으며, 또 3者會談이 아니고 北韓과

美國이 主當事者가 되고 韓國은 第3者로서 參加하는 사실상의 2者會談을 北韓側이 提議하고 있기 때문임.

○ 사실 3者會談에서 討議할 案件中 가장 중요한 案件은 停戰協定을 平和協定으로 代替하는 問題임. 北韓이 提案한 3者會談에서는 이 案件은 美·北韓間에 討論하도록 되어 있음.

陶 : ○ 北韓의 美軍撤收要求를 韓國側이 文字 그대로 해석해서는 안될 것임.

○ 中共은 文化革命以後, 美軍의 즉각 撤收를 要求하지 않고 있으며, 오직 美軍撤收를 要求하고 있음. 事情에 따라 100年後에 撤收할 수도 있는 일임.

○ 北韓도 지금은 卽時撤收를 要求하고 있지 않음. 이에 대하여 貴硏究院에서 硏究할 必要가 있을 것임.

朴 : ○ 韓國도 窮極的으로는 美軍撤收問題에 대해서 中共과 意見을 같이하고 있음. 우리도 韓半島에 平和가 定着되면 美軍撤收를 要求할 것임. 그러나 그때까지는 美軍駐屯이 必要함. 우리가 美軍을 駐屯시키는 理由는 美國만이 韓國을 防衛할 意思가 있기 때문임.

○ 關聯國會議는 韓半島平和定着을 위해 必要한 바, 내 개인적 意見으로는 이를 위해서 3者會談보다 6者會談이 좋을 것임. 韓半島平和에 直接關聯있는 國家(美·中·日·蘇)중 어느 한 나라라도 參與하지 않은 狀態에서 平和定着이 制度化된다면 平和가 오래 維持되기 어려울 것임.

陶 : 本人도 窮極的으로는 4者會談 내지 6者會談으로 發展해야 한다고 보나, 現在로서는 3者會談도 좋다고 봄. 만일 南·北韓이 다같이 直接協商을 원한다면 中共은 이를 支持할 것임.

-5-

0058

5. 北韓의 牽制勢力으로서의 中共

陶 : 北韓은 中共의 도움없이는 南侵할 수 없음. 蘇聯의 援助는 피상적인 것일 것임. 따라서 中共이 北韓의 南侵意慾을 견제할 수 있는 唯一한 勢力임.

朴 : 蘇聯이 北韓에게 最新武器를 供給할 지도 모름.

陶 : 韓國戰爭때 蘇聯은 北韓을 돕지 않았으며, 中共이 도왔었음. 앞으로도 蘇聯은 北韓에게 最新武器를 공급하지 않을 것임. 韓國은 中共의 對北韓 牽制力을 감사해야 할 것임. 西方言論들이 中共에게 견제력이 있는데 왜 행사하지 않느냐고 하니까, 우리는 北韓·蘇聯을 意識, 영향력이 없다고 하는 것임. (세미나席上에서 陶氏는 中共은 現在 어느 國家와도 同盟關係를 갖고 있지 않으며, 앞으로도 갖지 않을 것이라고 함. 北韓과의 條約은 友好協力條約이며 同盟條約이 아니라고 말함. 또 지금은 폐지된 中·蘇條約만이 同盟條約이었다고 말함)

6. 北韓의 開放政策 採擇可能性

朴 : 우리는 北韓이 金日成이 집권하는 한, 中共처럼 開放政策을 取하지 않을 것으로 보는데 貴下의 見解는?

陶 : ○ 金日成은 中共의 開放政策에 깊은 關心을 가지고 있으며, 지금 開放政策을 取하기 위한 준비를 하고 있는 것으로 알고 있음.

○ 金日成이 開放政策을 採擇하려면 새로운 理論 定立이 必要하며, 이에는 時間이 必要함. 主體思想에 立脚하여 開放政策을 쓴다는 것을 强調해야 할 것임.

○ 中共도 開放政策을 取할 때, 그것이 毛思想(모든 政策은 中國의 實情과 歷史的 흐름에 符合해야 한다는 理論)에 立脚한 것임을 强調했던 것임.

○ 그런데 或者는 金日成生存時에 開放政策을 取하지 않을 것으로 보는데, 나는 오히려 金正日이 政權을 正式으로 引受하기 前에 開放政策을 取하는 것이 金正日體制의 安定을 위하

-7-

0060

여 有利하다고 金日成은 생각하고 있다고 봄. 金正日이 집권한 후 開放政策을 取하면 金日成忠誠分子들은 金正日이 아버지를 배반했다고 非難할 지 모르기 때문임.

7. 中・蘇・北韓關係

陶 : 中・蘇關係는, 50年代의 關係로는 절대 돌아가지 않을 것임. 또 北韓이 蘇聯에 完全히 偏向하는 일은 없을 것임. 따라서 金日成이 모스크바를 訪問하는 것을 中共이 걱정할 理由가 없음.

朴 : 우리는 金日成이 이번 訪問時, 世襲體制 認定, 軍事援助를 요청하는 외에 周邊情勢의 變化에 대하여 深層的으로 意見交換을 하리라 봄. 金日成은 中共이 韓・美에 너무 접근하는데 대하여 극히 不安해 있는 것 같음.

陶 : 앞에서 지적한 바와 같이 金日成은 北韓을 진실로 도와줄 수 있는 나라는 中共이라는 것을 알고 있고, 또 中共의 開放政策에 대하여 깊은 關心을 가지고 있음(註 : 이것은 中共의 不安感을 隱蔽하기 위한 변명으로 들렸음).

-8-

0061

8. 中共民航機拉致犯 處理問題

陶 : ○ 中共民航機 拉致犯을 어떻게 처벌할 것인가? 만일 韓國이 嚴罰하지 않으면, 韓·中共關係는 크게 후퇴할 것임.

○ 中共이 이 拉致犯을 특히 重視하는 理由는 그들이 4人幇 勢力에 속하기 때문임. 후나孃 事件은 큰 問題가 될 수 없었는데, 鄧小平이 레이건에게 직접 요청한 것을 美國이 無視했기 때문에 필요없이 擴大된 것임. 中共政府로서는 후나孃 같은 運動選手가 亡命하는 것을 重視할 이유가 없었음. 中共外交官이 亡命하는 것도 默過하고 있는 것을 보면 알 것임. 그러나 후나孃의 경우는 鄧小平이 個人的으로 레이건大統領에게 요청한 것이기 때문에 이것이 거절당했을 때 鄧小平은 自尊心을 크게 손상당했던 것임.

○ 그러나 民航機 拉致犯은 다름. 지금 中國人民은 文化革命때 세가지 일을 한 사람 즉, ① 老黨幹部를 모독한 자 ② 죄없는 사람을 毆打·殺害한 者 ③ 人民의 財產을 갈취한 者 들의 處罰을 要求하고 있음. 拉致

-9-

0062

犯은 이 세가지 죄를 범한 者들의 部類에 속함. 만일 이들이 處罰받지 않으면 中國人民들은 크게 憤慨할 것임.

9. 韓·蘇 關係展望

陶 : 韓·蘇間에 最近 交流가 있는가?

朴 : KAL機 擊墜事件 以後 접촉이 완전 중단된 상태임. KAL機 事件에 대하여 蘇聯은 韓國 民航機가 美國諜報蒐集을 위해 사용되었다고 主張하고 있으나 그러한 證據가 전혀 發見되지 않고 있음. 우리는 蘇聯이 자기들의 잘못에 대하여 사과한다면 關係改善에 응할 준비가 되어 있음.

陶 : 韓國은 蘇聯을 항상 警戒해야 할 것임.

KAL機가 美國 스파이役割을 했다는 것은 信憑性이 없음. 美國은 다른 方法으로 情報를 수집할 수 있지 않은가?

10. 交叉接觸・交叉承認 問題

朴 : ○ 交叉接觸・交叉承認 問題에 대하여 說明을 좀 하고 싶음.

交叉接觸・交叉承認의 根本目的은 中・蘇의 影響力을 통해 北韓으로 하여금 對南革命 戰略을 버리고 對話에 응하도록 하기 위해서임. 그것은 中・蘇만이 北韓의 侵略性을 牽制할 수 있다고 보기 때문임.

○ 그런데, 最近 美・日의 一部 專門家들은 北韓으로 하여금 그 侵略性을 버리도록 하기 위해서는 北韓을 「中共化」하는데 있으며, 이를 위해서는 中・蘇가 韓國에 接近하기 전에 美・日이 北韓에 接近해야 한다고 主張함. 그들은 中・蘇가 北方 3 角關係의 特殊性 때문에 對韓國接近에 制限을 받기 때문이라고 主張함.

○ 金日成이 生存時에 對西方 開放政策을 취할 것인가 아닌가는 論外로 하더라도 이와 같은 先 北韓接觸은 위험함. 이는 北韓의 對美・日

－11－

0064

接觸機會만 높여줄 것임. 金日成은 北韓의 對美·日 接近에만 관심이 있고 韓國의 對中·蘇 接近은 反對할 것이기 때문임.

○ 韓·中 關係가 美·北韓關係나 日·北韓 關係보다 앞서 있다고 主張하는 사람이 있으나, 이것은 事實이 아님. 韓·中共 關係는 國際會議를 통한 接觸이었고, 美·北韓 및 日·北韓 接觸은 直接 接觸이었음. 어느 便이 더 緊密한 接觸인가는 明確觀火한 일임.

11. 韓國의 對臺灣政策

陶 : 韓國은 中共과 國交를 맺기 위해서 自由中國과 斷交할 意思가 있는가?

朴 : 그렇다고 봄. 美·中共間의 上海共同聲明의 原則을 우리도 받아 들이리라고 봄.

陶炳蔚主任 略歷

○ 平壤胎生, 23才까지 北韓에 居住

○ 1953年 韓國問題에 관한 제네바會議에 中共

-12-

(서강대 이상우 교수) 0065

○ 60년대 김일성, 최용건 방중시 회담시 통역

○ 나이 60세 정도

○ 평북 정주 출생

○ 평양 화교학교, 평양 대동공업 고등학교 졸

○ 6.15 김일성 방중시 모택동과 회담시 통역

代表團의 一員으로 參席

○ 外交部 朝鮮處(韓半島 管轄課)處長 歷任

○ 駐平壤 中共大使館 勤務

○ 現在, 外交部 參事官(局長級)으로서 亞世亞·太平洋研究部主任 兼任

國際問題研究所

○ 外交部 直屬機關으로 現役外交官, 學者(專任研究要員), 學生(大學院課程)으로 構成.

○ 機能은 外交問題에 관하여 外交部의 諮問機關 역할. 政策決定에 직접 참여.

○ 亞世亞·太平洋部, 蘇聯部, 유럽部, 北美部, 第3世界部, 總會部(國際機構, 國際經濟 등 機能)의 6部로 구성, 亞世亞,·太平洋部에는 약 20名의 研究官(外交官 및 學者 포함)勤務

(작성자 : 박상식 연구실장)

2. 중공측 인사, 납치범 처리 문제 관련 발언 (한 · 중공 관계 개선, 1984. 전2권(V.1 1–6월) 대한민국 외교사료관 등록번호 36960. 0033–0034.)

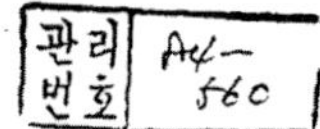

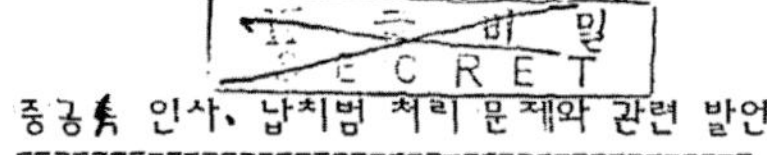

중공측 인사、납치범 처리 문제와 관련 발언

1. 발언내용

게이오 대학 동북아 세미나에 참석한 중공 외무성 산하 국제문제 연구소 아.태지역 주임 Tao Bingwei 는 박동진 전 장관에게 아래요지로 발언

- 중공민항기 납치범은 국내에서 악질 범죄를 범한 자들로 정치범이 아님. 정치범이라면 중공은 한국조치에 개의치 않겠음
  (예 : 미그기 조종사)
- 납치범들이 잘못 처리되면 한.중공 관계에 미치는 영향이 클것임.
- 납치범들에 대한 최고형 언도후、자유중국과 수교한 제3국 추방이 바람직함.

2. 제3국 추방시 문제점

- 아시아에서 자유중국과 수교한 국가는 대양주 도서국 4국(통가、투발루、나우루、솔로몬)을 제외하고는 한국뿐임.
- 아시아가 아닌 여타 지역(중남미등)에 추방시 납치범 신변에 위험이 따르므로 자유중국 안전 송환에 문제가 있음.

3. 대책

- 납치범 석방 조치 직전 중공측에 통보시(48시간전)에 아국 입장을 주일대사관 관계관이 동경 주재 중공민항측에 구두로 적절히 설명
  - Hague 협약등 국제법 준수에 노력해 온 사실 지적
  - 제3국에 추방하려 하였으나、본인들의 의사를 존중、부득이 자유중국에 송환

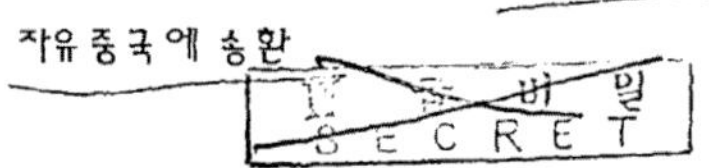

0033

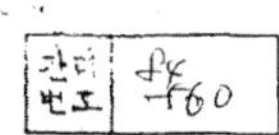
관리번호 84-60

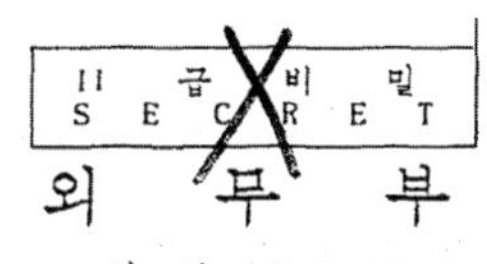
II 급 비 밀
SECRET
외 무 부

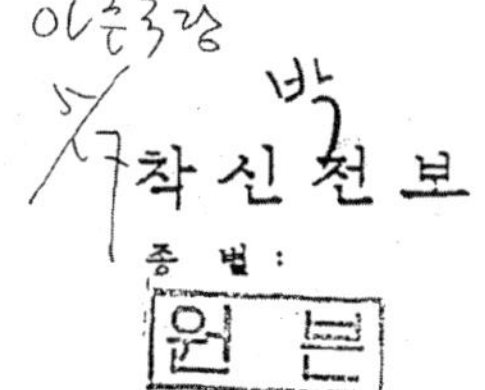
착 신 전 보
원 본

번 호 : JAW-2289 일 시 : 05171417 종 별 :

수 신 : 장 관 (친전)

발 신 : 주 일 대사

제 목 : 황해

게이오대학 세미나 관계로 당지에 체재중인 박동진 전 장관께서 다음사항을 직접 장관님께 보고하여 줄것을 요청하여 왔으므로 이를 중계함.

게이오대학 동북아 세미나에 참석중인 중공 외무성 산하 국제문제 연구소 아세아 태평양실 주임 TAO BINGWEI 와 접촉, 한.중공 관계 전반에관하여 의견교환한바, 특히 중공 민항기 재판에 대해 동인이 발언한 내용은 다음과같음.

" 납치범들은 정치범이 아니고 국내에서 악질범죄를 범한 자들로서 단순히 국외로 도망을 기도한자들 임. 그들이 정치범들이라면 중공으로서는 한국의 조치에 개의치 않을것임. (MIG 기 조종사의경우에도 한국의 조치에 불개요) 그러나 그들이 악질적인 범죄자들이기 때문에 중공 정부뿐아니라 국민도 한국이 취할 조치에 중대한 관심을 가지고 있으며, 만약 본건이 잘못처리되면 지금 진전되고있는 한.중공 관계에도 큰영향을 미칠것임." 사건이지만, 한국 법원이 그들에게 최고형을 언도한후 대만과 외교관계를 가진 제3국에 추방하는것 (제3국에서 대만으로 가도 가할것임) 이 한국정부를 위해 가장 바람직한 방안이 아닌가 생각됨. 상술 TAO 의 발언 내용을 정부의 민항기사건 조치에 참고 바람. 기타 동인과 이야기한 내용은 귀국후 직접 설명드리겠음.끝.

예고 : 84.12.31 일반

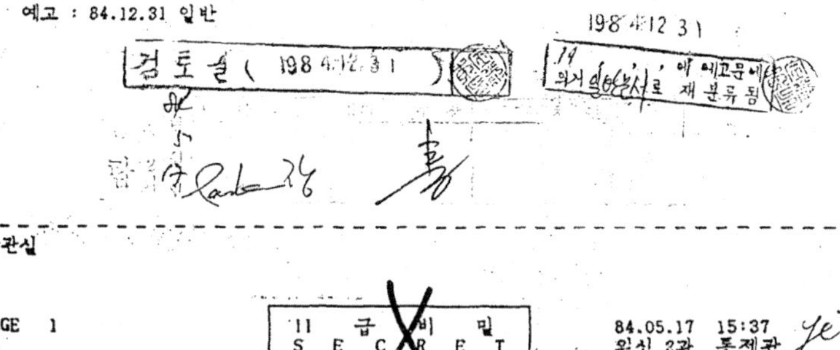
검토필 (1984.12.31)

1984.12.31 에 예고문에 의거 일반문서로 재분류 됨

장관실

PAGE 1

II 급 비 밀
SECRET

84.05.17 15:37
외신 2과 통제관

0034

3. 중국 어뢰정 표류 관련 영해 침범에 대한 외교부의 항의 성명 (중공 어뢰정 사건. 1985 전4권 (V.4 기타국 반응). 대한민국 외교사료관 등록번호 38190. 0002.)

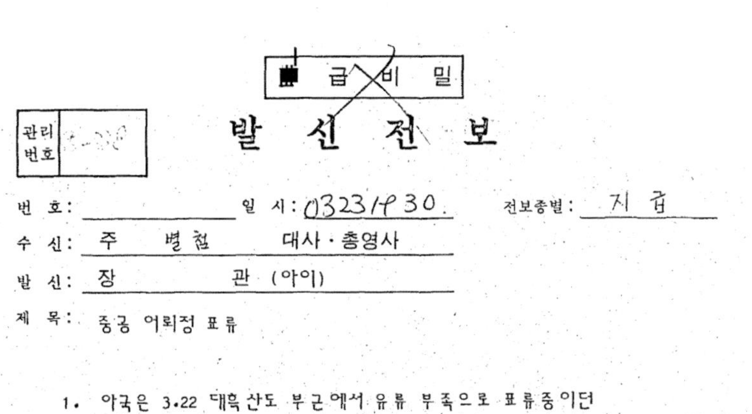

Ⅲ급 비밀

관리번호

발 신 전 보

번 호:

일 시: 0323 1930

전보종별: 지 급

수 신: 주 별첨 대사·총영사

발 신: 장 관 (아이)

제 목: 중공 어뢰정 표류

1. 아국은 3.22 대흑산도 부근에서 유류 부족으로 표류중이던 중공어뢰정 1척을 예인, 보호중에 있음. 이와관련 중공군함 수척이 아국 영해내에 진입하였다가 제지를 받고 퇴거된 바 있음.

2. 당부 대변인 명의 성명(3.23 발표)을 아래 타전하니 참고하고, 귀지 언론 반응 있을시 보고바람.

— 외무부 대변인 성명 —

23일 오전 중공군함 수척이 훈련중 실종된 어뢰정 1척을 수색하는 과정에서 한국의 영해를 침범한데 대하여 정부는 중공측에 대해 엄중히 항의하고, 한국의 영해침범에 대한 사과와 관련자 문책을 요구하였다. 이러한 정부의 항의는 홍콩소재 중공기관에게 전달될 것이며 미국과 일본에 대하여도 이를 중공에 전달토록 요청하였다. 끝. (아주국장)

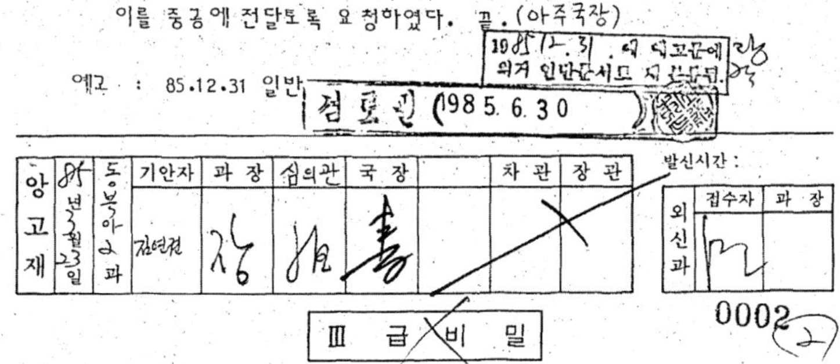

1985.12.31. 에 예고문에 의거 일반문서로 재분류됨.

예고 : 85.12.31 일반

검토필 (1985. 6. 30)

앙고재	85년 3월 23일	동북아 2과	기안자	과 장	심의관	국 장		차 관	장 관
			김연권						

발신시간 :

외신과	접수자	과 장

0002

Ⅲ급 비밀

4. 중공 어뢰정 표류 사건에 대한 한국 정부 대변인 발표 내용 (중공 어뢰정 사건. 1985 전4권 (V.4 기타국 반응). 대한민국 외교사료관 등록번호 38190. 0018.

발 신 전 보

번 호: AM-46 일 시: 0325 1500 전보종별: 지급.

수 신: 주 전재외공관장 대사,총영사

발 신: 장 관 (아이)

제 목: 중공 어뢰정 표류사건

표제건 관련 금일 (3.25.) 오전 정부대변인 발표요지는 다음과 같으니 참고, 귀지 언론 등 반응이 있는데로 수시보고 바람.

1. 3.21. 저녁 중공해군 북해함대 소속 어뢰정 1척이 공해상 훈련후 기지 귀환중 평소 불만을 품고 있던 승무원 2명이 총기난동을 일으켜 6명 사망, 2명 부상 사태가 발생함.
2. 동 어뢰정은 공해상에서 연료부족으로 표류중 3.23. 오전 대흑산도 근해에서 조우한 아국어선에 구조를 요청, 동 어선의 예인으로 전북 부안군 화왕등도에 정박케 됨.
3. 아국은 이들의 부상자 치료요청에 따라 어뢰정 및 승무원 전원을 군산항에 예인, 후송 및 시체안치 조치를 취하고 기타 승무원은 군산 관광호텔 수용함.
4. 이들은 기관점검, 급유, 부상자 치료등 긴급사정이 해제되는대로 조속 본국 귀환을 희망함.
5. 아국은 이들에 대한 인도적 고려와 해난구조에 관한 일반적 관행에따라 제반 구호와 편의를 제공중임.

끝.

보안 통제	

앙고재	85년3월25일	동북아2과	기안자		과 장	심의관	국 장		차 관	장 관

0018

외신과	접수자	통 제

5. 중공 어뢰정 표류 사건 관련 홍콩 총영사와 신화사 홍콩 분사간 협의 (중공 어뢰정 사건. 1985 전4권 (V.4 기타국 반응). 대한민국 외교사료관 등록번호 38190. 0011.)

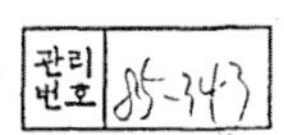
관리번호 85-343

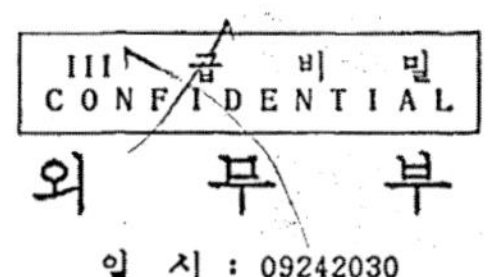
III 급 비 밀
CONFIDENTIAL
외 무 부

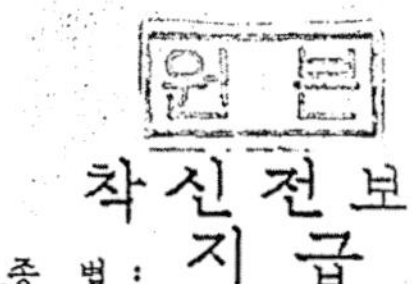
착신전보
지 급

번 호 : HKW-629 일 시 : 09242030 종 별 : 지 급

수 신 : 장 관 (아이,기정)

발 신 : 주 홍콩 총영사

제 목 : 중공 어뢰정

연 : HKW-628

1. 당지 발간 친중공계 석간지 신만보(대공보의 석간) 3.24.자는 정확한 외교소식통을 인용 대호건에 대해 홍콩주재 신화사측과 한국총영사관간에 교섭이 이루어지고 있다고 하면서, 이것이 사실이라면 이는 홍콩주재 한.중 기관간의 접촉 채널이 열리게 되는것이라고 보도함.

2. 이에 당관 성부총영사는 금일 오후 사도강에게 상기 기사에 관해 문의한바, 동인은 관련 신문기사를 잠시 읽고난뒤 자기로서는 동 보도 소스에 관해 아는것이 없으며 이는 추측기사가 아니겠느냐고 하면서, 신화사측으로서도 본건 보안유지에 각별 노력하고 있다고 언급하였음.

(총영사 김정훈-국장)

예 고 : 85.12.31.일반

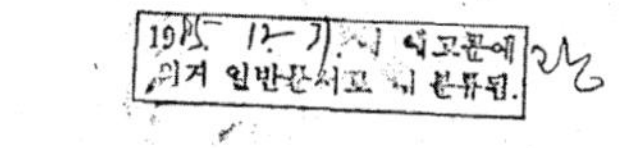
1985. 12. 31. 예고문에 의거 일반문서로 재분류됨.

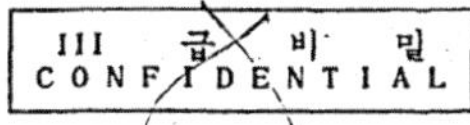
검토필 (1985. 6. 30)

아주국 차관실 1차보 정문국 청와대 안 기 국방부

PAGE 1

III 급 비 밀
CONFIDENTIAL

85.03.24 23:21
외신 2과 통제관

0011
~~0010~~

6. 중공 어뢰정 송환 관련 홍콩 총영사와 신화사 홍콩 분사간 협의 (중공 어뢰정 사건. 1985 전4권 (V.4 기타국 반응). 대한민국 외교사료관 등록번호 38190. 0065.)

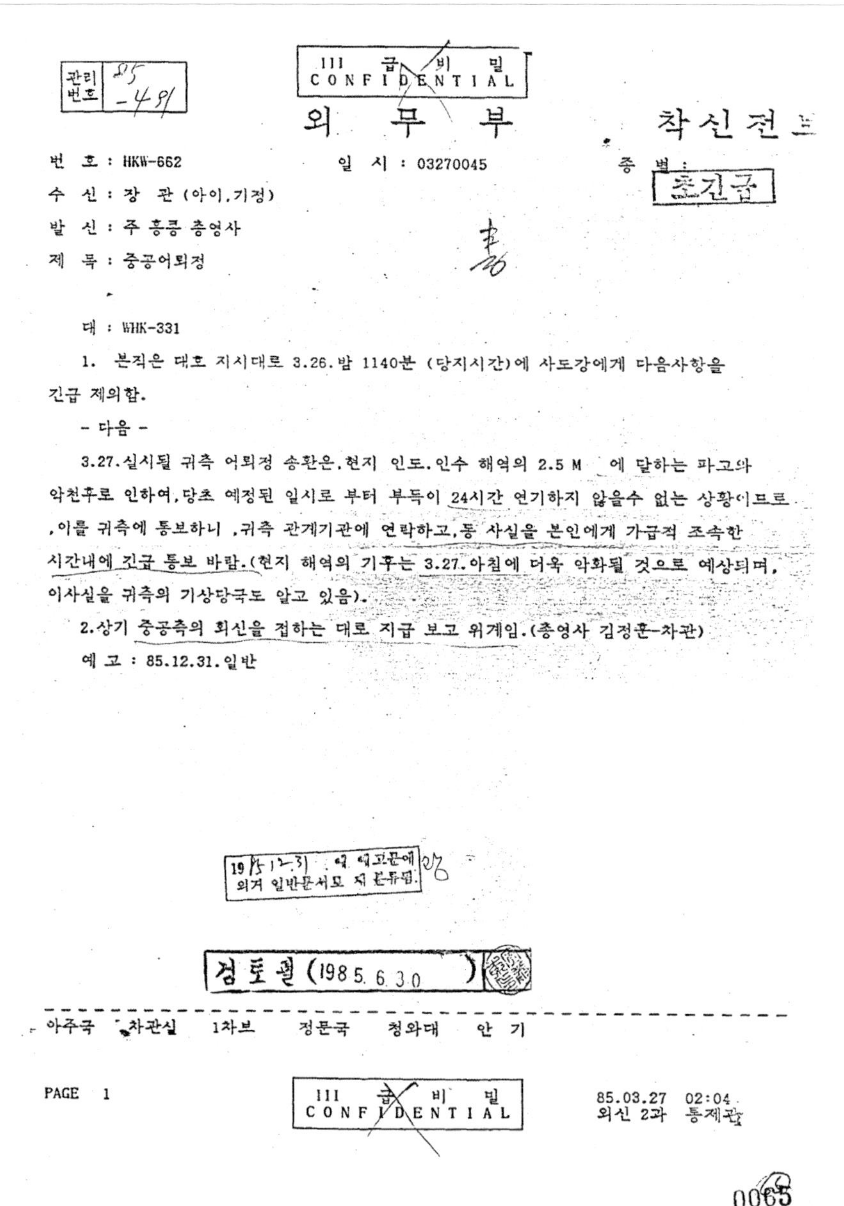

관리번호 85-491

III 급 비밀 CONFIDENTIAL

외 무 부 착신전보

번 호 : HKW-662 일 시 : 03270045 종 별 : 초긴급

수 신 : 장 관 (아이,기정)

발 신 : 주 홍콩 총영사

제 목 : 중공어뢰정

대 : WHK-331

1. 본직은 대호 지시대로 3.26. 밤 1140분 (당지시간)에 사도강에게 다음사항을 긴급 제의함.

- 다음 -

3.27.실시될 귀측 어뢰정 송환은,현지 인도.인수 해역의 2.5 M 에 달하는 파고와 악천후로 인하여,당초 예정된 일시로 부터 부득이 24시간 연기하지 않을수 없는 상황이므로 ,이를 귀측에 통보하니 ,귀측 관계기관에 연락하고,동 사실을 본인에게 가급적 조속한 시간내에 긴급 통보 바람.(현지 해역의 기후는 3.27.아침에 더욱 악화될 것으로 예상되며, 이사실을 귀측의 기상당국도 알고 있음).

2.상기 중공측의 회신을 접하는 대로 지급 보고 위계임.(총영사 김정훈-차관)

예 고 : 85.12.31.일반

1985.12.31. 에 예고문에 의거 일반문서로 재분류됨.

검토필 (1985. 6. 30)

아주국 차관실 1차보 정문국 청와대 안 기

PAGE 1

III 급 비밀 CONFIDENTIAL

85.03.27 02:04 외신 2과 통제관

0065

7. 중공 어뢰정 표류 사건 관련 미국 정부와 언론의 반응 (중공 어뢰정 사건. 1985 전4권 (V.4 기타국 반응). 대한민국 외교사료관 등록번호 38190. 0120.)

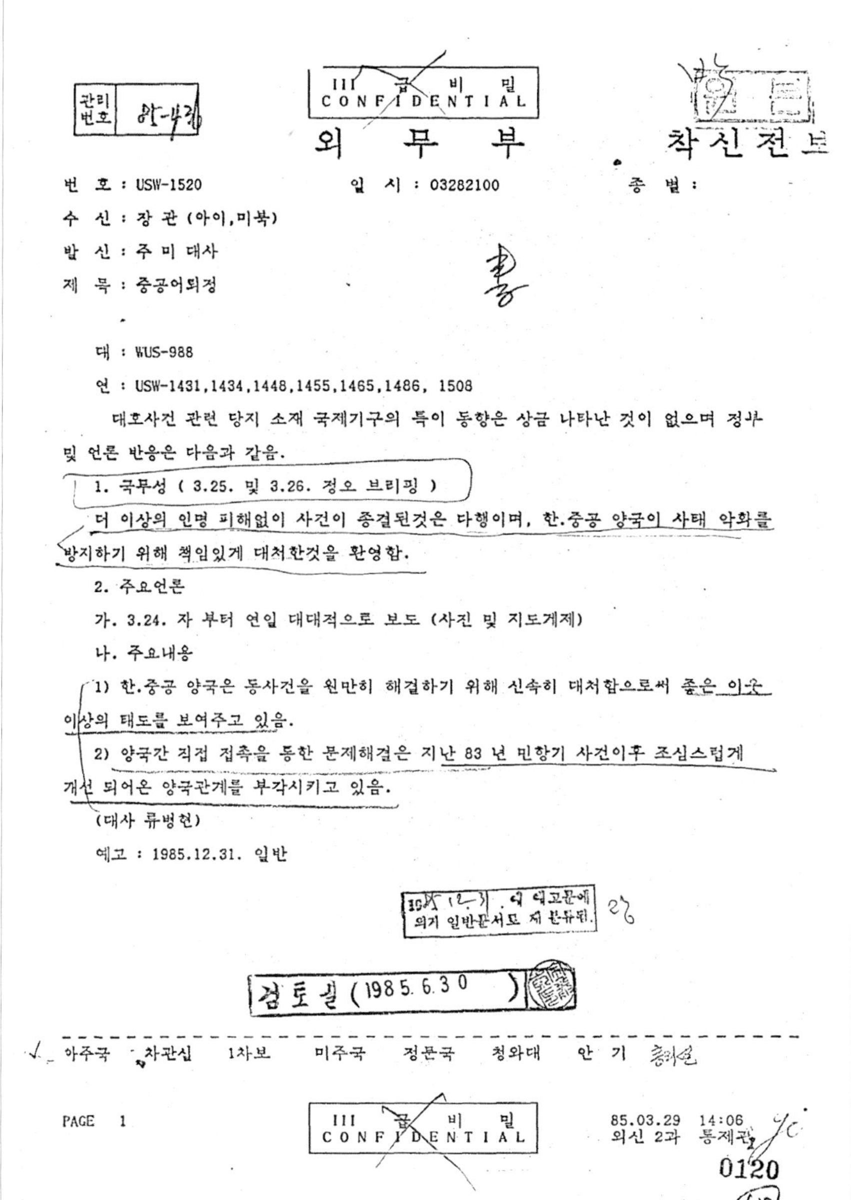

관리번호 85-426

III 급 비밀
CONFIDENTIAL

외 무 부 착신전보

번 호 : USW-1520 일 시 : 03282100 종 별 :

수 신 : 장 관 (아이,미북)

발 신 : 주 미 대사

제 목 : 중공어뢰정

대 : WUS-988

연 : USW-1431,1434,1448,1455,1465,1486, 1508

대호사건 관련 당지 소재 국제기구의 특이 동향은 상금 나타난 것이 없으며 정부 및 언론 반응은 다음과 같음.

1. 국무성 (3.25. 및 3.26. 정오 브리핑)

더 이상의 인명 피해없이 사건이 종결된것은 다행이며, 한.중공 양국이 사태 악화를 방지하기 위해 책임있게 대처한것을 환영함.

2. 주요언론

가. 3.24. 자 부터 연일 대대적으로 보도 (사진 및 지도게제)

나. 주요내용

1) 한.중공 양국은 동사건을 원만히 해결하기 위해 신속히 대처함으로써 좋은 이웃 이상의 태도를 보여주고 있음.

2) 양국간 직접 접촉을 통한 문제해결은 지난 83 년 민항기 사건이후 조심스럽게 개선 되어온 양국관계를 부각시키고 있음.

(대사 류병현)

예고 : 1985.12.31. 일반

1985.12.31. 에 예고문에 의거 일반문서로 재분류됨.

검토필 (1985. 6. 30)

아주국 차관실 1차보 미주국 정문국 청와대 안 기

PAGE 1

III 급 비밀
CONFIDENTIAL

85.03.29 14:06
외신 2과 통제관

0120

8. 중공 어뢰정 표류 사건 관련 일본 정부와 언론의 반응 (중공 어뢰정 사건. 1985 전4권 (V.4 기타국 반응). 대한민국 외교사료관 등록번호 38190. 0121.)

관리번호

III 급 비 밀
CONFIDENTIAL

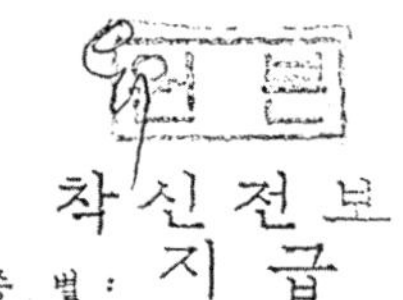

외 무 부

착신전보

번 호 : JAW-1339 일 시 : 03291145 종 별 : 지 급

수 신 : 장 관 (아이)

발 신 : 주 일 대사 (일정)

제 목 : 중공어뢰정

대 : WJA-893

대호건 다음과같이 보고함.

1. 정부측 반응

- 본건과관련, 일정부의 공식논평은 없었음.

- 다만, 아베외상은 작3.28.국회 질의에대해, 일본은 한.중간 의사전달에 협력한바 있음. 최종적으로 당사자간 직접 고섭을 통해 문제가 해결된것은 잘 된일임. 사건이 큰 문제없이 해결된것을 대단히 기쁘게 생각한다고 답변한바 있으며, 외무성측에서는 상기 발언내용이 대체로 일정부의 입장을 반영하는것이라고 설명하고 있음.

2. 언론반응

- 당지 언론은 연일 본건 사실관계를 대대적으로 보도하여 왔으며, 3.29. 마이니찌는 금번사건의 처리결과와 쏘련 스케이트 선수단 방한을 결부시켜, 금후 중.쏘 양국의 한국에대한 자세에 변화가 생기므로서 남북대화등 한반도를 둘러싼 국제관계 개선에 박차를 가하게 될것으로 예측하고 있음.

- 3.29. 요미우리는 사설을 통하여 국교가 없는 한.중공간이 제3국을 경유하지않고 직접 공식교섭을 통하여 빠른시일내에 해결을 본점을 지적하고, 한국정부가 2명의 "반란자" 의 망명의사를 확인하지 않은점에 대하여는 그들이 6명을 살해한 살인자 일뿐아니라 군인인점을 지적, 오히려 사건처리에 시간이 걸릴수록 긴장을 초래할 우려가 있는만큼, 동북아 평화와 안정이라는 대국적 견지에서도 전면 송환이 타당한 해결책 이었다고 평가하고, 이를 계기로 한.중 양국의 관계개선이 촉진될것을 기대하였음.

- 또한 3.29.마이니찌는 사설을 통하여 당초 난항이 예상되었던 금번사건이 냉정,

아주국 차관실 1차보 정문국 청와대 안 기 총리실

PAGE 1

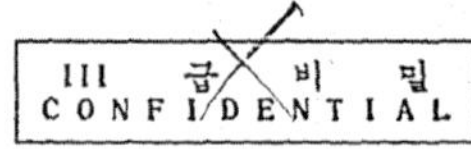

III 급 비 밀
CONFIDENTIAL

85.03.29 14:26
외신 2과 통제관

0121

9. 중공 어뢰정 표류 사건 관련 중국내 동향 (중공 어뢰정 사건. 1985 전4권(V.4 기타국 반응). 대한민국 외교사료관 등록번호 38190. 0081.)

외 무 부 착신전보

번 호 : HKW-672 일 시 : 03271440 종 별 :

수 신 : 장 관 (아이,정일,기정)

발 신 : 주 홍콩 총영사

제 목 : 중공 어뢰정

원 본

3.27자 당지 유력 중립지 성도일보 사설(2면)은 '남한은 중공 어뢰정 및 선원송환'이라는 제하에 요지 다음과 같이 논평하였음.

- 중공은 금번 사건 발생후 사건 전모에 대해 일언 반구도 언급하지 않았는 바, 이는 10억 중공인민에 대한 언론을 봉쇄하고 있는것으로 이와같은 상황하에서 중공이 한국에 대해 사과하며, 관계자를 징벌 한다면, 사건은 확대될 것임.

- 중공이 개방정책을 취한후 해외 정치 망명자수는 밝히지 않았으나 1,000여명이 넘는 것으로 알려져있기 때문에 금번 사건을 철저히 언론 봉쇄하려는 것임.

- 중공이 가장 우려하는 것은 남한을 정식으로 승인할 경우 북한측의 반응이 어떻게 나오는 것이 심각한 문제로서 중공은 북한과 항미 원조전(한국 동란)을 통한 혈맹관계에 있으나 북한은 중.쏘 양국에 대해 줄다리기를 하여왔기 때문에 한국측의 요구를 만족시키면, 북한을 똑같이 만족시킬 수는 없을 것임.

- 우리들은 남한이 기자회견을 하여 중공귀환을 희망하는 중공선원으로 하여금 기자들에게 그들의 희망 사항을 공개할수 있도록 해주기 바람.

(총영사 김정훈 - 국장)

아주국 1차보 정문국 외연원 청와대 안 기

PAGE 1

85.03.27 20:19
외신 1과 통제관

0081

10. 중공 어뢰정 인도에 대한 중국 외교부의 감사(중공 어뢰정 사건. 1985 전4권(V.4 기타국 반응). 대한민국 외교사료관 등록번호 38190. 0126)

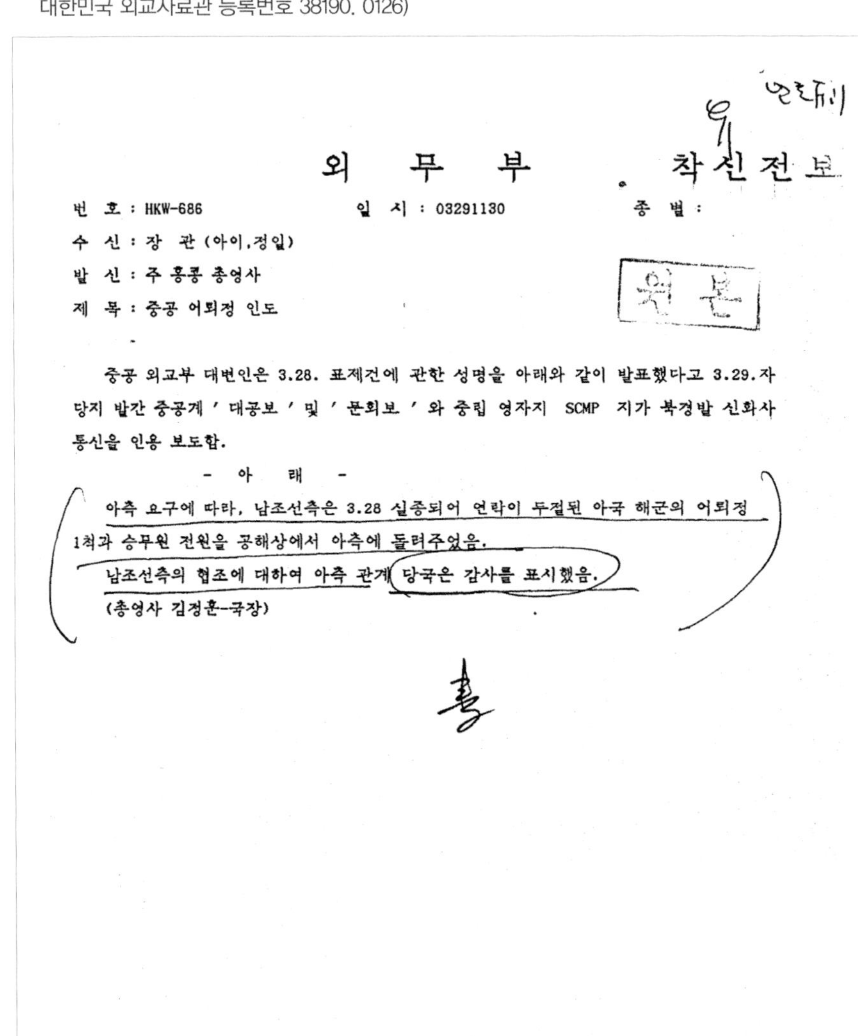

외 무 부 착신전보

번 호 : HKW-686 일 시 : 03291130 종 별 :

수 신 : 장 관 (아이,정일)

발 신 : 주 홍콩 총영사

제 목 : 중공 어뢰정 인도

중공 외교부 대변인은 3.28. 표제건에 관한 성명을 아래와 같이 발표했다고 3.29.자 당지 발간 중공계 ' 대공보 ' 및 ' 문회보 ' 와 중립 영자지 SCMP 지가 북경발 신화사 통신을 인용 보도함.

- 아 래 -

아측 요구에 따라, 남조선측은 3.28 실종되어 연락이 두절된 아국 해군의 어뢰정 1척과 승무원 전원을 공해상에서 아측에 돌려주었음.

남조선측의 협조에 대하여 아측 관계 당국은 감사를 표시했음.

(총영사 김정훈-국장)

아주국 장관실 차관실 1차보 정문국 외연원 청와대 총리실 안 기
국방부 문공부

PAGE 1

85.03.29 16:20
외신 1과 통제관

0126

11. 중공 어뢰정 및 승무원 송환과 관련한 해외시각(중공 어뢰정 사건, 1985 전4권(V.4 기타국 반응). 대한민국 외교사료관 등록번호 38190, 0101)

中共 魚雷艇 및 乘務員 送還과 關聯한 海外視角

(1) 我国의 中共 魚雷艇 및 乘務員 全員 送還과 關聯

○ 中共은 韓国이 보여준 協調에 대해 韓国国民들에게 感謝를 表明하는 内容의 外交部 声明을 発表한데 反해

○ 自由中国은

△ 事件真相糾明 努力을 継続할 것임을 表明한데 이어

△ 韓国과의 貿易会談 延期, 通信協定 更新不許, 韓国商品 輸入規制 등의 報復措置 検討를 示唆하고 있음

-1-

0101
101

1. 제116회 국회 외무위원회 회의록 제7호 (1983년 5월 16일)

第116回國會 (閉會中) 外務委員會會議錄 第7號

大韓民國國會事務處

日 時 1983年 5月16日(月)

場 所 外務委員會

議事日程

1. 外務部長官訪美結果에관한報告
2. 中共旅客機被拉不時着事件處理에관한報告

審査된案件

(14時25分 開議)

○委員長 奉斗玩 成員이 되었으므로 第116回 國會 臨時國會 閉會中에 第7次 外務委員會를 開議하겠읍니다.

먼저 立法審議官 나오셔가지고 報告를 해 주시기 바랍니다.

○立法審議官 辛榕洲 報告를 말씀드리겠읍니다.

(報告事項은 끝에 실음)

○委員長 奉斗玩 議事日程에 들어가기 전에 國會 閉會期間中 오늘 外務委員會를 召集하게 된 배경을 간단히 說明을 드리겠읍니다.

여러 委員님께서도 주지하고 계신 바와 같이 中共旅客機被拉不時着事件을 계기로 해서 우리와 國交關係가 없었고 國際社會에서 北韓側 입장만을 두둔하는 태도를 보여왔던 中共이 公式代表團을 派遣해가지고 우리 政府當路者와 마주 앉아서 覺書交換까지 함으로써 同 事件을 일단 마무리짓게 한 것은 그 동안의 우리와 中共關係에 비추어 하나의 歷史的인 發展過程으로 보지 않을 수가 없읍니다.

한편 李範錫 外務部長官께서는 1週日間의 「와싱턴」外交를 마치고 지난 8日 歸國했읍니다.

「레이건」 美國大統領을 비롯해가지고 「와인버거」 國防長官등 行政府 高位人士와 數10名의 議會指導者들을 만나가지고 兩國間의 懸案問題에 관해서 많은 의견을 나누고 說得作業을 활발히 전개한 것으로 저희는 알고 있읍니다.

심상치 않은 최근의 北傀動態에 비추어가지고 外務部長官의 訪美成果에 관해가지고 國民들이 궁금해 하고 있는 점들이 아마 한 둘이 아닐 것입니다.

國會가 이번 中共旅客機事件을 갖다가 둘러싼 交涉過程과 결과 그리고 이것이 兩國間의 關係發展에 미치는 영향 등에 관하여 政府側의 說明과 對策을 듣고 또한 李範錫長官의 訪美에 따른 具體的인 成果를 듣기 위해서 오늘 이 會議를 가지게 된 것입니다.

따라서 우리 議會立場에서는 그 동안의 경위와 中共旅客機被拉事件에 관한 모든 것을 철저히 따질 것을 다짐하면서 一方 國家的인 견지에서 볼 때 먼 앞날을 내다보면서 참으로 미묘하고 민감한 事件處理를 슬기롭게 해낸 우리 모두의 노력과 그 成果가 자칫 흐트러지지 않도록 세심한 배려도 해 줄 것을 委員長 입장에서 여러 委員님들께 당부드리는 바입니다.

---

1. 外務部長官訪美結果에관한報告

2. 中共旅客機被拉不時着事件處理에관한報告

(14時28分)

○委員長 奉斗玩 그러면 議事日程 第1項 外務部長官訪美結果 그리고 第2項 中共旅客機被拉不時着事件處理에관한報告를 一括上程을 하겠읍니다.

會議進行은 第1項과 第2項의 報告를 계속해서 듣고 그 다음에 質疑에 들어가는 순서로 양해하시면 진행하도록 하겠읍니다.

그러면 外務部長官 나오셔서 報告를 해 주시기 바랍니다.

○外務部長官 李範錫 外務部長官입니다.

尊敬하는 李斗玩 外務委員長님 그리고 委員 여러분! 本人은 美 國務長官의 公式招請으로 지난 4月27日부터 9日間 「와싱턴」을 訪問한 후 羅城을 거쳐서 歸國하였읍니다.

委員 여러분들께서도 잘 아시다시피 現在의 韓·美關係는 81年 全斗煥 大統領閣下의 訪美를 契機로 政治 外交 安保 經濟 文化등 모든 分野에서 劃期的으로 强化되어 왔읍니다.

本人은 頂上會談의 成功的인 結實을 持續시켜야 할 必要性과 아울러 韓國에 대한 美國朝野의 올바른 理解가 長期的인 兩國間 協力關係 强化에 밑거름이 될 것이라는 判斷下에 美 國務長官의 訪美招請에 應하였으며 이러한 目的에 따라 訪美中 되도록 많은 各界 人士들과 接觸하려고 努力하였읍니다.

訪美 期間中 外相會談을 비롯하여 「레이건」大統領 「부쉬」 副統領 「와인버거」 國防長官등 行政府 高位人士와 延 人員 42名의 美議會 上下院 指導者들과 만나서 韓國이 처하고 있는 現實을 說明하고 兩國間 共同關心事를 폭넓게 論議하였으며 또한 「아시아」協會와 世界問題硏究所(World Affairs Council)에서의 演說을 通하여 韓半島를 中心으로 한 東北亞情勢 北韓의 赤化統一妄想의 尙存과 그 背景 등을 說明함으로써 韓半島情勢에 대한 올바른 認識과 理解를 促求하는 한편 長期的 眼目으로 볼 때의 韓·美 協力關係의 深化 必要性을 力說하였읍니다.

또한 「와싱턴」과 羅城地域에서 僑民을 위한 「리셉션」과 懇談會를 열어서 우리 나라의 諸般施策에 대한 說明과 더불어 先進祖國 創造에 僑胞社會의 積極的인 參與를 당부하기도 하였읍니다.

本人은 이번 訪美를 통하여 韓半島地域에 尙存하는 緊張狀態에 현명히 對處키 위한 兩國間 協力의 重要性에 대하여 相互認識을 高揚시키고 나아가서 太平洋時代의 開幕에 즈음하여 健全한 韓·美關係의 發展을 위한 礎石을 놓는데 보탬이 되도록 微力을 다 하였읍니다.

그러면 금번 訪美結果를 主要 協議 議題別로 나누어서 具體的으로 報告드리겠읍니다.

먼저 韓·美 友好關係의 重要性에 대해 「레이건」大統領은 現在의 韓·美關係를 대단히 所重하게 생각한다고 말하면서 韓·美間의 友好關係는 相互 利益增進에 도움이 되는 것이며 韓國은 美國이 그간 도와준 나라 중 가장 成功的인 發展을 이룩한 國家라고 하고 韓國政府가 成就한 모든 發展은 驚歎할만한 것이라고 讚揚하였읍니다.

또한 「레이건」 大統領은 同 大統領 就任後 첫번째로 全斗煥 大統領閣下를 招請하여 韓·美 頂上會談을 가짐으로써 韓·美關係가 現在와 같이 緊密하게 되었음을 대단히 滿足스럽게 생각한다고 말하였읍니다.

「댐」 國務長官 代理는 最近의 韓·美關係가 過去 어느 때보다도 强化되고 있음을 指摘 兩國의 安保關係는 兩國間의 基本根幹으로서 相互 補完的인 관계에 있음을 强調하였으며 「와인버거」 國防長官도 現在의 韓·美關係가 대단히 强力하고 效率的이며 重要한 것이라고 斷言하였읍니다. 本人이 接觸한 美國 朝野의 모든 人士들은 韓國의 發展이 國際舞臺에서 韓·美關係의 質을 높여줄 것이라는데 意見을 모았읍니다.

美國의 對韓防衛公約問題와 관련하여 美國指導者들은 蘇聯 軍事力이 急激히 增强되고 있는 現 東亞細亞 情勢下에서 韓半島內에 또 다른 不安이 造成되어서는 안 되겠다는 强한 意志를 表明하였으며 韓半島에서의 武力衝突은 美國安保에도 큰 威脅이 된다는 我側 主張에 대하여 모두 意見을 같이 하고 있음을 確認할 수 있었읍니다.

다시 말해서 駐韓美軍은 韓半島의 平和維持를 위하여 必要할 뿐만 아니라 極東地域의 平和 나아가서는 世界平和 維持를 위하여 큰 役割을 하고 있다는 점에 대하여 全的인 贊同과 理解를 같이 하였읍니다.

「레이건」大統領은 美國의 確固한 對韓防衛公約 遵守決意를 再次 다짐하였고 「부쉬」 副統領도 北韓情勢에 대한 각별한 關心을 表明하면서 美國의 防衛公約과 支援意志가 確固함을 再闡明하였읍니다.

또한 「와인버거」 國防長官은 지난번 韓·美年例安保協議會에서 밝힌 대로 韓國의 獨立과 安全이 美國 對外政策의 緊要한 部分(vital part)

으로서 韓國이 차지하고 있는 重要度는 아주 높다고 强調하고 北韓의 奇襲이나 挑發에 效果的으로 對應하기 위한 韓·美 兩國의 準備態勢는 完璧한 것으로 評價하였읍니다.

外相會談時 「댐」 國務長官 代理는 美國의 對韓防衛가 韓國뿐 아니라 國際政治面에서 美國自身의 利害에도 直結되어 있으므로 對韓防衛가 美國 外交政策의 "根本的인 礎石"이라고 한 바 있읍니다.

本人은 또한 美國의 對韓防衛決意가 行政府側뿐만 아니라 議會內에서도 相當한 程度 認識되고 있는 것을 알 수 있었는 바 上下院 外務委員會 懇談會 및 議會 指導者들과의 個別 接觸時 이들은 韓半島 周邊情勢 北韓의 好戰性 韓國의 安保態勢 등에 대한 關心表明과 韓·美 安保協力關係의 重要性에 대하여 言及한 바 있읍니다.

美 上院內에서 韓·美 相互防衛條約 締結 第30周年에 즈음한 對韓防衛公約遵守決議案 採擇推進 움직임은 兩國間 緊密한 安保協力關係의 重要性이 美 行政府뿐 아니라 議會內에서도 충분히 認識되고 있음을 立證하는 좋은 例라고 생각합니다.

本人은 訪美中 機會있을 때마다 蘇聯의 極東 軍事力 增强과 北韓의 內部矛盾 深化에 따른 東北亞 및 韓半島의 緊張狀態를 상세히 說明하고 韓·美 安保協力을 强化해야 할 必要性을 再三 强調하였으며 이에 대해 美行政府 및 議會 指導者들은 모두 同感을 表하였읍니다.

本人은 또한 美·日協力 및 韓·美 協力關係가 效率的으로 維持되어야 하지만 이는 어디까지나 美國을 主軸으로 東北亞의 安保關係가 强化되어야 한다는 것도 主張하였읍니다. 다시 말해서 美·日 軍事協力關係의 發展은 어떠한 경우에도 美國이 主軸이 되어서 維持되어야 한다는 우리의 立場을 분명히 하였읍니다.

韓·美 安保協力 强化問題와 관련하여 本人은 北韓이 武力赤化統一 野慾을 抛棄치 않고 있으며 北韓 內部事情에 관한 諸般情報를 分析해 볼 때 앞으로 數年間이 韓國安保에 重要한 時期가 될 것임을 들어 南·北韓 軍事力 不均衡을 是正키 위한 우리의 戰力增强計劃에 대한 美國의 支援을 要請하였읍니다.

특히 對韓軍事販賣借款(FMS)償還이 우리에게 過重한 負擔이 되고 있음을 들어 同 借款의 增額과 償還條件 改善의 必要性을 行政府와 議會 指導者들에게 누누이 說明하였읍니다.

「와인버거」 國防長官과 「댐」 國務長官 代理는 本人의 이러한 說明에 同感을 표하고 行政府로서는 83會計年度 追加要請額과 84會計年度 要請額이 行政府 原案대로 通過되도록 最善을 다 하고 있다고 말하였읍니다. 議會側에서도 多數 議員들이 韓國安保를 위한 美國支援의 必要性에 대하여 깊은 理解를 表示하면서 可能한 協調를 다 하겠다고는 하였읍니다만 現 美國 議會內의 雰圍氣와 各 議員들 出身地區의 諸般 特殊事情 등을 勘案할 때 美國議會의 全幅的인 支持를 얻기 위하여는 우리가 더욱 努力을 해야 한다는 것을 솔직이 느끼지 않을 수 없었읍니다.

다음으로 美國의 對韓半島 政策과 관련하여 本人은 南北對話 再開를 通하여 韓半島에서의 緊張緩和를 圖謀하고 窮極的으로는 平和統一을 達成하겠다는 우리의 政策에 대해 美國의 支持가 確固하며 韓國의 參與가 없는 한 어떠한 對北韓 接觸도 하지 않겠다는 美國의 對北韓 政策에 하등의 變化가 없음을 確認하였읍니다.

「레이건」 大統領 「부쉬」 副統領 그리고 「댐」 國務長官 代理는 全斗煥 大統領閣下의 南·北韓 最高責任者會談 提議와 民族和合 民主統一方案에 대하여 다시 한번 積極的 支持를 表明하고 이의 實現을 위한 모든 支援을 아끼지 않을 것임을 명백히 하였읍니다.

「레이건」 大統領을 爲始한 美 行政府 高位人士들은 한결같이 美國의 對北韓政策은 絶對 變化가 없으며 韓國의 完全하고 동등한 參與가 없는 한 어떠한 對北韓接觸도 하지 않을 것임을 재다짐하였읍니다.

北韓의 끈질긴 對美 直接接觸 企圖에 대하여 이와 같이 거듭 美國의 立場을 분명히 한 것은 이 문제와 관련한 北韓의 誤解 可能性을 封鎖시키고 北韓을 우리 政府가 推進하고 있는 南北對話로 이끌어 내기 위한 美 政府의 配慮에서 비롯한 것이라고 생각됩니다.

한편 美 議會도 美國의 조그마한 對韓半島政策의 變化가 北韓의 誤判과 挑發을 일으킬 可能性이 있음을 認識하고 있었읍니다.

本人은 北韓의 對內外情勢와 策動을 說明하는 자리에서 앞으로 南·北韓 社會 隔差의 擴大 그리고 특히 IPU總會 IMF總會 「아시안 게임」 및 「올림픽 게임」의 서울開催決定등 國際舞臺에서의 劣勢를 挽回키 위한 方案으로 北韓이 韓半島內에서 緊張을 造成할 可能性이 있음을 指摘하였읍니다.

그리고 이러한 北韓의 無謀한 挑發을 사전에 豫防키 위해서는 美國이 確固한 對韓安保公約 遵守決意는 勿論 北韓의 誤解를 불러일으킬 素地가 있는 美國 政策上의 조그마한 變化나 움직임도 있어서는 안될 것임을 强調한 바 美國側도 이에 全的인 同感을 表示하였읍니다.

交叉承認問題는 현재 東西間에 놓여 있는 緊張狀態와 交叉承認에 관련되어 있는 各 國家間의 諸般關係 등을 考察해 볼 때 現 狀況下에서는 그 推進이 아직 時期的으로 尙早하다는 점에 韓·美 兩國은 意見을 같이 하고 좀 더 時間을 두고 檢討키로 하였읍니다.

交叉承認方案이 韓半島 緊張緩和를 위한 方法의 하나로 提起되어 온 것이 事實이나 現段階에서 緊張緩和를 위한 가장 效率的이고 現實的인 方案은 南·北韓間의 直接 對話라는데에 韓·美 兩國은 合意하였으며 앞으로 이의 實現을 위한 緊密한 協議와 협조를 계속하기로 하였읍니다.

本人은 앞에서 韓國에 대한 美國 朝野의 올바른 理解는 長期的인 韓·美協力關係 强化에 밑거름이 될 것이라는 所見을 말씀드린 바 있읍니다.

이에 따라 本人은 금번 訪美中 14回에 걸친 40餘名의 美議會 指導者들과의 接觸을 통하여 韓國의 政治 經濟 外交政策과 韓·美關係 全般에 관해 包括的인 說明을 함으로써 美議會 指導者들의 韓半島實情에 대한 올바른 理解增進을 위해 微力을 다 하였읍니다.

과거 美 議會의 對 韓國 「이미지」가 多少 흐린 時期가 있었던 것이 事實이나 이러한 議會의 雰圍氣는 크게 好轉되어 가고 있으며 이는 大統領閣下 領導下에 우리가 이룩한 發展에 대한 올바른 評價와 우리 政府의 여러 部門에 걸친 發展的 措置에 대한 美 議會側의 共感을 反映하는 것이라고 생각됩니다.

本人은 對 議會活動의 重要性을 勘案 우리 國會側과의 緊密한 協調下에 「베이커」 上院 共和黨 院內總務 「라이트」 下院 民主黨 院內總務 「솔라즈」 下院 亞·太小委員長 「헬름즈」 上院 農林委員長 「에드와드 케네디」 上院議員등 今年中 訪韓意思를 表明한 美議會 重鎭들의 訪韓을 積極 推進하고 我國 國會議員團의 定期的 對美議會 接觸을 積極 支援하는등 對美議會 活動 活性化를 위한 外交的 努力을 계속할 작정입니다.

本人은 이상에서 말씀드린 分野外에도 美國各界 人士들과 폭넓은 意見交換을 하였으며 國際問題에 관한 韓·美間의 協調와 韓·美間 經濟問題 등에 관한 緊密한 協力을 다짐하였읍니다.

이상으로 訪美報告를 마치면서 本人은 大統領閣下께서 今年度 國政演說에서 對美外交 施策으로 밝히신 바와 같이 韓·美間의 各 分野에서의 協力을 擴大하고 國民的 理解를 基盤으로 한 相互協力關係를 擴充 深化하는 데 더욱 努力할 것임을 재다짐하는 바입니다.

이어서 中共旅客機被拉事件處理에 관한 結果를 報告드리겠읍니다.

우선 事件의 經緯를 간략히 말씀드리면 지난 5月5日 13時25分頃 우리의 防空網은 所屬不明의 航空機 1臺가 北쪽으로부터 休戰線을 向하여 南下中에 있음을 捕捉 我國 空軍機를 緊急 出動시켜 邀擊 態勢를 갖추도록 하였는바 同 航空機는 南下를 계속 同日 13時59分頃 休戰線을 越境한 후 歸順意思를 表明하므로 我國 空軍機는 同 航空機를 緊急誘導하여 14時11分頃 春川 近郊의 ○○基地에 着陸시켰읍니다.

同 航空機는 着陸直後 行하여 진 關係當局의 調査結果 105名의 乘務員과 乘客이 搭乘한 中共民航所屬 旅客機로서 6名의 拉致犯에 의하여 被拉狀態에 있음이 밝혀졌으므로 우리軍 關係當局은 우선 乘務員과 乘客의 安全을 確保하기 위하여 拉致犯들과 直接 對話를 行하였읍니다.

當初 이들은 中華民國 大使와의 面談을 要求하면서 投降을 拒絶하였으나 우리 軍 當局은 結局 이들에 대한 說得에 成功 同日 21時30分頃 拉致犯을 包含한 全 乘務員과 乘客을 被拉 航空機로부터 내리도록 하였읍니다. 한편 拉致過程에서 發生한 것으로 보인 2名의 負

傷 乘務員에 대하여는 우선 應急措置를 取한 후 入院治療를 받도록 措置하였읍니다.

政府는 금번 事件의 處理를 위하여 外務部 國防部 交通部 文公部 및 其他 關係部處 등의 實務者로 構成된 緊急對策班을 編成하여 신속하게 對策을 協議토록 하였읍니다.

政府의 이러한 緊急對策 樹立段階에서 中共側은 同日 19時30分 日本을 通하여 다시 24時에는 美國을 通하여 금번 事件處理에 있어서 我國의 協助를 要請함과 동시에 中共民航 代表團의 派韓을 希望한다는 「메시지」를 傳達하는 한편 19時35分에는 「센투」 中共民航總局長 名義의 電文을 航空 固定 通信網을 통해 交通部 航空局長앞으로 直接 打電 同 總局長의 서울訪問을 提議하여 왔읍니다.

政府는 이러한 中共側의 「메시지」에 대하여 同 事件의 迅速하고 效果的인 處理와 韓·中共關係 改善努力에 대한 配慮로서 中共代表團을 直接 받아들이는 것이 바람직하다는 決定을 내리고 同 代表團의 訪韓提議가 直接 我國에 打電되어 왔음을 勘案하여 5月6日 11時30分 中共代表團의 訪韓에 同意한 다는 交通部 航空局長 名義의 回答電文을 直接 發送하였읍니다. 이에 따라 5月7日 12時30分 「센투」 總局長을 首席으로 하는 9名의 代表團을 包含 33名의 搭乘員을 실은 中共 特別機가 서울에 到着함으로써 兩國政府 樹立以來 最初의 中共代表團이 訪韓하게 되었읍니다.

同 代表團의 訪韓以來 韓·中共 兩側은 被拉旅客機의 乘客 乘務員 및 機體 處理問題와 拉致犯에 대한 管轄權問題 등에 관하여 4次의 全體會議와 6次의 實務會議 結果 基本的인 合意에 到達함으로써 5月10日 15時40分 被拉旅客機의 乘客 및 乘務員은 代表團과 함께 特別機便으로 歸還하였으며 現在 서울에는 被拉機 乘務員中 負傷者 1名을 包含한 被拉機 引受要員등 13名이 滯在하고 있는 바 被拉航空機도 技術的인 事項의 檢討가 完了되어 昨 15日 이른아침 中部戰線 ○○基地로부터 金浦空港에 도착되었으며 金浦空港에서의 離陸에 필요한 모든 준비가 完了되는 대로 歸還할 豫定으로 있읍니다. 6名의 拉致犯은 現在 우리 關係當局의 調査를 받고 있는 중입니다.

다음은 韓·中共 交涉經緯에 관하여 말씀드리겠읍니다.

政府는 금번 中共旅客機 被拉事件 處理를 위한 韓·中共間 會議가 中共側과의 첫 公式接觸이라는 점을 認識하고 毅然하고도 合理的인 姿勢로 本件 解決에 臨하여 왔읍니다.

즉 政府는 拉致事件의 處理를 위하여서는

첫째 被拉 航空機의 乘客 乘務員 및 機體는 관계 國際法과 人道主義 精神에 立脚하여 조속한 時日內에 送還한다.

둘째 拉致犯의 處理는 우리의 主權에 속하는 事項으로서 우리 政府가 管轄權을 行使한다.

세째 兩國 사이에는 國交가 없으나 금번 事件處理는 合意事項을 公式 文書化함으로써 매듭짓는다는 方針을 세웠읍니다.

한편 中共側은 乘客 乘務員 및 機體의 조속한 送還을 바란다는 점에서는 우리 側과 立場이 같았으나 拉致犯에 대해서는 中共의 管轄權行使를 主張하여 우리와는 相衝된 立場을 보였읍니다.

이와 같은 兩側의 基本立場에 따라 韓·中共 代表團은 3次의 全體會議를 통하여 拉致犯 處理問題를 除外하고는 比較的 容易하게 아래와 같은 合意에 到達하게 되었읍니다.

첫째 乘務員 및 乘客은 代表團과 함께 우선 歸還한다.

둘째 被拉 航空機는 中共의 殘留 引受團에 의하여 飛行可能 與否의 技術的인 檢討를 마치는 대로 歸還한다.

세째 重傷者 1名은 殘留하여 治療를 받으며 施行에 必要한 充分한 健康을 回復할 때 歸還한다.

네째 上記 合意內容을 文書化하며 文書作成을 위하여 兩側 代表團으로부터 1名의 委員을 指名한다는 內容이었읍니다.

文書 作成을 둘러싸고 初期段階에서 兩側은 文書의 形式과 國號表記 및 拉致犯에 대한 管轄權 挿入등 文書의 內容面에서 異見을 보였읍니다. 즉 우리 側은 文書形式으로서 兩側이 旣 合議한 事項을 兩側 首席代表가 署名하는 覺書를 提議하고 同 覺書에는 大韓民國(The Republic of Korea)이라는 우리의 正式國號가 表記되어야 할 것임을 분명히 한데 대하여 中共側은 文書形式은 兩側 首席代表가

相對方에게 보내는 書翰形式을 提案하는 한편 韓·中共間에는 外交關係가 樹立되어 있지 않으므로 文書에는 正式 國號表記가 어렵다고 하였으며 拉致犯의 管轄權에 관하여는 兩側의 相反된 立場을 併記할 뜻을 示唆하였읍니다.

이에 대하여 우리 側은 文書形式에 관하여는 兩國 代表團이 自國政府로부터 本件 處理를 위하여 委任을 받고 會議에 臨하였으므로 合意覺書가 가장 合理的이고 普遍的인 形式임을 再三 說明하여 中共側은 이를 諒解하였으며 拉致犯에 대한 管轄權 條項의 覺書 揷入問題는 同 拉致犯들이 이미 우리 政府의 管轄下에 들어와 있고 會議를 通하여 명백히 밝힌 바 있는 우리의 管轄權 行使方針의 表明에 中共側은 自身의 立場을 留保함으로써 默認하는 態度를 보였읍니다.

마지막으로 남은 正式 國號表記와 관련 中共側은 自身들은 中共民航을 代表하는 것이며 더우기 兩國사이에 外交關係가 樹立되어 있지 않으므로 覺書에는 正式 國號表記를 할 수 없다는 강경한 立場을 最後까지 굽히지 않았는 바 우리 側은 事件發生後 中共側으로부터 打電되어온 電文에도 大韓民國이라는 國號를 계속 使用하였고 實際에 있어서도 被拉航空機의 乘務員 및 乘客과 中共代表團이 大韓民國 領土에 入國하여 있다는 現實을 否定할 수 없지 않느냐는 점을 들어 우리의 立場을 毅然하게 說明하자 中共側은 正式 國號表記에 結局 同意함으로써 금번 兩側 代表에 의한 交涉은 모두 妥結되었읍니다.

다음은 금번 中共 旅客機 被拉事件과 관련한 韓·中共間 直接 交涉에 관하여 當事國인 中共을 비롯 우리의 友邦인 美·日등 主要 諸國으로부터 지금까지 입수된 反應을 말씀드리겠읍니다.

먼저 當事國인 中共은 5月5日 事件直後 外交部 聲明을 통하여 本件이 관련 國際協約에 따라 處理되기를 바라며 「센투」民航總局長을 團長으로 하는 代表團을 서울로 派遣할 뜻을 表明한 바 있었고 韓·中共間 交涉의 成功的인 妥結에 따라 乘客 乘務員이 同 代表團과 함께 歸還한 後인 5月10日 「야오광」(姚廣) 外交部 副部長은 금번 韓·中共 接觸은 被拉事件 解決만을 위한 것이었다 라는 見解를 披瀝함으로써 中共政府는 事件處理를 위한 韓·中共間 接觸이 韓·中共 關係改善과는 別個의 것이라는 점을 報道機關을 통하여 表明하였읍니다.

그러나 中共의 新華社通信을 비롯한 言論은 과거 我國에 대한 非難姿勢와 比較할 때 비교적 中立的인 姿勢로 同 事件을 報道하고 있고 5月10日 國務院 副秘書長 「우칭퉁」(吳慶彤)은 歸還乘客 歡迎式에서 韓國側의 協調的 措置에 謝意를 表明했다는 新華社 報道가 있었고 또한 5月11日 人民日報는 「센투」 總局長이 韓國側에 대한 謝意를 표했다는 점을 報道하는등 금번 事件處理를 통하여 보인 우리 政府의 一連의 措置를 評價하고 있는 것으로 分析됩니다.

한편 中華民國側은 금번 事件에 대하여 拉致犯들의 希望地로의 亡命이 許容되기를 바란다는 立場을 우리 政府에 전해 온바 있으나 政府는 今番事件은 基本的으로 관계 國際協約에 따라 處理될 것이라는 立場을 밝혔으며 本件 處理에 있어서 兩國間 관계를 配慮하여 나갈 것임을 통보하였읍니다.

美國政府는 本 事件과 관련 公式論評을 하지는 않았으나 國務省은 우리 政府의 本件 處理가 매우 훌륭하게 되었다는 非公式 見解를 表明한 바 있으며 美國言論도 금번 事件에 매우 높은 관심을 보이면서 同 事件處理를 위한 兩國間 接觸이 今後 韓·中共關係 發展에 寄與할 것이라고 報道하였읍니다.

日本政府는 對外的으로는 本件 處理에 日本이 관여할 立場이 아니라는 점을 밝히면서 韓·中共間 直接接觸에 歡迎의 뜻을 표하고 있으며 言論도 今番事件의 成功的인 處理는 韓國外交의 커다란 成果이며 兩國關係의 새時代를 열게 될 것이라는 매우 肯定的인 評價를 보이고 있읍니다.

또한 東南亞 西歐 諸國들로부터도 대체로 肯定的인 反應과 評價가 보여지고 있는 바 各國別 상세한 反應에 관하여는 別途 提出하여 드린 資料를 參考하여 주시면 감사하겠읍니다.

北韓은 事件 發生後 現在까지 事件發生과 處理에 관하여 한번도 事實報道를 하지 않고 있으며 다만 北韓 中共間 親善關係를 强調하는 內容의 報道를 함으로써 韓·中共間 接解으로 인하여 北韓·中共關係가 損傷받지 않을까 하는 憂慮와 초조감을 表出시키고 있읍니다.

韓國과 中共은 그동안 國交關係가 없는 狀態에서 오랫동안 公式 接觸이 없었읍니다. 그러나 豫想밖의 금번 中共旅客機의 被拉事件發生으로 中共代表團이 直接 서울에 와서 우리 政府代表와 對座하여 最初의 兩國間 公式會議를 가진 것은 매우 意義가 있는 것으로 評價됩니다.

특히 금번 會議結果 兩國間에 公式文書가 交換되었고 兩國代表가 署名한 覺書에서 兩國의 正式國號가 처음으로 使用된 것 역시 그 나름대로 意義가 있는 일로 評價됩니다.

또한 覺書에서 나타난 바와 같이 韓·中共兩側이 금번에 發揮한 相互 協調精神으로 今後 兩側사이에 發生할 수 있는 緊急事態에 對備키로 한 것은 將來에 있어서도 兩國間 接觸 可能性을 示唆한 것으로 뜻깊은 일이라 아니할 수 없읍니다.

이와 같은 事實은 금번 韓·中共間 交涉이 相互 協調精神아래 시종 友好的인 雰圍氣 속에서 進行되었다는 점과 더불어 今後 兩國關係 發展에 좋은 影響을 미칠 것으로 期待됩니다.

끝으로 被拉航空機의 乘客 乘務員 및 代表團등 百 數十名의 中共人이 我國의 經濟發展과 自由社會의 雰圍氣를 直接 經驗한 것은 그간 이들이 我國의 참모습을 모른 채 北韓을 通하여 歪曲 認識하여 왔을 것임을 생각할 때 이들에게 我國에 대한 올바른 認識을 심어 주는 좋은 契機가 되었을 것으로 믿으며 이는 매우 값진 成果의 하나라고 생각됩니다.

또한 금번 事件의 圓滿한 解決을 가져온 本件 處理過程이 國際的으로 널리 크게 報道됨으로써 우리 政府의 人道主義 및 平和愛護 立場과 開放社會의 面貌가 國際社會에서 肯定的으로 評價된 것은 國威宣揚에도 寄與한 것으로 생각됩니다.

지금까지 傾聽하여 주신 委員 여러분께 감사의 말씀을 드리며 中共旅客機 被拉事件處理에 관한 報告를 마치겠읍니다.

감사합니다.

○委員長 奉斗玩 다음은 質疑로 들어 가겠읍니다.

○朴定洙委員 委員長! 議事進行發言입니다.

○委員長 奉斗玩 朴定洙委員 말씀하세요.

○朴定洙委員 外務委員會의 質疑 應答 運營에 관해서 한 말씀 드리겠읍니다.

本會議에서는 몇몇 議員이 質疑한 다음에 關係長官들의 答辯이 있읍니다마는 우리 外務委員會의 質疑 應答은 性格上 좀 달리 해야 될 것같습니다. 더 深層的이고 專門的으로 문제를 論議해야 될 그러한 장소이니 만큼 委員長께서 各 外務委員들의 質疑때에는 一問一答式으로 할 수 있게 해 주시기 바랍니다.

그래서 長官이 答辯말씀이나 報告말씀 하실 때는 서서 해도 좋지마는 質疑 應答하는 동안에는 國務委員席에 앉아서 質疑 應答을 하실 수 있게 해 주시면 좋겠읍니다.

특히 이번 事件을 圍繞해서 民正黨과 民韓黨 委員들에 대해서는 사전 「브리핑」이 있은 것으로 알고 있읍니다. 그래서 사전 「브리핑」을 받지 못한 우리 委員들이 문제를 똑 같이 중요하게 다루어야 할 우리 委員들 입장에서는 이 外務委員會 質疑 應答時間만이 우리가 문제를 좀 더 심각하게 파헤칠 수 있는 기회이니까 委員長께서는 꼭 그런 식으로 運營해 주시기를 부탁드리겠읍니다.

○委員長 奉斗玩 許景九委員 말씀하세요.

○許景九委員 지금 朴定洙委員께서 3黨代表들에게 무슨 「브리핑」이 있었다 이랬는데 우리 幹事들이 民正黨하고 저하고 委員長하고 協商이 진행되는 과정에서 新羅「호텔」까지 가서 「브리핑」을 들은 것은 아니고 그저 귀동냥을 잠깐 하고 왔읍니다 해서 그것은 公式「브리핑」이라고 하기는 어렵기 때문에 오해가 없으시도록 말씀드리고 제가 議事進行 形式으로 말씀드리겠는데 지난 5日 被拉機가 우리 나라에 온 이래 우리 外務委員會가 12日만에 열리고 있읍니다. 또 協商이 시작된지 7日이후 10日만에 우리 外務委員會가 열리고 있읍니다.

따라서 政府當局의 孔次官補께서도 말씀이 계셨지만 解放後 처음 또 歷史冊을 찾아보면 거의 1895年 淸·日戰爭이후 처음으로 갖는 韓國과 中國大陸의 協商인데 여기에 대해서 第1野黨의 幹部나 우리 總裁께서도 이에 대한 事態의 推移나 進行過程에 대해서 전혀 알고 있지 못했다는 것은 제가 꼭 進行過程을 알려 주었어야 한다는 말씀을 드리는 것은 아닙니다마는 超黨外交를 부르짖는 現 政權이나 外務部의 입장에서 볼 때 조금 지나치지 않았느냐 하는 말씀을 드리고…… 그 다음에 또 한 가지는 이번 이 被拉事件의 나머지 문제는 이제 政治的인 段階 政治的인 判斷의 段階는 다 지나가 버렸읍니다. 그 政治的인 判斷의 段階에서 우리 第1野黨은 전혀 사실을 알지못하고 있었다 따라서 앞으로 남은 段階는 결국 司法的인 評決의 段階 刑事的인 判斷의 段階만이 남아 있는데 이 刑事的인 司法的인 評決의 段階에 있어서는 반드시 이것이 司法府에 의해서만 혹은 檢察에 의해서만 이것이 判斷될 문제가 아니라고 봅니다.

이것은 어디까지나 政治的 重大性과 政治的인 判斷을 前提로 하지 않고서는 裁判을 할 수 없는 事案이기 때문에 제가 보기에는 앞으로 여기서 外務部 質疑하는데 있어서 상당히 司法的인 문제가 擡頭되리라고 보는데 外務部를 상대로 우리가 이 司法的인 문제를 質疑 應答하기 어려운 상태에 있다. 그 다음에 앞으로 「헤이그」協約이 거기서 規定을 하고 있듯이 中共하고 불가피하게 司法的인 共助가 필요할터인데 豫備審査도 하고 證人採擇도 하고 事實審理도 하고 해야 할텐데 여기에 대해서 外務部가 答辯할 위치에 있지 않다.

따라서 저는 委員長에게 이것을 요구합니다.

外務部 幹部들만 가지고는 이 문제에 대해서 政府의 意見으로 答辯하기가 어렵기 때문에 檢察總長 그리고 法務部長官의 出席을 정식으로 요구합니다.

그러니까 委員長께서 여기에 대한 제가 動議의 형식으로 요구를 하지 않겠읍니다마는 委員長께서 여기에 대한 적절한 판단을 해주시기를 바랍니다.

이상입니다.

○林德圭委員 議事進行發言입니다.

○委員長 奉斗玩 우선 林德圭委員님 말씀하세요.

○林德圭委員 林德圭委員입니다.

朴定洙委員 말씀과 관련해서 許景九委員께서 말씀을 하셨는데 3黨이라는 말씀을 朴定洙委員이 하신 말씀이 아닙니다.

民正黨과 民韓黨에게만 報告를 했는데 다른 데는 왜 안했느냐 하는 뜻으로 말씀하신 것이니까 우리 국민당으로서도 黨에서 紙上報道에 의하면 民韓黨은 했는데 왜 안했느냐 유감의 뜻을 표해야 한다 하는 강력한 下命을 받고 온 사람입니다.

다음부터는 그런 일이 없기를 外務部에 촉구합니다.

그리고 사실 이런 말은 부끄러운 일이기 때문에 얘기가 안 나오기를 바랐읍니다마는 지난번에 지금 許景九委員님이 指摘을 했기 때문에 부득이 지적을 안할 수 없기 때문에 합니다.

外務部에서는 外務委員會 내지는 國會를 좀 더 重視할 필요가 있지 않는가 하는 얘기입니다.

말하자면 그때 懇談會한다는 얘기가 3黨幹事 얘기가 午前 10時에 한다 午後 2時30分에 한다. 나중에는 午後 5時에 한다. 결국 나중에 新羅「호텔」로 오라. 저는 午後 2時30分까지는 기다렸읍니다마는 그 이후에는 저는 참여 안했읍니다.

이것은 무언가 서로 잘못된 것이 아니냐 서로 체통을 이렇게까지 잃어가면서까지 할 필요가 있겠느냐……

相互間에 責任이 있다고 봅니다.

國會를 좀 더 重視해 주기를 촉구하면서 마칩니다.

○委員長 奉斗玩 林德圭委員 말씀 政府側에서 좀 유의해 주시고 許景九委員이 말씀하셨던 法務部長官 檢察總長의 出席要求에 대해서는 政府內의 같은 關係이기 때문에 서로 情報交換도 있을 것이고 서로 相互間에 意見交換도 있었을 것으로 생각이 되기 때문에 外務部長官께서 그점 참작해서 答辯에 應해 주시기 바랍니다.

○許景九委員 그러면 外務部長官께서 外務部에서 司法的인 刑事的인 문제에 대해서 答辯을 할 수 있겠읍니까?

○委員長 奉斗玩 政府側에서 가능한 한 答辯을 해 주시고……

○許景九委員 外務部에서 어떻게 答辯을 해요. 그것은 檢察하고 法務部所管인데……

○委員長 奉斗玩 金顯煜委員 말씀하세요.

○金顯煜委員 우리 外務委員會를 활발하고 能

動的으로 運營하자는 의미에서 말씀해 주신 그 의도는 本委員도 同感입니다.

그런데 어느 委員會든지 간에 그 委員會를 運營하는 基本的인 原則이 있읍니다. 그래서 오늘 우리가 議事日程을 정할 때에 이미 3黨 幹事간에 合意를 이루었고 또 오늘 이 자리에는 外務部側만 出席을 시켜서 質疑應答을 하기로 되어 있기 때문에 그 문제는 방금 委員長께서 提案한 것처럼 外務部長官께서 충분히 여기서 論議되는 委員 여러분들의 意見을 法務部側과 協議도 하고 傳達하는 방법으로 오늘 會議를 順序대로 進行해 주기를 부탁합니다.

○委員長 奉斗玩 양해해 주신다면 첫번째 質疑로 들어가겠읍니다.

그러면 먼저……

○朴定洙委員 委員長! 완전히 無所屬의 發言을 무시한 것같은데 나도 똑 같은 國會議員이요. 外務委員입니다. 國事를 같이 다루는 마당에서 그런 식으로 委員長이 獨斷的으로 하는 것 反對합니다.

그렇게 되면 나는 여기에 저희들이 會議運營上 상당한 지장이 있을 것을 警告합니다.

아까도 말씀드렸지마는 우리가 이 자리에 앉아 있는 것은 단순히 自然人으로서 앉아있는 것이 아닙니다. 國民들로 부터 受任받은 責任과 使命을 지금 완수하기 위해서 앉아 있는 것인데 충실히 착실히 그것을 履行하는 그러한 뜻에서 아까 議事進行發言을 얻어서 建議한 것입니다.

그러니까 거기에 대해서 또 우리 委員長도 멋있는 분이 새로 오셨으니까 새로운 「스타일」로 하는 것도 오히려 우리 外務委員會를 위해서 도움이 될 것으로 생각합니다.

○委員長 奉斗玩 朴定洙委員 質疑에 대해서 제가 委員長으로서 答辯을 올리겠읍니다.

그 동안에 朴定洙委員께서 IPU「헬싱키」會議의 活動關係로 우리 運營委員會에서 약간 소원했다고 할까 소외되었다고 할까 기회가 없었으리라고 믿습니다마는 가능한 대로 委員長의 職分으로 政府에 대한 質疑는 一問一答으로 하느라고 노력을 했는데 그러한 방법을 계속 추진해 볼까 합니다.

양해해 주신다면……

○許景九委員 아까 그 문제는 어떻게 끝이 났어요.

○委員長 奉斗玩 양해를 해 주신다면 우리가 3黨 幹事끼리 결정한 대로 그렇게 運營을 일단 해 보도록 하겠읍니다.

○許景九委員 앞으로 우리는 外務委員會에서 外務部 幹部들을 불러서 얘기를 하기로 한 것은 사실이지만 外務部외의 다른 部處의 職員들은 부르지 않겠다는 約束은 한 일이 없어요 그러니까 지금 가장 중요한 문제는 우리는 政治的인 판단의 段階에서는 소외되었었고 이제 앞으로 남은 것은 司法的 刑事的인 判斷의 段階인데 여기에 중요한 것은 주로 中共과의 司法的 共助問題가 남아 있는데 拉致問題하고 이것은 역시 外務委에서도 한번 檢察幹部를 불러서 質疑應答을 벌이는 것이 아마 外務委로서도 損害될 것이 없으리라고 봅니다.

그러니까 이 문제는 委員長이 다시 한번 停會를 해서든지 外務部하고 절충을 해 보시든지 法務部하고 절충을 해 보시든지 한번 시간을 갖는 것이 좋겠어요.

○委員長 奉斗玩 우선 林德圭委員 말씀하십시오.

○林德圭委員 林德圭委員입니다.

그 문제를 꼭 한다고 假定할 때에는 아마 몇 가지 방법이 있을 것입니다.

가령 外務部로서 할 일은 아닌 것같아요. 가령 우리가 우리 스스로 法務部 내지는 法院 필요한 部處를 이 자리에 오도록 하는 방법이 하나 있겠고 또 한 가지 방법은 外務法司 連席會議를 적당한 時期에 한번 해보는 방법도 하나 있을 것이고 그러니까 오늘은 우리가 그대로 豫定대로 진행하고 그 문제는 3黨 總務에게 또는 委員長을 비롯해서 이렇게 일임하는 것도 하나의 방법이 되지 않겠는가 이런 생각이 듭니다.

○委員長 奉斗玩 金顯煜委員 發言해 주시기 바랍니다.

○金顯煜委員 우리 外務委員會의 委員들이 決定할 수 있는 이외의 事項에 대해서는 오늘 이 자리에서 論議하는 것은 의미가 없다고 생각합니다.

그리고 지금 얘기되는 것은 오늘 거론될 그 문제의 核心에서 그렇게 중요한 것이 아니라고 생각이 되고 또 하나는 本委員이 알기로는 長官께서 멀지 않은 장래에 이 자리를 떠나야 된다는 그러한 촉박한 문제도 있기 때문에 우리가 시간을 너무 非本質的인 문제에 뺏기고 있는 것같습니다.

그러므로 오늘 外務委員會를 좀 더 진지하고 그리고 效果的으로 다루기 위해서 委員長께서는 會議를 發言順序로 넘어가서 進行해 주기를 부탁합니다.

○委員長 奉斗玩 柳漢烈委員 발씀해 주시기 바랍니다.

○柳漢烈委員 말꼬리를 달려고 하는 것이 아니고 사실 우리가 우리 許景九委員의 말씀마따나 상당한 우리 歷史的으로 오랜 期間에 對中共關係에 갑작스럽게 되지 않습니까? 그런데 우리가 外務部를 상대로 해서 被拉機에 대한 質疑를 한다고 할 적에 國民들한테 投影되는 것이 어떻게 될 것인가 이것을 우리도 생각을 해야 됩니다. 그 당시에 外務部長官께서도 國內에 안 계셨고 또 그 뒤의 얘기도 많습니다. 外務部의 참 實務陣이라고 하는 분들도 그 당시 안 계셨다는 말도 있고 한데 우리 國民들이 이것을 外務部를 상대로 해가지고 우리가 質疑 應答을 할 적에 얼마나 우리 國民들이 納得이 갈 것인가…… 사실 國民學校學生들까지도 中共이라고 하면 우리 敵性國家로 지금 생각하고 있지 않습니까?

또는 우리 6·25事變에 대한 과거도 있는데 그러면 外務部當局에서 뭔가 公信力이 있는 말씀을 하세요.

그러면 우리 일에 대해서 法務部가 되었던 檢察하고 우리가 相議를 해서 公信力있는 모든 문제를 國民들 한테 說明을 해야 됩니다.

그렇기 때문에 그러는데 이 外務當局에서 그러면 責任있는 말씀을 하세요. 그러면 우리가 納得을 하고 그리고 許景九委員께서 말씀하신 것도 體面을 세워 주셔야지 그렇지 않습니까?

○委員長 奉斗玩 그러면 外務部長官 나오셔서 許景九委員의 議事進行發言에 대해서 意見을 開陳해 주시기 바랍니다.

○外務部長官 李範錫 지금 許景九委員께서 質問하신 내용을 간추려서 말씀드리면 이제 拉致犯에 대한 앞으로의 裁判이 있을 것인데 그 裁判을 하는 過程에서 이것은 상당한 政治的인 要素가 配慮되지 않으면 안되기 때문에 國會側에서 法務部長官이나 또는 檢察總長을 出席시키는 것에 대한 저의 意見이 어떤가 하는 것을 제가 要約을 하겠읍니다.

그렇게 要約해서 말씀드린다면 지금 앞으로 이 拉致犯에 대해서 裁判을 하는 基本的인 것은 拉致事件을 다루는 여러 가지 國際協約이 있읍니다.

따라서 그 國際協約 規定과 또한 拉致犯을 處理하는 데에 있어서의 國內法도 存在하고 있읍니다.

그래서 그러한 國內法 節次에 따라서 司法當局에서 이것은 處理하는 문제인 것으로 저는 생각을 합니다.

감사합니다.

○柳致松委員 지금 그 오늘 해도 뭐 議長承認맡고 하려면…… 許景九委員 얘기는 妥當性이 있다고 보니까 幹事會議를 열어가지고 法務部長官이나 이런 사람들을 다시 召集해서 다시 불러가지고 다시 委員會를 여는 문제를 오늘 그렇게 하시는 것이……

○委員長 奉斗玩 그렇지요. 알았읍니다.

○金顯煜委員 會議를 進行하면서……

○許景九委員 아니 그러니까 結末을 지으라는 말이에요. 이거 아무 얘기도 없이……

○柳致松委員 그러니까 나중에 結果를 보아가지고 幹事間에 협의를 해 가지고 필요하면 그때가서 呼出하는……

○委員長 奉斗玩 그렇지요.

그러면 첫번째로 丁來赫委員 質疑해 주시기 바랍니다.

○丁來赫委員 丁來赫委員입니다.

外務部長官께서 美國에 건너가셔서 참 훌륭한 外交를 하고 돌아오신 데 대해서 敬意를 表합니다.

1人3役 役割을 하셨다가 1人10役 役割을 하신 것 뭐 그런 그 이상의 成果를 얻고 돌아오신 것 같습니다.

제가 묻고자 하는 것은 여러분 잘 아시는 내용입니다마는 지금 懸案으로 되어 있는 1983年度 外援追加分 6,000萬弗 거기에 84年 FMS 2億3,000萬弗 通過問題가 지금 懸案問題로 되어 있는 것으로 압니다.

이 관계도 충분히 설명을 하시고 또 SCM을 통해서도 이와 같은 것이 충분히 論議가 되고 美國 行政府에서는 議會에 대해서

積極的인 勸告를 하고 있는 것으로 압니다마는 이와 같은 金額의 通過와 그리고 이와 같은 對外軍事販賣資金에 대한 「이스라엘」「이집트」에 供與하는 그와 같은 資金에 대해서 利子償還期間 또는 据置期間 이와 같은데 대해서 美國議會에서는 對 韓國軍事借款도 이에 準하는 이와 똑같은 그런 「텀」을 적용해 달라…… 이와 같은 것이 지금 美 行政府에서 美國議會에 가 있는 것으로 알고 있읍니다.

저도 個人的으로 最近에 「타와」軍事委員長과 「퍼시」上院 外務委員長으로부터 個人的인 書信을 받고 그 분들이 이 문제에 대해서 最善을 다하겠다 하는 그런 書翰도 받은 일이 있읍니다마는 아까 外務部長官께서 報告書에서 지적하신 바와 같이 여러 가지 것이 잘 되어 가고 있지마는 美國議會의 현재 雰圍氣나 또는 議員들의 選擧區에 따르는 그런 문제말지 여러 가지 문제로 해서 모든 것이 우리가 기대한 대로 원활하게 되기는 어렵지 않느냐…… 더욱 노력을 계속해야 된다 이런 言及이 아까 報告에 방금 있었는데 지금 이 문제에 대한 政府의 현재 이 時點에서 생각하시는 展望 어떻게 되겠읍니다…… 여기에 대한 얘기를 좀 해 주시면 國民이 이 점에 대해서 몹시 궁금하게 생각하고 있기 때문에 도움이 되지 않겠느냐 그렇게 생각합니다.

두번째 이번에 中共機에 관계되는 문제입니다마는 大體的으로 이 문제가 아주 원만하게 또 그리고 능숙한 솜씨로 孔魯明 次官補가 이쪽 協商「팀」을 이끌고 또 그 외에 外務部 國防部 法務部 交通部 內務部 뭐 여러 機關에서 완전히 협조된 그러한 事件處理를 이번에 하셨다. 이것을 저는 굉장히 높게 評價하고자 합니다.

그리고 이러한 문제는 人道的인 문제가 어디까지나 主가 되는 문제이고 이 문제를 가지고 무슨 收支計算을 해 보는 그런 일이 되어서는 물론 안 되는 일입니다마는 그러나 大體的으로 볼 때 國威가 宣揚되었고 우리의 國際的 地位向上이 되었고 또 國交가 없지마는 中共과의 그런 公式的인 接觸을 이루었다. 이런 데에 있어서 상당히 肯定的인 側面을 가지고 있는 反面에 우리가 崇尙하고 있고 國民이 모두 反共이라는 見地 또 우리가 中華民國과의 傳統的인 友邦이라 하는 그런 관계를 維持하고 있는 점 또 過去에 蘇聯 또는 東歐圈으로부터 脫出하는 이런 「하이재킹」事件 또는 最近의 中共操縱士 또는 北韓으로부터 操縱士가 義擧해서 大韓民國에 着陸한 그러한 政治的 亡命을 目的으로 하는 이런 일련의 일들이 있은 그 直後에 이 事件이나 가지고 지금 아까 말씀드린 그와 같은 見地에서 우리 政府가 아주 능란한 솜씨를 가지고 이 事件을 處理한데 대해서 잘 하는구나 하는 박수를 보내는 反面에 또 한편으로 상당히 불안한 마음을 가지고 이것을 지켜보는 國民이 있다 하는 사실을 우리는 看過해서는 안될 것입니다.

이번에 「하이재크」라는 말을 쓰고 또 「하이재크」를 하는 사람 飛行機를 拉致한 사람을 「하이재커」 拉致犯 「크리미날」 이런 文句들이 쓰여지고 또 이것을 反對 側面으로 보는 그런 立場에서는 이 사람들은 自由를 求하는 사람 「후리덤 씨커」 내지는 自由鬪士 「후리덤 화이터」 뭐 이렇게 두 가지로 보는 그런 側面이 지금 있기 때문에 이런 문제를 가지고 政府에서도 상당히 신중한 對處를 하고 계실 것으로 생각을 합니다.

그러나 지금까지 慣例를 볼 때에 이와 같은 拉致者를 그와 같은 自由를 위해서 넘어온 사람 自由를 위해서 生命을 걸고 싸운 사람 이렇게 取扱해 온 것이 國際的인 慣例로 또 되어 있는 것이 아니냐…… 특히 우리와 같이 中共 또는 北傀 이것하고 隣接하고 있는 나라의 立場에서 이것을 寬大하고 國際的인 그런 協約에 입각한 완전히 模範的인 그런 答案을 쓰는 식으로 문제를 處理하는 것도 대단히 중요하다고 보여지는 반면에 反共의 大義를 宣揚을 해야 하는 우리의 立場을 또한 忘却해서는 안되겠다 이와 같은 見地에서 우리나라 사람들이 너무 다 좋다 보니 친구가 멀리서 오면 珍客이고 厚待를 해야 된다 이런 점은 물론 좋은 일입니다마는 國民들이 보기에는 너무도 過恭아니냐…… 물론 政府機關 사람들은 아닙니다마는 新聞에 報道된 바에 의하면 春州 旅館에 들어오는데 「워커 힐」인가 春州인가 어디인가는 모르겠읍니다마는 從事하고 있는 女子從業員들이 꽃다발을 가지고서 모두다 歡迎을 한다 이런 것도 自然發生的이라고 생각합니다. 뭐 우리나라 國民들이 친절하고 또 어느 面으로 보면 극성스러운 그런 점도 있다 보니 그렇게 된 것으로 압니다마는 너무나 過恭함으로 인해서 國民들이 反共의 大義랄지 이런 점에서 좀 國民들이 섭섭히 생각하는 그런 점이 없지 않아 있지 않겠느냐 그런 생각을 해 봅니다.

그리고 70年3月末頃에 日本飛行機가 소위 赤軍派라 하는 者들에 의해서 拉致되어가지고 金浦空港에 事故着陸한 일이 있읍니다마는 그 당시 그것을 處理하는 그런 立場에 저는 있어가지고 상당히 땀도 흘리고 그런 것을 기억합니다마는 이런 것을 생각을 해 보았읍니다. 원래 拉致犯들이라는 것은 乘客을 人質로 삼아가지고 자기네들의 意思를 貫徹하려고 하는 것이 拉致犯의 性格입니다.

따라서 이 者들이 내려가지고 거기에 있는 乘客을 人質로 해서 飛行機에 기름을 注入하라 우리는 台灣으로 가겠다 이렇게 얘기해 올 경우에 人道的 見地에서 그 얘기를 안들어 줄 수가 없는 것입니다.

따라서 그 拉致犯들이 그와 같은 主張을 한 일이 있는가…… 또 그러한 飛行機와 乘客을 모두 다 가지고 第3國으로 飛行하겠다 하는 그런 要求가 아니고 그러면 우리 스스로를 第3國으로 보내달라. 그렇지 않는 限 우리는 乘客을 射殺하겠다랄지 飛行機를 爆破하겠다랄지 그런 主張도 할 수 있는 것입니다.

그런다면 이번에 拉致者들이 아주 순순히 우리의 勸告에 따라서 飛行機에서 내린 것으로 압니다마는 그렇다면 拉致者들에 대해서 뭔가 우리 政府側에서 言質을 준 것은 없는가? 만일 너희들이 순순히 말을 듣는다면 第3國으로 너희들 뜻대로 완전히 보내주마 이러한 約束을 만일 했다면 이것을 國際協約에 의해서 그 主謀者들을 裁判에 回附한다 이 結果하고 어떤 乖離가 있다면 이것 또 역시 우리의 信義에 관계되는 문제가 되지 않겠느냐 그런 생각을 해 보는 것입니다.

그래서 이런 문제에 있어서의 這間의 形便 어떻게 된 것인가 하는 것을 좀 말씀을 해 주시고 아무쪼록 이번 事件處理에 있어서 國際協約에 입각한 그러한 文明國家로서 또는 우리나라가 지금 내걸고 있는 善隣政策에 입각한 그와 같은 훌륭한 일을 해 주심과 동시에 여섯 名의 自由를 求해서 온 사람들에 대한 여러 가지 政治的 決斷 다소 무슨 문제가 있다 하더라도 이 문제를 갖다가 解決해 주시는 그러한 政府의 決意가 어떤 것인가. 이와 같은 것을 말씀해 주시면 감사하겠읍니다.

저의 質問은 이상이 올시다.

○委員長 奉斗玩 丁來赫委員 質疑에 대한 政府側 答辯을 外務部長官 나와서 해 주시기 바랍니다.

○外務部長官 李範錫 丁來赫委員님의 質疑에 대해서 答辯드리겠읍니다.

첫번 質疑는 우리가 美國에 지금 要求하고 있는 83年度 FMS追加 7,000萬弗에 대한 지금 進行狀況과 또한 84年度에 우리가 要求한 2億3,000萬弗에 대한 進行狀況과 또한 우리나라에 주는 FMS를 「이스라엘」이나 「이집트」에 주는 그러한 소위 「카테고리」안에 FMS 借款으로 轉換해 줄 것을 美國政府에 要求한 일이 있는가 대체로 이렇게 세 가지 質問으로 받아들였읍니다.

授權法案을 審議하는 過程에서 첫번째 質疑하신 83會計年度 追加借款은 당초 行政府에서 6,000萬弗을 要求했던 것을 下院亞太小委에서 오히려 1,000萬弗 거기에 덧 붙여서 7,000萬弗로 만들어서 지난 4月 下院外務委를 無修正 通過했읍니다. 그리고 이것을 下院 本會議에 지금 回附되어 있읍니다. 上院에서는 아직 外務委員會에서 이 문제에 대해서 審議를 着手하지 않고 있읍니다.

둘째 FY84 借款計劃은 5月10日 上院外務委 審議에서 當初 行政府 計劃보다 2,000萬弗이 적은 2億1,000萬弗 規模로 調整된 바 있읍니다마는 그후 5月12日 下院外務委 全體會議는 이것을 다시 2億3,000萬弗로 增額을 했읍니다.

增額이라기 보다는 政府에서 要請한 額數를 그대로 다시 살렸읍니다.

또 한편 支出法案을 審議하는 과정에서 下院의 歲出委員會는 下院歲出의 對外活動小委에서 5月4日 行政府가 要請한 83年度 追加 FMS借款 總額 5億2,500萬弗 중에서 「레바논」에 대한 1億弗과 泰國에 대한 1,900萬弗만을 承認을 하고 나머지는 또 全額을 削減을 했읍니다.

下院의 歲出委의 對外活動小委는 이러한 83

年度의 FMS借款 總 規模 削減措置 理由로서 뭐라고 얘기했느냐 하면 「레바논」과 泰國과 같이 豫期치 않은 事態가 緊急事態가 지금 韓國에서는 發生하지 않았기 때문에 이 追加軍援은 필요치 않다 하는 理由를 들어서 歲出對外活動小委에서 이것을 削減했읍니다.

바로 제가 美國에 있을 때 이런 일이 일어났읍니다.

그래서 上院의 歲出委員會 委員長을 만나 보았더니 委員長께서는 上院의 歲出委員會에서는 그것을 通過시켜 보겠다고 또 시킬 수 있을 것이라고 얘기를 했읍니다. 다시 말해서 이렇게 보면 지금 현대 下院에서 削減한 현상과 또 下院에서는 이것을 通過시키고 이렇게 될 때에는 結局은 上 下院의 背後 접촉에서 이 額數를 決定하는 그런 過程이 남아 있는 것으로 알고 있읍니다.

그러한 狀況에서 저희가 지금 생각해 볼 때에 제가 있는 동안에 行政府의 高位人士들과도 얘기를 하고 또 議會안의 高位指導者들과도 얘기를 해 보았읍니다마는 6,000萬弗 全額이 다 通過되기는 힘들지 않겠는가 그러한 反應을 제가 받고 왔읍니다. 議會에서 하는 일이니 만큼 제가 간 機會를 이용해서 저로서 또 그리고 저희 大使館으로서 저희가 할 수 있는 일은 다 했읍니다마는 역시 저희 입장으로서 그 展望이 꼭 어떻게 될 것이다 하는 말씀을 드리기 곤란한 점을 양해해 주시면 감사하겠읍니다.

다음 FMS 條件을 「이스라엘」「이집트」와 같은 것으로써 우리의 것도 그 범주내에 넣어주었으면 좋겠다는 얘기는 우리가 과거에도 했고 지금도 하고 있읍니다마는 역시 이것도 여러 가지 美國 議會內의 형편과 또 美國 一般國民이 생각하고 있는 우리나라의 여러 가지 狀況 등으로 볼 때 그렇게 可能性이 짙다고는 말씀드릴 수가 없읍니다.

그러나 계속 이것은 노력은 해야 된다고 저희는 생각을 합니다.

그 대신에 政府側에서 政府의 힘으로써 할 수 있는 83年度 FMS의 償還條件을 많이 완화해 주었고 또 84年부터는 이것을 더 償還期間을 延長해 주는 要請을 行政府에서 立法府에 내고 있는데 이 要請은 제가 이번에 가서 만나 본 사람들의 意見을 綜合하면 그 償還條件은 是正이 될 可能性이 많다고 報告드릴 수가 있겠읍니다.

다음으로 中共機 拉致問題에 대해서 質疑하신 내용에 대해서 答을 드리겠읍니다.

拉致犯들은 왜 一般亡命과 달리 취급해야 되느냐 하는 그런 내용의 質問이었읍니다마는 지금 모든 나라는 自國의 領土에서 主權을 行使하고 있는 것이고 그 자기의 主權을 行使하는 領土內의 內 外國人을 막론하고 거기에 그 管轄權을 侵害할 수 없고 또 그 國家가 主權的 管轄權을 行使하고 있는 것입니다. 따라서 우리나라 領域內에 들어오는 모든 外國政治犯 또는 領土的 庇護를 求하는 外國人에 대한 處理는 우리나라의 主權的 狀況이므로 우리 政府는 우리 政府의 그 裁量으로 적절하다고 判斷되는 대로 處理할 수 있는 것이라고 생각이 됩니다.

그러나 여기에 한 가지 문제가 되는 것은 政治的 亡命을 目的으로 하더라도 航空機 拉致犯罪를 저지른 경우에는 그 犯罪가 國際的 犯罪라는 점입니다.

우리나라도 加入되어 있는 「헤이그」協約 등과 관련해서 規定된 國際犯罪이므로 우리나라는 그 當事國으로서의 協約의 諸 規定을 遵守한 義務가 우리에게 주어져 있읍니다. 따라서 우리는 이들을 그 協約의 規定에 따라서 犯罪者로서 취급을 하게 되고 그렇게 處罰을 해야 된다고 생각을 합니다.

航空機 拉致犯罪 抑制를 위해서 「헤이그」協約등 其他 두 가지가 더 있읍니다마는 이러한 協約은 그 안에 民間航空機를 對象하는 것으로 분명히 박혀 있고 軍用機 또는 政府의 公共航空機는 그 協約에 적용하지 않는 것으로 되어 있기 때문에 우리나라에 오는 軍用機와 民間機 拉致와는 基本的으로 그것을 處理할 때 性格이 다른 것으로 알고 있읍니다.

다음에 이제 說明드린 것으로 丁來赫委員님께서 또 하나 質問하신 「후리덤 씨커」 또는 義士로서 호칭하고 있는데 우리는 왜 그 사람들을 犯罪者로 취급하는가에 대한 설명은 같이 兼해서 드린 것으로 양해해 주시면 감사하겠읍니다.

그 다음에는 한 마디로 해서 너무 대우가

過大하지 않았는가 하는 그런 생각을 가지는 사람이 一部 있다는 말씀을 하셨읍니다.

물론 中共과 우리 나라와의 관계 또는 中共과 北韓과의 관계 등등을 우리가 생각하지 않는 바는 아닙니다. 또 지금도 그것을 생각하고 있읍니다.

그러나 이들이 被拉된 航空機內에서 生命의 위협을 느끼면서 겨우 살아서 우리나라에 着陸을 했다 하는 그들의 그 동안에 겪었던 불안과 초조감 그리고 그들이 이제 生命을 救했구나 하고 생각하는 순간에 着陸한 땅이 大韓民國의 땅이었다는 점 등을 우리가 고려할 때 그 사람들에 대해서 人道的인 우리의 韓國國民이 가지고 있는 그 특유한 따뜻한 마음이 발휘된 것이 아닌가 저희는 그렇게 解釋을 합니다.

또한 이들에게 우리가 위안을 해주고 人道的인 待遇를 해줌으로써 우리나라 또는 우리나라 사람들에 대해서 北韓의 歪曲된 宣傳과 그들의 장난으로 인해서 우리나라와 國民에게 갖고 있는 잘못된 생각도 고쳐주면 이것이 결국은 우리가 앞으로 우리 基本外交 自由開放 外交政策의 一環으로써 우리 國家百年大計에 도움이 되지 않겠는가 하는 그러한 判斷에서 한 것으로 알고 있읍니다. 그렇게 양해를 해주시면 감사하겠읍니다.

다음 質問은 이 事件을 계기로 해서 自由中國과 우리 나라와의 관계에 어떤 우려되는 바가 없는가 하는 質問을 하셨읍니다. 自由中國當局은 이번 事件과 관련해서 拉致犯의 自由意思를 尊重해 주도록 要請해 온 일이 있읍니다.

우리는 自由中國側에 대해서 이 事件은 우리가 「헤이그」協約에 基本을 두고 또 그 동안에 여러 國際慣例에 따라서 이번 事件을 處理할 것이라는 立場을 傳達을 했고 自由中國도 이러한 우리의 立場을 충분히 理解한 것으로 저희는 알고 있읍니다.

앞으로 拉致犯 處理하는데 있어서 우리의 立場에 따라서 處理해 나가는 것이 우리나라와 自由中國과의 友好關係 維持에 결국 終局的으로 有益하다는 점을 理解시키도록 저희의 外交的인 노력을 傾注하겠고 이렇게 함으로써 丁來赫委員님께서 걱정하시는 우리나라와 自由中國間의 어떤 금이 가는 일이 없도록 저희가 最善의 努力을 다 하겠읍니다.

다음에 拉致犯이 내리는 그 당시에 拉致犯하고 어떠한 對話가 오고가고 했는가 하는 것은 대단히 죄송합니다마는 그것은 저희가 다시 한번 軍當局에 確認을 해 봐야 되겠읍니다. 그것은 軍當局에서 한 일이기 때문에……

그러나 그 다음 質問은 우리가 어떤 言質을 준 일은 전연없읍니다. 그것만 제가 答辯을 드리겠읍니다.

○委員長 奉斗玩 다음은 金判述委員 質疑해 주시기 바랍니다.

○金判述委員 本人은 外交에 대한 專門知識도 없는 사람이고 專攻이 農業이기 때문에 그저 農民의 입장에서 생각하는 것같은 그러한 몇 가지 생각을 말씀을 드리겠읍니다.

本人은 TV에서 中共사람들을 百貨店에 案內하는 장면을 봤읍니다. 화려한 流行이나 눈부신 奢侈속에서 젖어 있는 우리들이 볼 적에는 별 것도 아니겠지마는 그래도 어쩌다 한 번씩 가보면 눈이 부시게 화려한 그러한 데를 中共人들을 案內하고 하는 것을 봤읍니다.

그것이 퍽 그 사람들에게 精神的으로 큰 그 사람들 생각을 共産精神에 젖어 있는 사람들 생각을 어떻게 變更시키는 것같은 그러한 계기가 혹시 될까 하는 그러한 생각을 가지고 있는 것같은 自畵自讚하는 表示를 들고 있읍니다마는 나는 그들의 모습을 보고 아주 숙연한 감을 느꼈읍니다.

그들은 「텅그스텐」이나 石油에 대해서 世界屈指의 資源國家고 지금 貿易界에서도 우리 大韓民國하고는 가장 강력한 「라이벌」로 浮上되어 있는 그러한 나라인데도 그 사람들이 입고 있는 衣裳모습을 보고 지극히 儉素하고 아주 원색적인 별로 화려한 데가 없는 그러한 옷을 입고 그 화려한 百貨店을 드나드는 그 모습을 봤을 적에 나는 도리어 뒷통수를 얻어맞는 그러한 감을 느꼈읍니다.

나는 滿洲에서 한 4年동안 大陸科學院이라고 하는 硏究機關에서 있었기 때문에 中國사람들 심정을 조금 알고 있읍니다마는 中國사람이라는 것은 世界 第1을 자랑하는 中國料理하고 人類發祥地라는 그 自負心하고 人類古代文化의 發祥地라고 하는 社會的으로 國家的으로 民族的으로 굉장한 自尊心을 가지고 있는 사람들이어서 다른 民族이나 社會에서 좀 무엇을 훌륭한 것을 봤다고 해서 一時的인 그 눈부신 것을 봤다고 해서 대단하게 생각하는 사람들도 아니고 一時的인 勅使待接을 받았다고 해서 그렇게 뼈저리게 감사를 느끼는 사람들도 아닙니다.

그들은 反共國家인 우리 大韓民國에는 敵國이고 그네들은 항시 大韓民國에 駐屯하고 있는 美軍撤收를 강력히 要請하고 있는 사람들이고 그 사람들이 國境線을 넘어서 들어왔다. 그것이 「헤이그」協約이나 人道的인 입장에서 보아주어야 한다는 그러한 처지라고 한다면 食事나 주고 그저 宿所나 提供하고 醫療機關이나 動員해서 주면 그만이지 그렇게 꽃다발을 주어가면서 한 食事에 3萬원이 넘는 食事를 待接해 가면서 國民의 비웃음과 友邦國家의 冷笑를 사가면서 그렇게까지 待遇를 해야 할 필요가 있었을까…… 무엇 때문에 그런 짓을 했는가 무엇을 要求했는가 큰 기대를 한 것같은데 기대는 무너지고 그 사람들이 떠날 때 5月10日 大韓民國 認定을 받지 못하고 代表라는 이름은 못넣고 사람 그저 職名만 넣는 그러한 文書로 무엇이 바빠서 우리의 유리한 입장을 그렇게까지 소도둑놈 몰리듯이 몰려가지고 할 말도 못해가지고 그런 짓을 왜 해야만 했는가? 그와 같은 接近方法이 肯定的 側面에서 볼 적에는 滿洲의 많은 우리 300萬이 넘는 우리 僑胞들이 가서 얘기 들을적에는 퍽 僑胞들은 고맙게 생각했을지는 모르겠읍니다.

또 한 편에 僑胞들 그 사람들이 北韓을 嫌惡하는 그것이 더 加重되어서 北韓을 미워하고 韓國에 퍽 親近感을 느끼는 그러한 效果가 있을지는 모르겠읍니다.

그리고 또 國際的으로 民主 自主 獨立國家로서의 긍지를 가진 大韓民國의 자세에 대해서 讚辭를 받았다는 그러한 肯定的인 입장도 있을지 모르겠읍니다마는 否定的인 입장에서 볼 적에는 日本같은 나라에서는 이번에 이 기회를 이용해가지고 10餘名이 넘는 法律學會의 무슨 代表라고 해가지고 正式入國을 허락하는 그러한 기회를 주었고 그것은 바로 이 다음에 美國하고 北韓하고 직접 만나서 交涉할 그러한 「찬스」를 만들어 주는 그러한 것이 되지 않을까 하는 그러한 우려도 느껴집니다.

제일 중요한 문제는 大韓民國 獨立을 약속해준 우리 自由友邦中에서도 가장 우리가 아끼는 臺灣 自由中國에서 背信感을 갖고 抗議를 提出해야 할 그러한 처지까지 몰아놨다고 하면 그것은 크게 得도 못보고 크게 損害를 보는 外交가 되어 버렸다 이렇게 本人은 느껴집니다.

아까 許委員께서도 말씀이 계셨읍니다마는 政治問題는 거의 다 끝나버리고 事件의 犯罪를 處理하게 되는 마당이라고 그러는데 앞으로의 이 共產圈에서 自由를 羨慕하고 自由陣營 自由로 가려고 하는 이 亡命者에 대해서 희망을 주는 그러한 우리의 처리가 되어야 할 터인데 그러한 것을 어떻게 생각하고 계시는지 그 두 가지 문제만 묻고 本人의 質問을 간단히 끝마치겠읍니다.

감사합니다.

○委員長 奉斗玩 英國皇室 代表로 英國에서 「글로스터」卿이 네時半에 金浦空港에 到着해서 우리나라를 訪問하게 되어 있기 때문에 長官께서 아마 出迎을 나가게 되어 있는 것으로 제가 알고 있읍니다마는 지금 外務委員會의 議事日程의 重要性이라든가 그 討議內容이 온 國民의 관심을 集中시키고 또 長官 입장에서 外交責任者로서 答辯하는 것이 저희들 입장에서 妥當하다고 느끼기 때문에 양해하신다면 長官께서 계속 좀 머물러 주시겠읍니까?

○外務部長官 李範錫 예. 그렇게 하지요.

○委員長 奉斗玩 그러면 外務部長官 나오셔서 答辯해 주시기 바랍니다.

○外務部長官 李範錫 金判述委員님 質疑에 대해서 答을 드리겠읍니다.

우리 外務部에서 또는 이번에 政府에서 취한 여러 가지 일들이 中國사람들의 心理를 잘 모르면서 너무 希望的인 면만 보고서 한 것이 아닌가 하고 하신 말씀에 대해서 저희가 앞으로 이러한 점을 좀 더 머리에 두고 흡사한 일이 생길 때에는 좀 더 신중히 고려는 하겠읍니다.

그러나 아까 丁來赫委員님 質疑하신데 答한 것과 마찬가지 理由로써 저희 政府로서는 그렇게 하는 것이 좋지 않겠는가 하는 생각에서 했고 아까 丁來赫委員님 質疑에 제가 한 가지 덧붙여서 말씀을 드릴 수 있는 것은

金判述委員님께서 質問하신 무엇이 그렇게 바빴는가 하는 그런 質問內容이라든가 또는 自由中國과의 관계에 있어서 우리가 저질러서는 안될 일을 저지른 것이 아닌가 하는 말씀을 하셨읍니다.

아까 答辯드린 것과 마찬가지로 自由中國과 우리와의 관계에 금이 가는 일은 없다고 생각하고 또 自由中國도 충분히 그것을 이해하고 있다고 저회는 생각하고 있읍니다.

그것과 동시에 저희가 또 한 가지 생각한 것은 우리와 中共과의 관계 또는 中共과 北傀와의 관계 또는 우리와 臺灣과의 관계 등등에 못지 않게 저희 政府에서 소중히 생각하지 않을 수 없는 것은 역시 國際社會의 輿論이 있읍니다. 國際社會의 輿論도 우리가 생각을 하면서 어떻게 하는 것이 우리나라 國益에 도움이 되겠는가 하는 큰 觀點에서 이 문제를 저희 政府에서 이번에 그러한 방향으로 處理하였다는 것을 이해를 해주시면 대단히 감사하겠읍니다.

그리고 日本사람들이 北韓사람을 근래에 入國시켰다고 말씀을 하셨는데 이것은 이 문제하고는 전연 관계가 없는 것이고 亞阿法律諮問委員會에 參席하는 各國代表를 받아들인 것에 불과한 것으로 저회가 알고 있고 또 日本側에서도 그렇게 우리에게 通告를 해왔고 日本側에서 그 사람들에 대한 待遇도 그 會議에 參席하는 일외에는 다른 일을 하지 못하도록 規制하였다는 그러한 內容도 저회가 通告를 받고 있읍니다. 따라서 그 점은 이 中共機 拉致事件과는 관계가 없는 것임을 양해해 주시면 감사하겠읍니다.

○委員長 奉斗玩 다음은 林德圭委員 質疑해 주시기 바랍니다.

○林德圭委員 국민당所屬 林德圭委員입니다.

이미 質疑를 몇 분 하셨고 앞으로도 하실 분들이 많기 때문에 가능한 한 重複을 피하는 의미에서 몇 가지만 質疑하겠읍니다.

첫째 國號使用問題에 있어서 大韓民國이라는 呼稱을 해주었기 때문에 대단히 잘 됐다 이것을 굉장히 높이 評價를 하고 있는데 우리 外交姿勢 내지는 外交方法이 잘못되고 있는 것이 아닙니까?

말하자면 紙上報道에 의하면 나중에 99%는 해결됐는데 1%가 안됐다 이런 것이 있는데 그것이 보통 저는 紙上報道만 그렇게 생각하고 있는 것인 줄 알았더니 오늘 處理結果報告書 8「페이지」를 보면 "마지막으로 남은 正式國號表記" 이런 얘기가 나와 있단 말입니다. 國號使用이 마지막입니까? 제가 볼 때에는 처음부터 시작해야 되는 것이 아닙니까? 말하자면 옆집에 강아지가 들어와도 옆집에 들어가서 저 어디 사는 누구입니다. 주인 한테 정중히 人事하고 찾으러 오면서 사과도 하고 말이에요. 똥을 쌌으면 미안하게 됐다고 얘기라도 좀 사과를 정중히 하고 나머지 인제 찾는 얘기가 나와야 順序아닙니까? 바꾸어 말하면 마지막으로 正式國號를 使用 내지는 表記할 때까지는 우리는 認定을 받지 못한 상태에서 진행이 됐었다 그것이에요. 사람취급 내지는 나라취급을 지금 못받고 人心만 썼다 그것이에요. 우리가 이것이 지금 外交方法이 잘못된 것이 아닌가 基本的으로…… 그리고 또 國號를 가령 使用했다 하더라도 그것은 당연한 것이지 그렇게 대단히 잘된 것이 뭐 있읍니까? 林德圭를 林德圭라고 부르는데 뭐 그렇게 대단히 높이 評價할 것이 무엇이 있읍니까? 例를 들면 말이지요.

그것을 뭐 그렇게 대단히 높이 評價합니까? 지금 國民은 어디서부터 어떻게 된 이유인지는 모릅니다만 아주 韓·中共間에는 모든 것이 다 풀어진 것처럼 느끼도록 그렇게 誤導되고 있읍니다. 누가 어디서부터 어디까지 책임져야 할지 모르겠읍니다마는 사실 중대한 문제입니다.

그러니까 아까 丁來赫委員님께서도 말씀하신 바와 같이 사실 여러 가지 國民 全體에 관한 문제입니다. 國民 全體가 상당히 지금 오해하고 있어요. 예를 들면 그 전에 北韓이 「푸에블로」號가 자연히 들어온 것이 아니라 「푸에블로」號를 자기들이 拉致해가지고 가서 그때 國號를 使用안해 주었읍니까? 兩國에 말예요. 그것은 國號使用이 문제가 아니고 1億弗을 받아낸 것으로 記憶합니다만 그것하고 이것하고 比較할 때 무언가 우리가 꼭 같은 內容은 아닙니다만 무언가는 우리가 이렇게 대단히 높이 評價할만한 價値는 없지 않느냐……

더군다나 KAL이 「무르만스크」에 不時着했을 때를. 생각해 보면 우리는 우리 代表가 가서 入國도 못했지 않습니까? 그래서 趙重

勳社長이 지금 記憶하기로는 그때 「핀랜드」에 가 가지고 들어가지도 못하고 마치 追放形式으로 해서 「핀랜드」에서 引渡해 가지고 온 형태고 그런 문제가 있지 않느냐 말이죠. 그렇기 때문에 이것은 우리가 너무나 당연한 것을 必要이상으로 너무 宣傳하는 바람에 國民에게 너무 誤導하고 있다고 하는 것은 그러면 우리는 어디 가서 가령 外國하고 外交를 할 때 國號만 使用해 주면 그냥 感之德之해서 다 되는 것인지 앞으로도 말이지요.

둘째는 여러분들이 지금 지적하신 일입니다만 사실 너무 지나친 待接을 했다 過恭도 非禮인데 그럴 수 있겠느냐 우리가 이것이 成人들은 比較的 이해가 갑니다.

왜 그렇게 했는지 또 할 수도 있었는지도 이해를 할 수가 있읍니다. 사실은 그러나 公開된 社會에서 一擧一動이 전부 우리 자라나는 어린 學生들에 대한 이것은 敎育입니다.

저도 아직까지 50平生中에 꽃다발 준다는 槪念이 누구한테 주느냐 생각할 때 나름대로 祝賀를 해 준다든가 또는 어쨌던 慶賀스러운 일 吊花는 別途입니다만 꽃다발은 一般的으로 준다 할 때에는 이것은 상당히 祝賀할 일 慶賀스러운 일이기 때문에 준다 했는데 잡혀온 사람들 한테 뭐 그렇게 慶祝할 만한 것이 있읍니까?

그러니까 外務部에서 꼭 했다는 것보다도 누가 했던간에 政府로서는 國民에게 이것은 좀 지나쳤다고 하는 것은 사실 國務委員立場으로서는 사실 사과를 할 필요가 있다 저는 그렇게 봅니다. 더군다나 이것이 누구 個人돈으로 한 것도 아니고 個人接待한 것도 아니고 지금 國民의 稅金으로 꽃다발 값을 그랬다고 하는 것은 아니지만 모든 것을 했는데 심지어 뭐 불고기를 3人分 먹었다 비빔밥을 먹었다 3萬원 4萬원어치했다 이것이 무슨 의미가 있읍니까? 우리가 KAL乘務員이 그때 不時着했을 때는 간신히 먹고 자고 했다는 얘기를 들었읍니다. 그리고 그때는 우리가 들어갈 수 없기 때문에 또 美國이나 ICAO 赤十字社가 역할해서 간신히 追放당한 形式으로 받아왔다 이것이에요. 그런데에 비하면 너무나 문제가 있었지 않느냐?

또 한가지는 國民들이 상당히 憤怒하고 있는 이야기를 많이 들었는데 무엇이냐……

새마을運動本部에 그분들이 訪問했다고 합니다. 그런데 거기에서 校長들을 堵列시켜 놓고 박수를 쳐 주었다고 그러는데 이것이 무엇을 의미하는가 長官께서 직접 새마을 하고 관계는 되지 않겠읍니다마는 그러나 이것은 서로 충고해 줄 필요가 있읍니다. 적어도 스승이 尊敬을 받는 社會라야 그 社會가 잘된다 저는 그렇게 봅니다. 함부로 이렇게 校長들을 堵列시켜 놓고 그것 말이 됩니까? 그리고 校長뿐만 아니라 우리가 박수 쳐가지고 그분들을 환영할 만한 人物들은 못된다 그 말이에요.

아까 質問에 대해서 長官께서 여러가지 좋은 말씀을 많이 했는데 具體的으로 敵과 同志의 槪念이 어디에 있읍니까? 여러 外交官들한테 저는 이런 이야기를 들었읍니다. 우리는 友邦인데 우리나라 國民들이 이렇게 왔을 때 이 이상 대접할 수 있는가 이런 質問을 받았읍니다.

敵과 同志의 具體的인 槪念은 敵보다는 同志를 더 잘 대접하고 나름대로는 歡待하는 것이 一般的인 槪念 아니겠읍니까?

세째로는 아까도 딴 委員들께서 지적한 일이 있읍니마는 對自由中國 관계입니다.

지금 長官 答辯中에 저희는 충분히 自由中國이 이해하고 있는 것으로 생각한다 이런 말씀을 하셨는데 제가 듣기로는 自由中國은 지금 이해하지 못하고 있는 것으로 알고 있읍니다. 다시한번 確認해 보세요 제가 아주 굉장히 빠른 時間內에 確認해 본 結果는 상당히 불만을 吐露하고 있읍니다. 그것은 우리가 이런 생각을 할 필요가 있지 않느냐……

個人이나 나라나 거의 비슷한 것인데 새 親舊인 中共을 사귈려고 하는 것은 反對하지 않습니다. 저도 환영합니다마는 그러나 옛親舊인 自由中國을 발길로 차면서까지 새親舊를 사귈 수가 있겠는가? 이것은 여러가지 의미에서 생각할 필요가 있다 이말입니다.

더구나 제가 듣기로는 自由中國大使가 長次官을 面談要請한 일이 있었다고 그러는데 일체 거절했다고 하는데 그것이 사실인지 모르겠읍니다마는 사실이라면 그것은 상당히 앞으로는 그럴 필요가 있겠는가?

71年度에 우리가 問題點이 있었읍니다. 말하자면 中共과 美國과의 修交가 막 될 무렵에 「닉슨」이 中共을 갔다가 올 무렵에 우리 政府

에서 對自由中國에 관한 外交가 상당히 問題點이 있었읍니다. 저는 직접 그때 外務長官으로부터 항의를 그 당시 받고 우리 外務部에 와서 確認한 結果 너무나 잘못되어 있기 때문에 그 이야기를 해서 좀 改善을 시켜본 일이 있읍니다마는 지금도 잘못하다가는 옛 親舊도 잃고 새 親舊도 못 얻고 이런 結果도 나올 수 있지않느냐……

그리고 金判述委員께서도 지적하신 바와 같이 中共 사람들이 현재 美國과는 修交를 했으면서도 종종 斷交할 수도 있다고 하는 이런 자세로 종종 나오고 있는데 과연 外務部長官께서는 앞으로 對中共關係가 가까운 時日內에 과연 修交可能性이 있다고 보시는지?

그리고 6名의 拉致犯 견해에 따라서는 이것이 法的인 문제라고 이야기 할 수도 있겠읍니다마는 저는 그렇게 보지 않습니다. 역시 國際的인 문제는 政治가 더 중요하다고 보기 때문에 6名의 拉致犯을 어떤 형태로든 간에 自由中國에 보낼 용의가 있는가……

이상입니다.

○委員長 奉斗玩 政府側에서 答辯해 주시기 바랍니다.

○外務部長官 李範錫 林德圭委員님 質疑에 答辯드리겠읍니다.

正式國號 사용한 것을 그리 높이 評價할 필요가 있는가 하는 말씀을 하셨읍니다.

우리 나라와 國交가 없는 관계이기 때문에 우리와 正式으로 代表가 만나서 얘기하는 過程에서 우리나라 國號를 正式으로 사용했다 하는 그러한 뜻에서 저희는 큰 意義가 있다고 評價하는 것입니다.

그 다음에 國號使用이 마지막 討議案件으로 되어 있었고 다시 말하면 그전에 討議한 것은 正式國號使用도 認定 못받고 한 것이 아닌가 하는 말씀을 하셨는데 저희 表現은 무엇인가 하면 다른 문제는 다 解決이 쉽게 되었는데 이 國號使用問題가 마지막으로 解決이 되었다 하는 뜻에서 그것이 뒤로 미루어졌다 하는 뜻에서 말씀을 드린 것입니다. 다시 말하면 正式國號의 使用問題가 解決 안되면 우리가 딴 문제도 전연 相議할 수 없다 하는 그러한 옹졸한 입장이 아니고 딴 문제도 의연한 姿勢에서 交涉을 해나가면서 正式國號 使用問題도 같이 議論을 했다고 하는 그런 뜻에서 그렇게 적은 것이 옳습니다.

특히 中共側이 우리나라를 大韓民國으로 使用한 것은 我國에 대한 中共側의 默視的인 承認으로까지 看做된다고 할 수는 없겠읍니다마는 현재 兩國間에 外交關係가 없고 相互國家나 政府承認을 하지 않은 狀況下에서 中共側이 我國의 國號를 正式으로 使用하였다는 것은 그 나름대로 意義가 있다고 저희는 보고 있읍니다.

다음 質問으로서 너무 과분한 待接을 하지 않았는가 하는 말씀을 하셨읍니다.

이 문제에 대해서는 지금까지 딴 委員님들 質問에 제가 答을 했읍니다. 역시 무엇보다도 人道主義라는 것은 상당히 중요한 것이 아닌가 이렇게 저는 생각을 합니다. 「제네바」條約을 보면 銃을 맞대고 싸우는 兵士도 일단 負傷이 되어서 戰鬪能力을 잃어 버리면 그 사람에게 대해서는 人道的으로 待遇해 주어야 된다는 것이 人道主義 「제네바」條約의 基本精神입니다. 우리가 中共하고의 관계는 그렇지언정 그래도 거기의 사람들이 일종의 遭難을 당해서 우리나라에 온 것을 생각을 할 때는 우리가 人道的으로 待遇해 주는 것이 옳다는 생각에서 물론 그 전부가 다 政府에서 한 것은 아닙니다마는 그러한 일들을 하신 분들의 基本精神은 그 밑바닥에 人道主義精神이 깔려 있고 측은한 人間에 대한 感情이 깔려 있는 것으로 저희는 알고 委員님께서도 그렇게 생각을 해주시면 감사하겠읍니다.

다음에 自由中國하고의 관계에 대해서 많은 염려를 해주셨읍니다.

이 문제도 제가 아까 答辯을 했읍니다마는 自由中國하고의 관계는 그렇게 걱정할 관계가 아니라는 것을 제가 거듭 말씀드립니다.

더우기 제가 말씀드린 이번의 中共航空機拉致事件은 우리가 「헤이그」協約에 基礎를 두고 그것을 基幹으로 해서 이 문제를 處理하고 있는 그 「헤이그」條約에 自由中國도 加入을 한 나라입니다. 그렇기 때문에 자기네들도 加入한 그 協約에 의해서 우리가 일을 處理하고 있는데에 대해서는 그 사람들도 충분히 이해를 하지 않을까 저는 그렇게 생각이 됩니다.

다음에 自由中國 大使 또는 公使가 長官次官을 面談을 하자고 했는데 거절한 사실이 있는가 하는 質問을 하셨는데 저는 그러한 面談要請을 받은 사실이 없읍니다. 그점 答辯을 드리겠읍니다.

다음 質問으로서 앞으로 中共과 修交 可能性이 있는가 있다면 언제쯤 되겠는가 하는 質問을 하셨는데 언제쯤 될는지 제가 그 答을 할 수 없는 것을 매우 유감으로 생각합니다마는 저는 大韓民國 外務部長官으로서 中共과도 가장 빠른 시일내에 修交를 해야 되지 않겠는가라는 一部輿論을 念頭에 두고 열심히 일을 하겠다 하는 答으로써 양해해 주시면 감사하겠읍니다.

다음 6名 남은 拉致犯을 臺灣으로 꼭 보내 주겠는가 하는 말씀이 계셨는데 이것은 역시 「헤이그」條約에 의해서 그리고 또 우리나라 國內法에 의해서 裁判을 받는 過程에서 이 문제는 自然的으로 그 모든 協約의 精神에 따라서 解決될 것으로 생각을 하고 있읍니다.

대단히 감사합니다.

○委員長 奉斗玩 한 10分만 다음 質疑 들어가기 전에 停會를 하겠읍니다.

停會를 宣布합니다.

(16時22分 會議中止)

(16時39分 繼續開議)

○委員長 奉斗玩 그러면 會議를 續開하겠읍니다.

지금 長官께서 급한 用務로 잠깐 밖에 다녀오실 동안에...

지금 長官께서 급한 用務로 잠깐 밖에 다녔다 돌아올 때까지 外務部長官 訪美 結果에 관한 報告는 長官이 돌아 온 다음에 答辯을 하도록 하고 中共旅客機 被拉 不時着 事件處理에 관한 報告는 孔魯明次官補께서 誠實하게 答辯에 臨해 주시기 바랍니다.

朴定洙委員께서 發言해 주시기 바랍니다.

○朴定洙委員 議事進行發言에서는 一問一答이라고 그랬는데 아마 1人 問答式으로 하는 것도 상당히 양해하고 質問하겠읍니다.

먼저 質問하신 先輩 同僚委員님들 말씀하고 될 수 있는대로 중복은 피하겠읍니다마는 또 중복되는 경우에도 좀 각도를 달리해 보려고 노력하겠으니까 충실히 좀 答辯을 해 주시면 고맙겠읍니다.

이번 中共被拉機를 處理한데 대해서 國際的으로도 많은 讚辭를 받고 있읍니다마는 相當數의 國民들은 代表團長 우리 孔魯明團長의 勞苦에 대해서 致賀하고 그 노력을 讚揚을 하고 있읍니다. 저 자신도 不意의 事件에 直面해서 냉철하게 끝까지 處理하도록 노력한 우리 孔魯明次官補와 그 實務者 여러분을 중심으로 慰勞해 주고 싶으며 또 그 勞苦를 다시 致賀합니다. 그러면서 달리는 말에 채찍을 加한다는 格言이 있듯이 저도 外務部가 어떠한 事態가 전개되더라도 좀더 잘해 주기 바라는 그런 의미에서 몇가지를 묻겠읍니다.

될 수 있는 대로 簡單明瞭하게 묻도록 하겠고 제가 묻는 것은 많은 國民들이 궁금하게 여기고 있는 점들이기 때문에 外務部가 차제에 그 궁금증을 명쾌하게 풀어주실 수 있는 나는 기회를 드린다고 생각하고 質問을 하겠읍니다.

그 拉致者들에 관해서 國際協約 「헤이그」協約에 따라서 處理를 하겠다고 분명히 했읍니다마는 中共으로 우리가 따진다면은 6·25戰爭 때 우리와 싸운 敵國이요 지금까지도 國交가 없는 이러한 어떤 의미에서는 敵對國인데 政治的인 配慮로 그런 것을 모두 어떤 의미에서는 看過하고 이번에 協商을 한 것이 아닌가 생각을 합니다. 그렇다면 유독 우리하고 旣存 友好關係를 유지하고 있는 自由中國 中華民國과의 관계에 있어서만은 그쪽에서 義士로 보고 있는 이 拉致者들 自由를 渴求하는 이 拉致者들을 꼭 國際協約에 의해서 犯罪者로 取扱을 해야만 되겠다 하는 이것은 조금 납득이 가지 않는 점이 있읍니다.

中共의 경우에 있어서는 政治的인 配慮를 할 수가 있고 自由中國과의 관계에 있어서만은 國際協約에 의거해서 處理를 해야겠다 하는 것은 어떻게 보면은 中共은 强大國이니까 또 우리는 中共하고 修交를 해야 되겠다는 어떠한 實利에 입각해서 그러는 것 같고 自由中國은 지금 좀 외로운 이러한 입장에 있고 어떤 의미에서는 우리에게 그다지 크게 필요한 存在가 아니다 하는 이런 誤解를 불러 일으킬 수가 있다고 저는 보고 있읍니다.

오히려 어떤 面에서는 政治的인 配慮를 더 할 수 있는 우리 그런 관계가 아닌가 狀況이 아닌가 생각을 합니다.

그렇기 때문에 물론 國際協約에 의해서 또 우리 國內法에 의해서 處理는 하되 거기에 대한 政治的인 配慮가 있어야 할 것 같은데 어떤 式으로 配慮할 수가 있겠는가 하는 문제에 대해서 外務部의 見解를 듣고 싶습니다.

아까 丁來赫委員님께서도 指摘하셨고 林德圭委員님께서도 指摘을 하셨읍니다마는 제 자신이 알기에도 지금 自由中國側에서는 不滿이 대단한 것으로 알고 있읍니다. 長官께서 단순히 아무 문제가 없다 잘 納得이 되어 있다 하고 있읍니다마는 저는 그것을 長官께서 거짓말 하고 있다고 追窮하고 싶은 意圖는 秋毫도 없읍니다마는 그렇게 단순히 아무 문제가 없다는 式으로 넘길 狀況은 아니라는 것을 다시한번 指摘해 둡니다.

둘째로는 入國經緯에 대해서 또 많은 國民들이 궁금해 하고 있읍니다. 아까 長官께서도 우리가 主權國家이기 때문에 管轄權을 所有하고 있다고 했는데 그렇다면은 왜 中共代表團들의 正體도 정확하게 파악을 못하고 있었고 그 사람들이 一方的으로 오겠다는 通告를 했을 때에 우리쪽에서 분명히 要求를 하고 말하자면 外交部를 代表하는 中共을 代表하는 이러한 官吏들이 公職者들이 와야 되며 또 실제로 오려는 사람이 누구냐 하는 것을 要求한 다음에 그쪽의 答을 들은 후 다시한번 와도 된다 아니면은 이래서는 안되니까 하는 어떠한 條件을 붙인다든지 할 수도 있었을텐데 마치 愛人을 기다리듯이 愛人한테서 電話가 오니까 무슨 內容으로 앞으로 나를 만나려고 하는가는 생각하지도 않고 그저 좋아서 달라붙는 것같이 나중에 만나본 결과는 오히려 失望이 되는 그러한 事態와 좀 비슷한 경우였지 않았나 하는 이런 생각들을 國民들은 많이 하고 있읍니다.

즉 무슨 말인가 하게되면 애당초 처음부터 그것을 분명히 했더라면은 나중에 문제가 상당히 덜 했을 것이고 解消될 수 있지 않았겠느냐? 즉 말하자면 事件發生初期에 너무 우리 政府가 서둘렀지 않았느냐 하는 이러한 인상을 國民들은 많이 가지고 있읍니다.

代表團 名單을 보더라도 여기 參考資料로 外務部에서 제출한 資料를 보더라도 5「페이지」 6「페이지」를 보게 되면은 相對方은 民航局의 職員들입니다. 우리는 外務部 官僚들이고요 그렇다면은 우리 쪽에서 분명히 意圖가 國家와 國家間에 하나의 協商이라는 인상을 짓게 만들려는 이러한 意圖에 反해서 그쪽은 그렇지 않은 이러한 意圖였던 것 같은데 이것을 분명히 하기 전에 入國을 허락할 必要가 있었겠는가 하는 이러한 문제입니다. 그쪽에서 一方的으로 오겠다고 덮어놓고 환영하는 것이 主權國家로서 할 取할 態度였던가 하는 이러한 문제입니다.

마치 쭉 經緯를 보게 되면은 저쪽에서는 野球大會다 해 가지고 野球選手들을 보내고 우리는 蹴球大會다 해 가지고 蹴球選手들을 出戰시키는 것 같은 그러한 인상을 주었고 어딘가 모르게 서로 좀 視角이 맞지 않고 우리는 國家間의 「게임」이다 하고 저쪽에서는 個人團體別 「게임」이다 하는 것 같은 이러한 인상을 우리 國民들은 가지고 있읍니다.

특히 그 代表團들이 오기 전에 政府를 代表한다 아니면은 政府에서 認定하는 中共側의 代表團이라는 이런 信任狀을 가져오도록 우리가 要求할 수도 있었지 않았느냐 또 마땅히 그들이 그러한 信任狀을 提出했어야 할 것이 아니냐 그리고 公式的인 아까도 指摘이 됐었읍니다마는 사과를 먼저 했어야 될 것이 아니냐. 그래 가지고 그 信任狀에 의해서 그것이 우리의 要求를 충분히 만족시켰을 경우에 正常協商에 突入했어야 할 것이 아니냐 하는 이러한 문제입니다.

또 한가지는 아까 國號를 署名할 때에 使用했다 하는 이러한 言及이 있었읍니다마는 이것도 아까 金判述委員님께서 指摘하셨듯이 애당초부터 그것을 분명히 했더라면은 中共을 代表한다 하는 것으로서 했더라면 큰 문제도 마지막 1%라는 것 때문에 遲延된 그런 문제도 많이 解消시킬 수 있지 않았는가 하는 이러한 궁금증이 있고요 또 하나는 이것이 이러한 마지막에 署名을 했다는…… 署名을 할 때에 國號를 使用했다는 이것이 우리와 中共과의 修交可能性에 얼마나 具體的인 效果라고 할까요 영향을 미친다고 보고 있느냐 하는 이것입니다. 단순히 우리가 大韓民國이고 그쪽이 中華人民共和國이 아니냐 하는 그 사실만을 認定해라 하는 데에서 署名만 좀 그렇게 해라 하는 式으로 다른 意圖가 없다하는 式으로 外務部에서 부탁을 해가지고 그렇게 단순히 아무 意味도 없이 한 것이고 外務部는 우리 보고 國號를 使用했으니까 意味가 상당한 것이다 하고 PR을 하는 것인지 그것을 좀 분명히 해주면 좋겠읍니다.

말하자면은 中共도 이것이 아무 政治的인 意味가 없고 단순히 事實만을 그저 記述한다 表記한다는 意味에서만 하는 것이지 이것을 가지고 무슨 中共과 韓國과의 修交上에 무슨 政治的인 意味는 전혀 없는 것이다 하고 이러한 양해를 하고 한 것인지 그것을 조금 분명히 밝혀주면 좋겠읍니다.

그리고 마지막으로 하나 또 궁금증을 풀어줬으면은 하는 것인데요. 아까 質問에서도 指摘은 됐읍니다마는 이런 被拉機問題를 이와 같이 解決을 했다는 이 자체가 실제로 얼마만한 큰 成果라고 하나 얼마만큼 큰 우리에게 外交的인 승리를 가지고 온 것인가 하는 것에 대해서 外務部의 分析이 있을 것으로 저는 생각을 하고 있읍니다. 거기에 대해서 좀 具體的으로 說明을 해주면 좋겠읍니다.

그래 가지고 아까 長官께서도 언제쯤 修交가 될 것인지 모른다고 하는 얘기 했읍니다마는 外交當局으로서는 여기에 대한 좀 뚜렷한 展望에 대한 分析은 있을 것으로 보고 있읍니다. 이러한 것이 修交를 어느 정도로 可能케 한다고 보고 있다든지 하는 이런 具體的인 外務部의 分析을 좀 說明해 주면 좋겠읍니다. 만일 外務部에서 그러한 分析이 전혀 없다고 한다면은 外務部는 뭘하는 곳인가 하는 이런 疑惑을 살 수 있다는 것을 덧붙여 말씀을 드립니다.

그래서 이상 質問한데 대해서 좀 外務部에서 명쾌하게 좀 모든 國民들이 納得할 수 있도록 좀 쉽게 사실 그대로를 좀 說明을 해 주시기를 부탁하겠읍니다.

감사합니다.

○委員長 奉斗玩 그러면 朴定洙委員의 質疑에 대해서 政府側에서 나오셔서 答辯해 주시기 바랍니다.

○林德圭委員 議事進行發言 하나 주세요.

○委員長 奉斗玩 林德圭委員 말씀해 보세요.

○林德圭委員 아까 우리 존경하는 委員長님께서 이런 말씀을 하셨읍니다. 英國에서 손님이 오시는데도 불구하고 長官이 國會를 重視하는 의미에서 가지 않겠다 이렇게 말씀하셨다는데 長官도 없고 次官도 없게 됐다 말이에요. 보니까…… 무슨 일이 있었읍니까? 그 내용을 말씀해 주시면 좋겠어요.

○委員長 奉斗玩 잠깐 급한 일이 있어서 나갔는데 곧 돌아오십니다. 설명때 林德圭委員께서 안계셔서 그랬는데요 양해해 주시기 바랍니다.

政府側에서 答辯 진행해 주세요.

○外務部第1次官補 孔魯明 第1次官補 孔魯明입니다.

朴定洙委員님께서 금번 被拉機 事件處理와 관련해서 中共에 대해서는 지나치게 고려를 하고 中華民國과의 관계에 있어서는 소홀한 면이 있지 않았느냐 하는 취지로 말씀이 계셨읍니다. 다시 말하면 中共에 대해서 과도하게 저희들이 實利追求의 측면에서 배려를 한 나머지 友邦인 自由中國의 불만을 사지 않았느냐 하는 뜻으로 말씀이 계셨던 것으로 알고 이 점에 대해서 이미 長官님께서 答辯이 계셨읍니다.

다만 한가지 저희들 實務者로서 특히 長官님께서 강조하신 가운데에서 그 뒷받침이 되는 사항을 言及하고 넘어가고자 합니다.

이 事件處理에 있어서 물론 어느 한 쪽으로 기울어질 수는 절대 없는 것입니다.

모든 事物에 있어서 양면이 있듯이 저희들로서도 어떤 측면에 있어서는 배려하지 않으면 안될 사항들이 있었읍니다. 그러한 사항의 하나가 「헤이그」協約의 第9條하고 말씀드릴 수 있읍니다. 第9條는 被拉航空機貨物 乘客의 조속한 반환의무를 規定하고 있고 특히 아주 明文으로 乘客 및 乘務員들이 旅行을 곧 계속하도록 해줄 義務를 저희들이 가지고 있읍니다. 이와 같은 측면에서 보신다면 저희 政府當局으로서 이 문제의 處理에 있어서 그 나름대로 고려해야 할 점이 자연히 밝혀지리라고 생각합니다.

이 점에 대해서는 5月6日 薛大使가 禮訪이라고 하는 목적을 가지고 저를 事務室에 찾아온 적이 있었읍니다. 마침 事件이 발생한 이후가 돼서 자연히 이 문제에 言及이 됐읍니다마는 당시 薛大使도 우리 政府의 이와 같은 基本方針에 대해서 충분한 이해를 표명하고 自由中國으로서는 大韓民國이 난처한 일은 절대 하지 않겠다는 얘기를 누누히 얘기를 했었읍니다.

또한 事件이 최종 마무리가 되는 10日 아침에 署名에 앞서서 自由中國 大使館側에다가 이와 같은 교섭의 경위를 저희들이 事前 通報한 바도 있고 또한 12日에는 저희 次官께서 薛大使를 面談하셔서 相互協議한 적도 있고 따라서 저희 長官님께서 아까 말씀드린 바와 같이 自由中國側의 不滿問題와 관련해서 말씀드린데 대해서 그 나름대로의 충분한 이유가 있어서 말씀드린 점을 양해하여 주시면 대단히 감사하겠읍니다.

○朴定洙委員 잠깐 한가지 좀더 분명하게 해주었으면 해서 그 점에 관해서 묻겠읍니다.

이 사람들이 金品을 요구한 사람들도 아니고 이 사람들은 自由를 갈구하는 사람들이었다 이것입니다. 또 하나의 문제는 中共은 어떤 의미에서는 우리가 아무리 修交되기를 바라고 있는 나라이지마는 敵對國家이고 自由中國은 우리의 충실한 友邦國家였다 이것입니다. 그렇다면 여러가지 政治的인 배려를 전혀 배제할 수가 있겠느냐 하는 이 문제하고요 또 自由中國이 우리의 입장을 이해한다 하더라도 이 拉致者들에 대해서만은 그 사람들은 義士라고 부르고 있느니만큼 臺灣으로 보내주길 지금 바라고 있느니만큼 그럼 具體的으로 그 내용에 관해서는 우리 外務部와 自由中國하고가 어떤 서로 交涉이 있었느냐 하는 것을 여기서 說明해 주기 바랍니다.

○外務部第1次官補 孔魯明 그 점에 대해서는 交涉의 여지는 없다고 봅니다. 저와 薛大使의 대화 속에서도 薛大使 스스로가 自國도 「헤이그」協約의 當事國이기 때문에 貴國의 입장을 잘 알고 있읍니다 하는 얘기를 했읍니다. 그것은 다시 말해서 뭐냐하면 「헤이그」協約의 成立 경위 자체가 1960年代末의 이와 같은 人質劇이라든지 또는 國際的인 暴力行爲가 航空機上에서 일어남으로 인해서 이것을 國際犯罪로 規定하기 위해서 만들어진 法律입니다.

따라서 이 協約은 協約當事國이 이러한 拉致犯을 處罰할 수 있는 根據를 만들도록 國內法에 立法을 義務化시키고 있고 또한 이 協約은 더 나아가서 이 拉致犯을 그 所屬國에 引渡하지 않을 경우에는 그 領土國에서 엄히 處罰할 것을…… 특히 엄히 處罰할 것을 規定하고 있읍니다.

또한 引渡한다는 문제와 관련해서는 犯罪人引渡協定이 없을 경우에는 이 協約自體가 引渡協定이 된다는 것까지도 더 나아가서 規定하고 있읍니다. 따라서 저희나 自由中國도 이 「헤이그」協約의 當事國인만큼 이 점에 대해서는 지금 朴委員님께서 지적하시는 그와 같은 문제 이전의 문제라고 생각합니다.

다만 물론 거기에는 國民感情이라는 것은 法律로써만은 解決되지 않는 것은 그 측면은 저희들도 이해는 됩니다마는 이것은 지금 현재 國際法에 根據하고 또 國際慣行에 따라서 處理되어야 하는 문제이기 때문에 저로서는 그 이상의 答辯을 드릴 형편이 못될 것 같습니다.

○朴定洙委員 그러니까 自由中國도 嚴重處罰하는데 대해서 동의하고 양해했다 이 말씀입니까? 즉 말하자면 아까도 내가 누누이 얘기했지만 中共은 敵對國家인데도 우리가 修交를 目的으로 하기 때문에 이런 政治的인 여러가지 배려를 해서 이번에 過恭非禮도 되었는데 이런 旣存 友好關係를 유지하는 自由中國과에 있어서는 徹頭徹尾하게 國際協約에 의해서 이 事件을 處理하겠다고 하는 우리 立場 또 거기에 대해서 그 사람들도 충분히 납득을 하고 양해하고 同意를 했느냐 하는 얘기입니다.

○外務部第1次官補 孔魯明 제가 薛大使와의 對話를 인용하고 있는 것을 그와 같은 충분한 이해가 된다는 根據를 말씀드리는 것입니다.

다음 質問의 말씀 넘어가겠읍니다.

國民들은 이번 中共 代表團들의 入國經緯에 대해서 궁금히 여기고 있다. 왜 정체도 파악하지 못하고 집어 넣었느냐 이와 같은 말씀이 계셨읍니다.

아시다시피 이번 中共代表團은 中華人民共和國 民航總局 局長인 「센투」가 首席代表로서 왔읍니다. 동시에 10餘名의 代表團員하고 33名입니다마는 拉致機의 操縱을 위한 2組의 乘務員들이 왔었읍니다.

아시다시피 저희들은 이 문제의 處理에 있어서 長官님께서 말씀하신 바와 같이 關係國際協約과 國際慣例에 따라서 處理한다는 基本立場을 闡明하였읍니다.

따라서 中共政府의 航空當局의 總責任者가

이 문제에 責任을 맡고 들어오는데 있어서 그 이상의 條件을 附加한다는 것은 저희들로서는 생각할 수 없는 일이라고 생각됩니다.

따라서 이 문제는 아시다시피 5月5日 北京時間으로 7時45分에 저희들에게 時間은 틀린지 모르겠읍니다마는 長官님 報告에서 言及된 것과 같이 7時45分頃 저희들에게 電報를 쳤고 저희들은 다음날 11時30分에 入國해도 좋다고 하는 回電을 내보냈읍니다.

신속한 引渡를 規定하고 있는 이와 같은 協約의 精神을 받들어서 저희들로서도 가능한 조속한 시일 내에 이 문제 처리를 위해서 措置를 취했읍니다.

○朴定洙委員 한가지 잠깐 몰라서 묻겠읍니다마는 신속한 處理를 하려고 했다는 것은 이해가 갑니다마는 報道에 의하면 外務部에서 條件을 내세우지는 않았다 하더라도 代表團에 外交部의 高位職人士를 포함하도록 해달라는 電文을 보냈다고 들었는데 그것은 그러면 사실입니까 그 事實與否에 대해서 좀 얘기를 해 주세요.

例를 들어서 우리가 이제 어떤 國家와 國家間에 協商의 성격을 띠려고 하게 되면 이쪽에서도 납득이 갈만한 상대방이…… 그러니까 政府를 代表하는 代表團이 와 주어야 한다는 이것이 분명히 있는 것이 아니겠읍니까?

그래서 우리도 交通部가 代表團으로 나선 것이 아니라 外務部가 代表團長도 되고 했는데요…… 그렇다면 상대방도 똑 같은 그러한 입장을 취해 주기를 우리가 바라는 의미에서 요구할 수도 있었지 않았느냐 이것입니다. 들어와도 좋다 하는 이러한 電文을 치기 이전에 어떠어떠한 代表들이 오느냐 그 代表들 가운데는 꼭 이러한 사람이 있어야겠는데 그 이후에 우리가 檢討한 후에 答을 해 주겠다 하는 電文을 칠 수도 있었지 않았겠느냐 하는 얘기입니다. 단순히 거기에 外交部 高位職人士도 좀 포함을 해달라 하는 사정을 하는 것 같은…… 안해 주면 할 수 없고 가능하면 될 수 있으면 좀 해달라 하는 그런 인상을 주는 내용의 電文을 쳤느냐 하는 이것입니다.

○外務部第1次官補 孔魯明 朴委員님께서 質問하고 계시는 의도는 잘 알겠읍니다마는 제가 아까 「헤이그」協約의 關係條項을 특히 引用하고 있는 이유는 公開된 이 會議에서 端的으로 말을 꼬집어서 말씀드리기가 난처해서 그와 같은 言及을 하고 있는 것입니다.

이 協商에 있어서는 저희들은 무한한 무한정의 「카드」를 가지고 있는 것은 아니고 역시 거기에도 그 나름대로의 저희들의 義務가 있다는 점을 이해해 주시기 바랍니다.

다만 朴委員님께서 지금 質問하신 條件이 있었느냐 하는데에 대해서는 저희들은 條件을 붙이지 않았읍니다. 意識的으로 붙이지를 않았고 그와 같은 문제는 충분히 內部에서도 檢討는 됐읍니다마는 아까 미리 말씀드린 저희들이 國際法規를 遵守한다는 저희 나라의 對外的인 「이미지」를 생각해서 그와같은 條件은 붙이지를 않았읍니다.

다만 저희 航空局長이 「센투」中共民航總局長에 대한 回答을 하게 됩니다마는 그 回答 가운데 우리側의 交涉窓口는 내가 아니고 우리 外務部가 된다 하는 것은 일러 주었읍니다.

그 다음에 質問하신 가운데 왜 國號使用도 처음부터 정했더라면 되지 않겠느냐 하시는 말씀인데 저희 長官님 報告 가운데서 말씀드린 바와 같이 이번 事件이라는 것은 飛行機拉致事件이라고 하는 문제이고 그 被拉된 乘務員과 乘客 그리고 機體의 送還을 위한 事件處理였읍니다. 따라서 이와 같은 事件處理가 우선 主된 문제의 핵심이었고 그와 같은 處理를 위해서 中共으로부터 처음으로 代表團이 저희 나라 首都인 서울을 찾아오게 되었고 또한 兩側이 처음으로 갖는 公式會議인만큼 그 會議의 결과에 대해서는 뚜렷한 兩國間의 公式文書가 作成되어야겠다 하는 것이 저희 政府의 基本立場이었읍니다.

따라서 國號使用問題라는 것은 朴委員님께서도 잘 아시다시피 이와 같은 公式文書作成에 있어서 제기되는 문제입니다. 따라서 이것이 처음부터 條件으로 내세울 문제는 아니고 이것은 어디까지나 協商過程에서 浮上되는 문제라는 것을 이해하여 주시면 감사하겠읍니다.

○朴定洙委員 그런데 이런 문제가 있읍니다.

우리 國民들이 궁금하게 생각하는 것은 무엇이냐 하면 아까 長官도 분명히 말했듯이 主權國家로서 管轄權을 우리가 가지고 있다 하는 것을 다들 알고 있읍니다.

그런데 이제 國民들이 납득이 안가는 것이 어떤 점인가 하게 되면 혹 우리 外務部는 이번 事件이 發生하고 우리가 中共과의 國交가 없기 때문에 美國이나 日本을 통해서 그들이 仲裁해 가지고 이 문제를 해결하려고 할 것이 아닌가 하고 外務部는 보고 있었는데 저 쪽에서 직접 代表團을 보내겠다 하니까 옳다 됐다 말이야 기회다 하고 그냥 이것마저 너무 條件을 붙이다가는 일이 혹 잘못되어 나가지 않겠느냐 하는 우려가 있은 나머지 우선 받아들여 놓고 보자 하는 이러한 動機와 意圖에서 그런 것을 충분히 가릴 수도 있는 것도 안 가리고 한 것이 아니냐 하는 이러한 의식이 있기 때문에 그 궁금증을 좀 풀어달라는 이런 의미입니다.

外交도 그렇지 않습니까? 사실 外交的으로도 아무리 신속하고 또 신속한 處理를 하도록 國際協約에 規定이 되어 있다고 하더라도 「무르만스크」 그때 發生한 事件을 보더라도 그렇고 이런 것을 최대한으로 또 우리한테 유리하게 利用해야 하는 것이 우리 또 外務部가 할 責任 아닙니까? 그것이 또 바로 外交 아닙니까? 최대한으로 우리가 여기에서 무엇인가 얻어내야 하는 것이 바로 또 外交 아닙니까? 그런 外交를 하자고 있는 것이 또 外務部가 아닌가 이것입니다.

○外務部第1次官補 孔魯明 朴委員님께서 質問하시는 內容을 몰라서 이렇게 答辯드리는 것은 아닙니다마는 항상 交涉이라는 것은 極을 피하고 결국 雙方이 다 받아들일 수 있는 입장에서 처음으로 合意가 이루어집니다.

따라서 그 점을 諒察하여 주시면 감사하겠고 제가 자꾸만 꼭 두 마디만 했으면 좋겠읍니다마는 記錄에 남을까보아 그 얘기를 하지 않겠읍니다.

그러나 제가 屢次 말씀드린 것이 무엇이겠느냐…… 이와같이 遭難 당한 사람 一種의 遭難당한 사람입니다. 이와 같은 사람을 놓고 우리가 그것을 볼모로 잡아서 한다는 것은 저희 國家의 「이미지」라든가 저희 國家의 威信에도 관계되는 것이기 때문에 거기에는 자연히 어느 限界가 있다는 것을 양해하여 주시고 그 答辯에 가름이 되도록 좀 하여 주시기 바랍니다.

○朴定洙委員 나도 그러면 끝으로 한 마디만 얘기 하겠읍니다. 아마 孔次官補는 次官補로서의 答辯할 수 있는 限界를 느끼는 모양이니까 그 문제에 대해서는 나중에 그러면 長官 오면 다시한번 答辯을 듣도록 하겠읍니다.

○委員長 奉斗玩 答辯 다 끝났읍니까?

○外務部第1次官補 孔魯明 예.

○委員長 奉斗玩 다음 李慶淑委員께서 質問해 주시기 바랍니다.

○李慶淑委員 앞서 質疑하신 委員들께서 包括的인 內容들을 하셨기 때문에 좀 具體的인 內容으로 들어가서 質疑를 하겠읍니다.

첫째로 拉致者들 중에서 中共 高位幹部 子弟가 있다느니 乘客들 중에서 中共 高位幹部가 있다느니 하는 外信報道들이 있는데 그 事實與否를 確認하여 주시기 바랍니다.

그리고 共產圈에서 自由를 위해서 脫出한 과거의 拉致者들을 어떻게 處理했는지 國際慣例들을 蒐集된 것이 있으면 알려주시기 바랍니다.

세번째는 만약 北韓 旅客機가 지난번 中共 旅客機와 똑같은 狀況으로 韓國으로 自由를 찾아 被拉되어 오는 경우는 어떻게 處理하시겠읍니까?

네번째는 合意覺書 9項과 관련해서 兩國間의 對話窓口와 經路를 마련했다고 알고 있고 그리고 지금 孔次官補께서 外務部가 對話窓口 役割을 하셨다고 했는데 이는 앞으로 있을 수 있는 韓·中共關係의 對話窓口로 確定이 된 것인지요?

그 다음에 이번 協商過程에서 이 事件과 관련되어서 航空路의 開拓이라고 할까 使用이라고 할까 하는 문제가 같이 대두되었는데 앞으로 이것이 定期 韓·中共間의 航路로서 開設될 수 있는 餘地를 打診하신 적이 있는지요?

그 다음에 지금 質疑하고 答辯하시는 그 過程에서 한 가지 우리가 짚고 넘어가야 될 부분이 빠져 있다고 생각해서 지적합니다.

그것은 이러한 어려운 事件處理를 成熟된 外交技術로 밤잠을 설치면서 며칠동안 애써서 일을 하시고 그리고 門戶開放政策을 實際 外交問題에 反映시킴으로써 앞으로의 對共產圈 및 未修交國과의 관계에 있어서 肯定的인 큰 役割을 하셨음에도 불구하고 왜 이렇게 이 문제가 國民들에게 混亂을 주고 그리고 지금

非難의 言質을 나오게 하는 그 根本的인 要素가 무엇인가를 한번 外務部側에서 再檢討하셔야 될 줄로 믿습니다.

제 생각으로는 우선 우리 나라의 外交政策의 方向과 原則이 제대로 定立되어 있지 않고 따라서 臨機應變的인 對處方案으로 事件을 處理했기 때문에 나타난 結果라고 생각합니다.

즉 우리 나라의 外交政策으로 門戶開放政策을 標榜을 하셨지마는 현재 國內的으로 그대로 底邊에 깔려있는 反共政策과의 調和問題가 그대로 解決되지 않았고 또한 이러한 門戶開放政策과 反共政策과의 調和에 대한 弘報도 제대로 되어 있지 않는 狀態에서 이번 敵對國家로 생각했던 그러한 中共 旅客機 및 乘客들에 대해서 歡待를 하니까 나오는 問題點이라고 생각합니다.

따라서 앞으로 外務部當局은 外交政策을 樹立하는 분이나 執行者와 또 一般國民과의 政策에 대한 이해의 「갭」을 解消시키도록 최선을 다해야 할 줄로 믿습니다.

또 하나 問題點으로 지적하고 싶은 것은 우리가 中共을 너무나 모른다는 사실입니다.

아까 金判述委員님께서 아주 좋은 적절한 말씀을 하셨다고 믿습니다.

저는 우연히 제 專攻分野가 中共이기 때문에 中共에 관한 冊을 좀 읽을 기회가 있었는데 사실상 美國과 中共間의 國交 正常化가 된 후에 제일 먼저 中共側에서 신경을 쓰고 招請을 한 그러한 人士들은 親中共 人士들이 아니라 反共人士들이었다는 사실입니다. 그들에게 우리가 「프로포즈」한다고 아주 好意的으로 대하기 보다 자기들에게 좀 의연한 자세로 그리고 批判的인 人士들을 오히려 懷柔하는 쪽으로 관심을 더 기울이고 雅量을 베푸는 그런 것이 中國人들의 氣質 중의 하나가 있읍니다.

또 하나 問題點으로 우리 中共에 대해서 너무도 對備가 안 되었다는 사실을 지적하지 않을 수 없읍니다.

이는 中國語通譯이 必要할 때 「워커힐」廚房長이 나와서 그것을 해결하는 그런 式의 未備된 狀態의 우리 外交能力으로는 앞으로 中共과 더 큰 일들이 일어날 때 어떻게 對處하나 상당히 걱정을 하지 않을 수 없었읍니다.

이러한 문제는 앞으로 蘇聯과의 接觸機會가 생길 때도 똑같이 나타난다고 생각합니다. 中國語를 쓰는 廚房長은 있지만 또 蘇聯語를 쓰는 廚房長이 없으니까 이때는 더 불편해질 것 같은 생각도 들고요.

따라서 우리는 지금 이 事件을 계기로 해서 앞으로 豫想可能한 事件들을 類型別로 整理하고 對處하는 事前對策 수립이 절대로 必要하다고 생각합니다.

長官께서 안계셔서 이 문제를 지금 안하고 마지막으로 우리의 文化紹介를 共產圈에게 하는 內容을 좀 지적하고 싶습니다.

다시 얘기해서 제가 女性이기 때문에 특히 이것을 관심있고 그리고 특히 좀더 심하게 느꼈는지 모르지만 우리의 여러가지 紹介중에서 「워커힐 쇼」가 있는 것을 얘기를 들었읍니다. 「워커힐 쇼」 內容중에 水泳服 차림을 한 內容을 보면서 몇몇 中共乘客들이 특히 女子들이 얼굴을 가렸다는 그런 記事들을 읽었는데 우리는 우리의 자유롭고 풍요로운 樣相을 그들에게 紹介하기 위한 目的이 있었는지 모르지만 제가 아는 共產主義者들의 思考方式으로는 이는 資本主義의 腐敗相이요 마지막 段階라고 생각하는 그러한 별로 좋지 않은 「이미지」를 갖고 앞으로 韓國에 대한 인상을 이야기할 때 가장 먼저 引用될 수 있는 宣傳資料가 되지 않을까 무척 걱정이 되었읍니다. 앞으로 對共產圈 宣傳을 위해서는 末梢神經을 刺戟하는 그런 皮膚感覺的인 內容의 「쇼」보다는 韓國의 品位있고 건실한 內容의 「쇼」「프로그램」을 보여줌으로써 韓國의 여러가지의 肯定的인 그리고 좀더 東洋에서의 가장 品位있는 그런 國家로 가슴에 새겨두도록 하는 그러한 內容物을 準備하실 必要도 있다고 생각합니다. 이러한 점 감안해 주시기 바랍니다.

이상입니다.

○委員長 奉斗玩 그러면 政府側에서 外務部次官 나와서 答辯해 주실까요?

○外務部次官 盧載源 外務部次官입니다.

대단히 죄송합니다. 지금 방금 들어와서 제대로 準備되지 못한 狀態에서 答辯드리게 되겠읍니다마는 최선을 다해서 答辯올리도록 하겠읍니다.

李慶淑委員께서 質問中에 첫째가 과거에 拉

致犯의 處罰에 대한 先例가 있느냐는 그러한 要旨의 質問이었읍니다.

지금 저희들이 調査를 한 바에 의하면은 各國의 處罰例를 살펴보았읍니다마는 美國의 경우에서는 拉致事件이 발생하고서 死亡者가 발생할 경우에는 死刑 또는 無期懲役 그리고 人命被害가 없는 경우에는 最高로서 20年의 懲役에 處하고 있읍니다.

또한 佛蘭西의 경우에서는 人命의 致死傷의 경우에는 懲役 10年 또는 20年까지 그러한 處罰을 한 例가 있고 또는 終身刑에 處하는 등의 그러한 處罰의 規定을 두고 있으므로 一般的으로 大部分의 國家가 航空機의 拉致犯을 重刑에 處하는 경향을 보이고 있읍니다.

그 外에 英國의 경우에 있어서도 그러한 處罰을 한 例가 있고 한가지 墺地利에서의 경우를 參考로 말씀드린다면 墺地利 刑法 第83條에 따라서 起訴處罰하도록 되어 있는데 지난 1976年 「폴란드」民間航空機가 拉致되었을 때는 4年의 懲役에 處한 例가 있읍니다.

또한 1982年의 경우에 「폴란드」의 軍用機가 亡命을 한 例가 있읍니다. 그 當時에는 1年의 懲役에 處한 일이 있읍니다.

이런 式으로 여러 나라의 경우에 拉致犯에 대해서는 상당히 중한 罰로써 다스리고 있다고 말씀드릴 수가 있겠읍니다.

그 다음에 두번째로 高位幹部가 이번의 被拉乘客中에 있느냐는 그러한 質問이었읍니다.

현재 저희들로서는 調査해 본 結果 그러한 言及될 수 있는 그러한 高位幹部가 없는 것으로 알고 있었읍니다.

또한 이번 이러한 事件處理過程에서 어떠한 韓·中共關係에 있어서의 窓口가 設立되었느냐는 그러한 質問이었읍니다.

이에 대해서는 이번에 合意된 覺書 第9項에서 좋은 例를 지적할 수가 있겠읍니다마는 同 9項에 따르면 兩側은 이번 事件의 處理過程에서 충분히 發揮된 相互協調의 精神이 今後 兩國이 관련되는 緊急事態發生時에도 계속 維持되어야 한다는 그들의 希望을 表明하였다는 이러한 內容으로서 이러한 앞으로 일어날 수 있는 事態에 대한 對處를 合意를 본 바 있읍니다.

이런 接觸을 계기로 해서 韓·中共間에는 앞으로 通商 「스포츠」交流 航空分野 또 相互訪問 등의 非政治的 分野에서의 關係改善으로 連結될 可能性도 있을 수 있다고 저희들은 보고 있읍니다.

앞으로 이것이 어떠한 式으로 展開가 될 것인지 하는 것은 그 다음에 벌어지는 狀況과 條件 與件을 면밀히 보아가면서 推進해 나갈 수 있는 일이라고 생각하고 있읍니다.

그 다음에 韓·中共間의 航空路의 開設의 여지에 관한 質問을 하셨읍니다.

이제 조금 前에 말씀드린 바와 마찬가지로 이러한 非政治的 分野에 있어서의 兩國間의 관계를 擴大해 나가는데 대해서는 저희들도 면밀히 조심성있게 보면서 推進해 나갈 그러한 생각을 가지고 있다고 말씀드리고자 합니다.

그 다음에 李慶淑委員께서 여러가지로 저희들의 이번 中共과의 對處하는데 있어서의 問題點을 일일이 지적을 해 주셨읍니다. 물론 이렇게 突發的으로 일어난 문제에 대해서 저희들이 對處해 나가고 또 이 문제를 해결해 나가는데 있어서 반드시 100% 다 잘했다 하고는 말씀을 드릴 수가 없는 것입니다마는 저희들 나름으로는 열심히 또 우리나라의 國益을 위해서 최선의 노력을 다 하였다고 생각하고 있읍니다.

물론 그 處理過程에 있어서 혹시 이제 李委員님께서 지적하신 그러한 問題點에 비추어서 나올 때는 분명히 저희들도 反省을 하고 또 앞으로는 더 나은 狀況對處를 위한 노력을 할 생각입니다마는 이번의 이 기회에 李慶淑委員께서 지적하신 問題點은 저희들에 대해서 좋은 敎訓의 말씀으로서 달게 받아 들이고자 합니다.

이상으로써 答辯에 대하고자 합니다.

○委員長 奉斗玩 追加質問 없으시지요? 柳漢烈委員께서 發言해 주시기 바랍니다.

○柳漢烈委員 柳漢烈委員입니다.

오늘 우리 外務委員會에서 外務部當局을 상대로 해서 많은 委員님들이 質疑를 하셨는데 本委員이 하는 質疑도 상당 部分이 重複된 部分이 있으리라고 생각을 합니다.

그런데 저는 그동안 우리 委員들께서 質疑하는 것하고 또 外務部當局에서 當局者들이 우리 委員님들이 하신 質疑에 대해서 答辯하는 이 과정에 대해서 뭔가 큰 差異點이 있고 문제가 있구나 하는 이런 생각을 느꼈읍니다. 이것이 왜냐하면 우리가 우리 國民들이 생각할 적에 이것이 너무나 常識的인 문제이고 또 우리가 國民을 代辯하는 國會議員들이 이 當局에 質疑하는 것이 뭔가 이것이 타당하다고 우리가 主張을 하면 外務部當局에서도 이것을 肯定的으로 받아들이는 이런 姿勢가 필요하다고 생각을 합니다.

林德圭委員께서도 말씀을 하셨지만 이 國號問題가 어떻게 그렇게 간단한 문제입니까?

이것은 孔次官補께서 말씀을 하셨는데 이것은 遭難당한 사람들한테 어떤 人道的인 面에서 우리가 너그럽게 생각을 했기 때문에 이 國號問題를 가지고서 이것을 망치고 싶지 않아서 이것은 마지막으로 우리가 提示했던 것이다 이렇게 했는데 이것은 그렇지가 않습니다.

孔次官補께서도 이 協商過程에서 마지막 날 99%는 다 되었는데 마지막 1%가 문제다 이런 말씀까지 하셨었지요. 이것이 이 國號問題가 참 중대하고 그리고 中共사람들한테 뭔가 神經을 건드리는 문제이기 때문에 우리가 마지막으로 내놓은 것이 아닌가 우리도 그렇게 생각을 했었읍니다.

그런데 우리가 생각할 적에 이 國號問題가 그렇게 중대하게 생각하는 것과 外務部當局에서 이것을 간단하게 그렇게 생각을 하셔 가지고서 하는 差異點이 있다고 생각을 하는데 本委員으로서는 우리 國會議員들이 이렇게 줄기차게 몇사람씩 反復을 하면서 國號問題를 말씀드릴 적에 여기에 대한 뭔가 外務部當局에서도 是正을 해가지고 이것을 받아들이겠다는 이런 姿勢가 필요하다고 생각합니다.

그리고 國號問題는 그렇고 또 다음에는 우리의 交換合意覺書에 대해서 그 性格에 대해서 質問을 하려고 합니다.

例를 들어 「센투」가 누구를 代理해서 라고 하는 이런 地位에 대한 說明이 없었는데 그 覺書의 性格에 대해서 애매한 性格에 대해서 當局에서 분명한 對答을 해 주었으면 감사하겠읍니다.

그러하시고 조금 전에 朴定洙委員님께서 말씀하신 것과 좀 중복이 되는 것인데 이것이 그렇습니다. 우리가 中共關係를…… 相對가 中共關係가 아니었고 다른 나라였다면 또 이것이 좀 다릅니다. 그런데 「센투」라는 사람이 空港에서 나올 적에 그 의연한 姿勢 떳떳한 姿勢와 우리 當局에서 취한 姿勢하고 우리 國民들이 볼 적에 너무나 差異가 있었단 말이에요. 그런데 우리는 왜 이렇게 무슨 문제만 있다고 그러면 온통 우리가 기대했던 그야말로 뭐가 하나 굴러 들어오지 않았나 하는 이런 姿勢로 생각할 적에 여러분들은 수고도 하셨지만 여러분들은 여러분들 한분의 무슨 次官補다 次官이다 長官이 아니십니다. 우리 國民을 代辯하는 무한한 責任을 가지신 분들이라고 저는 생각을 합니다. 그렇기 때문에 우리가 할 적에 의연한 姿勢로 이 사람들을 대했어야 된다고 생각을 하는데 그 점이 상당히 아쉬웠다고 우리는 그렇게 생각을 합니다.

그래서 뭔가 우리가 그 사람들의 入國을 承認하기 전에 그 被拉者들과 그 乘客의 身元에 대해서 우리가 어떤 調査를 完了했어야 되지 않았나 이것이 우리들의 權利인데 完了했어야 되지 않았나 또 이런 생각이 있읍니다. 거기에 대한 外務部 當局에서 느낀점을 좀 말씀해 주시기 바랍니다.

그리고 그들에 대한 그들의 資格 그 代表團들이 왔을 적에 資格이 무슨 資格으로 왔나 民航의 代表로 왔나 그렇지 않으면 中華人民共和國의 代表로 왔나 그 資格에 대해서 분명히 말씀을 해 주시기 바랍니다.

그리고 國交가 있는 나라하고 國交가 없는 나라하고 우리가 迎接을 하는 이 差異點에 대해서 좀 명백하게 말씀을 해 주셨으면 감사하겠읍니다. 뭔가 지난번 中共의 사람들 왔을 적에는 이것은 우리가 國交가 있는 나라 치고도 그렇게 환대하게 대접을 해줄 수가 없다고 그렇게 생각을 하기 때문에 國交가 있는 나라 國交가 없는 나라하고 差異點에 대해서 말씀을 해 주시기 바랍니다.

그리고 우리가 항시 外交라고 하면 어떤 政府當局에서만 이것을 主導해 가지고서도 外交가 될 수도 없고 또 그리고 더더군다나 요즘에 와서는 우리 大韓民國이 세계 속의 大韓民國임을 우리가 考慮할 적에 國民의 어떤 合意下에서 國民의 合意된 바탕에서 우리가 外交를 펴나가야 된다고 생각을 하는데

政府에서는 항시 國民的인 外交다 國民的인 外交다 이런 것을 主張하고 운운을 하면서 이번에 外務部가 취한 것은 상당히 外務部가 단독으로 外交를 한 것 같은 이런 느낌이 있는데 거기에 대해서 뭔가 外務部當局이 앞으로 是正할 점 是正하겠다는 점 이런 점에 대해서 말씀을 해 주시기 바랍니다.

그러하시고 이것 몇번 反復이 되는 것인데 拉致者들에 대한 認識 그들이 정말 犯罪者인가 그야말로 自由中國에서 呼稱했던 것과 같이 이 사람들이 어떤 義士인가 이 점에 대해서 말씀을 해 주시기 바랍니다.

그리고 마지막으로 한 2週전에 서울發 AFP通信에 韓國과 佛蘭西와의 관계에 대해서 「모멘트 오브 비션」에 대해서 外信이 들어온 것을 제가 본 적이 있읍니다. 佛蘭西政府가 北韓을 認定하겠다는 이런 「루머」가 있다는 것으로 이런 外信이 나간 적이 있는데 우리 政府에서 이럴 경우에 모든 佛蘭西와 우리가 관계를 하고 있는 核原料等 이런 모든 經濟現況에 대해서 결렬을 시키겠다 이렇게 말했다는 것으로 알고 있는데 그 具體的인 內容에 대해서 말씀을 해 주시기 바랍니다.

이상입니다.

○委員長 奉斗玩 柳漢烈委員의 質疑에 대한 政府側의 答辯을 듣도록 하겠겠읍니다.

外務部次官 나오셔서 答辯하여 주시기 바랍니다.

○外務部次官 盧載源 柳漢烈委員께서 質問하신데 대해서 答辯드리겠읍니다.

첫째 質疑와 答辯에 基本的으로 문제가 있다는 그런 指摘을 하셨읍니다. 外務部로서는 政府로서는 이러한 國會議員 여러분들이 지금 진지한 또 憂國之情으로써 문제를 파헤치고 質問하신데 대해서 저희들은 秋毫도 그러한 일을 경솔하게 다루는 그러한 생각은 없읍니다. 그런 점을 밝혀 두고자 합니다. 저희 政府로서는 國民을 代辯하는 그러한 質問에 대해서 진지하게 答辯해 드리고 있는 姿勢로써 임하고 있다는 것을 말씀드리겠읍니다.

國號問題에 대해서 質問이 계셨읍니다. 이제 柳漢烈委員께서 누누이 指摘하셨읍니다마는 이 國號問題는 대단히 중대한 문제라는 그러한 感覺과 認識에는 저희들 政府當局으로서는 조금도 물러난 점이 없음을 말씀드리고자 합니다. 그러한 國號問題가 이러한 公的인 接觸過程에서 소홀히 다루어서는 안된다는 認識下에서 또 이러한 정정당당히 處理하는 過程에서 國號問題가 정당히 表現되어야 한다는 그러한 決意와 認識을 가지고 저희들 代表團이 임하였으며 그때문에 실은 상당한 時間이 所要되었다는 것은 사실인 것입니다.

그러나 종래 中共側도 이러한 문제에 대한 認識을 바로 잡은 結果 잘 아시다시피 覺書에 兩側 代表團의 代表의 地位와 國號가 정확하게 記載된 그러한 結果로 이루게 되었읍니다. 그 過程을 볼 때 있어서는 이번 公式文書作成 過程에서 國號問題가 정당하게 다루어졌다고 저희들은 생각을 하고 있읍니다.

合意覺書의 性格에 대한 質問을 하셨읍니다. 이번 韓·中共間의 覺書 소위 「메모랜덤」이라는 表現으로서 했읍니다마는 이러한 覺書는 엄격한 意味에서는 물론 主權國家對 主權國家의 어떠한 條約이라고는 보기는 곤란한 것은 사실입니다.

그러나 韓·中 兩國이 當事國으로 되어 있는 1970年의 「헤이그」協約 등에 따라 韓·中共間에 航空機 拉致事件을 다루는 소위 公式文書로서 兩國政府의 關係官이 署名하였다는 것은 사실인 것입니다. 그러한 文書의 性格을 지니고 있다는 것을 말씀드리고자 하며 外交關係가 없다는 사실이 條約의 締結을 막지 않는다는 것이 또한 一般的인 國際法의 規則이라는 것도 아울러 말씀드리고자 합니다.

다만 한가지 이 시점에서 말씀드리고자 하는 것은 韓·中共間의 대단히 특수한 相互間의 관계와 立場으로 봐서 이번에 이러한 形式의 覺書를 맺게 되었다는 것이 兩國間의 未修交狀態에 있어서 또 어려운 狀況 속에서 택할 수 있었던 最善의 妥結策이었다는 것을 아울러 보태서 說明올리고자 합니다.

다음에는……

○柳漢烈委員 盧次官 말이에요. 다음 答辯 들어가시기 전에 이 國號問題를 外務部當局에서 그렇게 중요하게 생각을 안했다는 것이 아닙니다. 왜 하필이면 우리가 의연하게 떳떳하게 우리는 나는 大韓民國 代表이고 당신들은 中華人民共和國 代表인데 이것이 제일 처음 序頭부터 나와야 되지 않겠읍니까? 그런데 協商過程에서 孔次官補도 말씀하셨지만 제일 마

지막에 가서 왜 마지막까지 우리 大韓民國 國號를 숨겨두는 것과 같은 왜 우리가 의연한 姿勢로 그 사람들을 대하지를 못했읍니까?

거기에 대한 것을 앞으로 그러지 않겠다고 하시든지 뭔가 분명하게 말씀을 하세요.

○外務部次官 盧載源 죄송합니다. 약간 잘 정확하게 柳委員님의 意圖를 把握하지 못하였읍니다마는 대단히 죄송하게 생각합니다. 이러한 이번 事件의 解決을 위한 交涉段階를 說明하다가 저희들이 물어보신 眞意를 제대로 表現 못했읍니다마는 앞으로 만약에 이러한 유사한 事件이 있더라도 國號問題에 관해서는 언제까지나 항상 의연한 姿勢로써 정정당당하게 밀어갈 그러한 생각으로 있음을 여기에서 밝혀두고자 합니다.

그다음 質問을 柳漢烈委員께서 質問하신 점입니다마는 「센투」民航局長의 그 의연한 자세를 봐서 우리 代表團이 그런 똑같은 의연의 자세를 가졌어야 될 것이 아니었느냐 하는 그러한 質問이 계셨읍니다.

물론 이번 交涉의 全過程에서 임하는 우리 代表團의 자세는 저희들은 의연한 자세를 가지고 우리 國家的 利益을 代表하는 그러한 의연한 자세를 가졌다는 그러한 생각을 저희들은 가지고 있읍니다.

또 이러한 생각을 가지고 임한 자세였읍니다마는 혹시 어떤 순간 순간에 그러한 오해를 자아낼 그런 것이 만일 있었다면 미숙한 것으로 해서 용서해 주시기 바랍니다.

그러나 基本的으로는 이번 代表團이 나타냈던 자세나 혹은 이 문제를 最大의 利益을 위해서 해결하겠다는 그러한 企劃은 대단히 愛國的이었다는 사실을 여기서 다시 말씀드리고자 합니다.

그다음 被拉者들의 身元調査를 우리들이 먼저 했어야 되지 않겠는가 하는 그러한 質問 말씀이 있었읍니다. 물론 이것이 이들이 지금 우리나라의 國權이 미치는 領域內에 있기 때문에 이들을 일일이 取調對象으로 해서 調査를 할 수는 있었던 일입니다. 物理的으로는 있었던 일입니다마는 이와 같은 狀況 속에서 遭難民으로서 또 世界의 이목이 지금 集中되어 있는 過程에서 이들을 만약에 取調를 하는 過程에서 마치 刑事被告人과 같은 式으로 取調를 했다는 인상을 준다면 대단히 우리나라로서는 어려운 狀況에 놓이게 된다는 사실도 아울러 말씀드리고자 합니다.

이러한 경우에 이것을 다루는 가장 正常的인 方法은 相對方에게 그러한 該當者의 名單과 住所 其他의 필요한 資料를 提出케 해서 그것을 그대로 받아들이는 것이 가장 正當하고 또 점잖은 處理方案이기 때문에 이러한 方法이 택해졌다는 것을 參考로 말씀드리고자 합니다.

그다음 迎接問題에 있어서 柳漢烈委員께서 國交가 있는 나라와 國交가 없는 나라에 어떤 差異點이 무엇이 있느냐는 그러한 質問이었읍니다. 만약에 「沈圖」民航總局長 이 사람은 中共에서는 黨의 中央委員이고 閣僚級에 該當하는 사람이라고 말을 하고 있읍니다마는 이와 같은 地位의 人物이 만약 우리의 外交關係가 있는 나라로부터 왔다면 당연히 필요한 그에 상응한 儀典的 節次에 따라서 영접을 했을 것입니다. 그러나 이번에 「沈圖」民航局長 一行이 온 것은 國交가 없는 나라이기 때문에 이러한 國交가 있는 나라에 베푸는 儀典的 節次는 다 생략이 되고 그러나 하나의 정중한 자세로서 이들을 영접을 하였다는 사실을 말씀드리고자 합니다.

또 앞으로 이 문제를 다루는 데에 있어서 여러 가지 이번에 생긴 그러한 問題點을 우리가 反省을 하면서 문제가 되는 것은 또 그것을 고치고 더 나은 方法이 있으면 이것을 施行하면서 저희들의 外交的 技術을 더 硏磨하면서 改善해 나갈 그런 생각이 있음을 말씀드리고자 합니다.

그다음 質問이 계셨읍니다마는 그것은 이들이 犯罪者인가 또는 義士인가 하는 그러한 內容이었읍니다. 물론 本人들은 自由를 希望하는 「프리덤 파이터」라는 그러한 意圖를 가지고 또 그것을 表明을 했읍니다마는 적어도 저희들 政府로서는 「헤이그」協約에 따르는 이들에 대한 취급을 해야 할 義務가 있기 때문에 그들의 意圖는 충분히 이해를 할 수 있는 것입니다마는 현재 우리 政府가 國際協約과 國際法 그리고 國際慣習에 따라서 이 문제를 解決해야 할 義務를 지니고 있으니만큼 이들은 그러한 문제에 있어서는 一般的 犯罪者로서 該當한 國際法規 그리고 國內法規

에 따라서 취급을 해야 한다는 것이 저희 政府의 입장인 것입니다.

그다음 마지막으로 AFP通信에서 對佛關係에 대한 質問이 계셨읍니다마는 일부 그러한 항간에는 佛蘭西하고 상당히 어려운 문제가 있는 것으로 訛傳이 됐고 또한 심지어는 原子力發電所에 대해서 取消를 하느니 안하느니 이러한 얘기까지 나왔다는 그러한 소문도 있은 것은 저희들은 否認은 하지 않겠읍니다마는 실은 그러한 중대한 일이 現實的으로 일어난 것이 아니라는 그러한 말씀을 이 자리를 빌어서 밝혀두고자 합니다.

이상으로써 答辯에 代하고자 합니다.

○委員長 奉斗玩 다음 質疑는 李榮一委員께서 해 주시기 바랍니다.

○李榮一委員 李榮一委員입니다.

이번에 우리나라가 偶發的인 事態를 배경으로 해서 中國大陸의 사람들과 그들의 支配層과 우리 政府와 國民이 서로 해후하게 되었고 對話를 갖게 되었읍니다. 우리 모두가 잘 아시다시피 中共은 지금부터 30年前에는 우리나라의 最惡性 敵對國家였고 또 中共이 아직도 休戰協定에 署名하고 있기 때문에 韓國과 中共에는 文書上의 敵對關係가 계속 되고 있읍니다.

(奉斗玩委員長, 金顯煜幹事와 司會交代)

우리가 그럼에도 불구하고 1970年代에 들어서서 內外情勢의 變化를 감안하여 이 東北亞細亞의 平和와 또 그것에 중요한 고리가 되는 우리 韓半島의 平和與件을 改善하기 위해서 體制와 理念을 달리하는 國家와도 관계를 改善한다. 그러한 外交政策目標를 1973年 이후에 發表해서 6·23宣言 이후 꼭 10年이 경과했읍니다마는 6·23宣言의 實效性을 擔保할 수 있는 積極的인 外交環境과 與件이 改善되지 않는 것은 우리가 다 압니다.

그러나 이번에 偶發的인 事態를 배경으로 해서 적어도 大韓民國 政府나 大韓民國 國民은 과거에 집착하지 않고 우리의 밝은 未來를 위해서 中國大陸에 있는 中國共産黨 政府나 中國사람들에 대해서 과거에 매달리지 않고 未來를 위해서 우리는 아무러한 敵愾心을 가지고 있지 않다는 것을 이번 對話를 통해서 명백히 해 주었읍니다. 그것이 당장에 어떤 國交改善이랄지 관계改善같은 形式的인 成果는 生産하지 않는다고 하더라도 적어도 우리가 그러한 友好적인 입장을 명백히 함으로 말미암아 兩國間에 놓여 있는 敵性 「이미지」가 弱化되는데는 큰 寄與가 있었다 저는 그렇게 봅니다.

적어도 우리의 눈에 비치는 北京政權은 侵略者 오랑캐입니다.

한편 1950年代에 中共 各 政黨政派에서 抗美援朝 美國에 對抗하고 北傀를 應援한다고 하는 抗美援朝를 주창하면서 우리를 美帝의 走狗라고 했던 그들의 「이미지」 그러니까 우리의 눈에 비치는 北京은 오랑캐요 北京의 눈에 비치는 서울은 美帝의 走狗라고 하는 그런 敵對的인 「이미지」로부터 쌓여온 韓·中關係에 있어서 어떤 커다란 새로운 變化를 가져왔다 하는 것은 우리 平和統一 外交政策의 未來的인 展望에 있어서 매우 뜻깊은 措置가 偶發的으로 이루어졌고 또 그러한 결과를 生産해 내는데 우리 外務部當局者들의 노력에 대해서 저는 이 기회를 통해서 치하의 말씀을 드리는 바입니다.

다만 여기에서 우리가 유념해야 할 것은 이번 事件을 다루는 과정에 있어서 우리가 中共과 對話를 가질 때에 있어서 우리가 對話하는 目的을 명백히 定義하는데 이번에 미흡함이 있었다 하는 것을 저는 지적하고자 합니다.

이번에 우리가 偶發的인 事件이건 一時的인 事件이건 간에 어떠한 형태라도 體制와 理念을 달리하는 國家 對 國家간에 어떤 協商과 對話를 가질 때는 그 對話를 통해서 해결해야 할 目的을 명백히 定義할 필요가 있는 것입니다.

따라서 이번 對話의 目標를 우리가 關係改善에 두었는지 緊張緩和에 두었는지 아니면 國際協約에 따르는 人道的 措置에 合理的 外交的 建設的인 處理에 目標를 두었는지 이 세가지 중에 어느 하나를 명백히 했더라면 오늘 우리 外務委員會에서 지금 始終 討論하고 있는 이러한 論議가 확대되지는 않았을 것입니다.

얼핏 보아 하면 우리가 關係改善이라는 目標를 상당히 力點을 두는 것 같은 印象을 이번에 풍겼읍니다.

더우기 특히 國交修交未修交關係의 淸算이

라는 그러한 目的을 둔 것처럼 印象지워진 것은 이번 우리 代表部의 構成自體가 그러한 느낌을 우리한테 명백히 주었읍니다.

그러나 잘 아시다시피 中共의 소위 未修交國家 또는 分斷國家에 대한 입장은 명백합니다.

1971年에 美國 國務省의 「케보트 로치코미트」가 分斷國家의 二重代表權이라는 문제를 제기해서 中共과 協商을 했읍니다마는 中共이 그것을 명백히 거절했고 또 中共과 修交問題를 다루는 數많은 國家가 蓄積해 놓은 先例가 臺灣政權과의 關係淸算이라는 것을 第1次條件으로 내놓고 있는 狀況이라면 우리가 지금 中華民國政府와 外交關係를 斷絶할 수 있는 모든 與件과 環境이 갖추어지지 않고 그러한 용의가 충분히 쌓여 있지 않다면 우리는 現時點에서 中國共產黨政府를 相對로 하는 國交交涉이라는 것은 우리의 協商目標가 될 수 없다는 것은 너무나 自明한 것입니다.

그럼에도 불구하고 이번 우리 代表團의 構成自體가 마치 國交正常化에 目標를 둔 對話의 類型처럼 印象지워졌다는 사실을 우리는 간과할 수 없읍니다. 바로 그 문제 때문에 呼稱問題가 나온 것이고 中共代表團의 入國에 따르는 節次問題가 提起되는 것이고 거기에 따르는 몇가지 疑惑이 提起되는데 저는 차제에 이번에 中共과 韓國과의 對話의 당면한 目標가 現實的인 目標가 緊張緩和를 위한 對話였다. 國交正常化를 誘導하기 위한 對話였다 아니면 國際協約에 따르는 人道主義的인 措置로 合理的으로 處理하기 위한 對話였는지 이 세가지중의 하나를 명백히 闡明해야만 이번 對話에 관련된 여러가지의 오해가 拂拭될 것 같습니다.

따라서 이 문제에 대한 外務部當局의 見解를 闡明하여야 합니다.

또 두번째로 未修交國家와의 관계가 이번 우리 外務部 代表團構成처럼 大韓民國의 對外政策을 代表하는 協商代表團이 構成되어서 저 사람들과 관계를 맺을 때는 우리가 願하건 願하지 않건 간에 거기에 隨伴하는 法的인 效果를 生產하기 마련입니다.

그러면 法的인 效果는 첫째 무엇이냐 지금 우리가 中共을 어떻게 評價할 것이냐 우리가 法的으로 中共을 이번에 承認하는 소위 法的承認의 效果를 創出하는 行爲인가 아니면 成立은 適法하나 外交的인 이유 때문에 承認을 保留하고 있는 事實上의 承認으로서 우리가 中共을 認識하는 것이냐 아니면 法的 承認도 事實上의 承認도 아니로되 10億의 中共 人民들을 有效하게 統治하고 있는 集團이 存在한다고 하는 存在承認 내지는 實在 열매"實" 있을"在"해서 實在承認이냐 이 세가지 중에 어느 하나를 效果로 生產한다는 前提下에서 이번에 對話를 했을텐데 이번 政府代表團이 「센투」(沈圖) 中共民航總局長을 비롯한 中共代表團과 會談을 가짐에 豫想되는 效果를 어떻게 規定짓느냐 事實上의 承認이냐 法的 承認이냐 아니면 存在 내지는 實在承認이냐 이 세가지 중에 어느 하나에 해당되는지에 대해서 外務部 입장을 명백히 밝혀 주시기 바랍니다.

그리고 세번째로 제가 관심을 갖는 것은 결국은 敵性國家를 相對로 하는 關係改善努力에는 몇가지 類型이 있읍니다.

例를 들면 요새 제일 잘 알려져 있는 소위 葛藤管理理論이랄지 葛藤解消理論에서 보면 우리가 相對方의 태도와 관계없이 一方的인 양보 友好的인 「제스처」의 累積 이런 方式에 의해서 漸進的으로 緊張을 緩和해 간다 하는 소위 葛藤解消理論이 한 「패턴」이 됩니다마는 그러한 「패턴」도 있고 그렇지 않고는 우리가 記者會見을 통해서 우리가 正式國號를 사용해 준달지 물론 그러한 措置가 1973年3月에 우리 外務部가 大陸棚問題를 討議하기 위해서 中華人民共和國이라는 正式國號를 과거에 사용한 일도 있읍니다마는 대체로 그러한 方式에 의해서 關係改善努力을 계속해 가면 相對方에게 있어서도 相應하는 敵對意思의 減少라는 效果를 기한다 하는 그러한 效果들이 있는 것 또한 사실입니다.

그러나 그것은 葛藤解消에 관한 一般國際政治理論이고 우리 東洋史의 맥락에서 보아 하면 오히려 그것보다는 中共이 가지고 있는 독특한 外交的인 「패턴」에서 보면 中共을 괴롭히고 中共에게 부담을 주는 側에 대해서 오히려 관계를 改善하려는 反應이 나오기 때문에 中共을 상대할 때는 一般的인 양보나 友好的인 「제스처」의 累積이라는 漸進的인 葛藤解消理論 보다는 오히려 韓國과 關係改善을 하지 않으면 자기네들에게 오히려 불리하고 불편하다는 느낌을 줄 수 있는 그러한 戰略이 오히려 더 效果的인데 그래서 적어도 中共으로 하여금 韓國을 認定하지 않으면 안된다고 하는 그런 느낌을 준다고 하는 그런 戰略目標를 設定하는 것이 中共의 소위 周邊國家에 대한 外交「패턴」에서 보면 우리가 더 選擇할만한 價値가 있는데 우리는 지금 현재 이번에 處理過程에서도 보면 우리는 友好的인「제스처」의 累積이라는 현재 西歐羅巴 國家들 사이에서 사용되고 있는 一般理論에 입각한 措置였지 적어도 亞細亞의 大國行勢를 하고 있는 中共을 상대로 하는 友好的인「어프로취」로서는 과연 成果가 있을지 따라서 앞으로 中共과의 關係改善問題를 다루어 갈 수 있는 우리 外務部 當局의 基本戰略을 어떻게 設定하고 있는지 이 기회에 밝혀 주시기 바랍니다.

그리고 네번째로 한가지 追加해서 質問해 올리고 싶은 것은 中共旅客機 被拉不時着事件 處理結果 報告에서도 지적이 되어 있읍니다마는 2「페이지」를 보면 "당초 이들은 中華民國 大使와의 面談을 要求하면서 投降을 거절하였으나 우리 軍 當局은 결국 이들에 대한 說得에 성공 同日 21時 30分頃 拉致犯을 포함한 全乘務員과 乘客을 被拉 航空機로부터 내리도록 하였읍니다" 이렇게 되어 있읍니다.

그렇다면 분명히 그들을 說得을 할 때에 적어도 共產主義 國家에서 航空機를 拉致해서 서울까지 온 그러한 용기있는 사람들이라면 우리로부터 아까 丁來赫委員님께서도 지적했지만 무언가 납득할만한 言質을 주지 않았던들 그 사람들이 投降할 리가 만무합니다.

오히려 끝까지 投降을 하지 않고 적어도 만일에 이 飛行機를 全體 爆破하겠다. 우리가 전부 沒殺 당하는 한이 있더라도…… 우리에게 기름을 넣어주면 우리가 臺灣까지 亡命하겠다 그정도로 강력한 意思表示를 해서 강요했더라면 우리가 결국 그들의 要求를 들어줄 수밖에 없는 것입니다.

그럼에도 불구하고 그들이 순순히 投降했다는 것은 적어도 飛行機를 拉致할만한 용기를 가진 사람들을 납득시켜서 飛行機에서 내리도록 할 수 있다면 분명히 그것은 납득할 수 있는 言質이 있었다. 저는 그렇게 봅니다.

제가 이 분야를 왜 이 기회에 강조하는고하니 적어도 우리가 앞으로 그 사람들을…… 우리…… 批准 公布된 條約은 國內法과 동일한 效果를 가진다고 하는 우리 憲法精神에 따라서 과연 拉致犯들…… 外國人에 대한 犯罪에 대해서 우리가 다스릴 수 있는 國內法의 措置들이 어떻게 體系化되어 있는지 그것은 잘 모릅니다마는 일단 批准 公布된 國際條約은 國內法과 동일한 效果를 가진다고 하는 우리 憲法에 의거해서 일단 우리 刑事管轄權 對象으로 만들었다면 적어도 그들에게 응당한 言質을 주었다는 사실 自體가 이번 司法的 審理에서 충분히 고려될 필요가 있다는 것을 저는 想起시키기 위해서 이 말씀을 드리는 것입니다.

만일에 그러한 배려를 배제한 상태에서「헤이그」條約에 따라서 엄히 處罰한다고 하는 그 입장만 고수한다면 결국은 拉致犯들에게 우리 政府가 詐欺를 쳐가지고 결국은 中共의 입장만 해결해 주는 적어도 中共의 원수만 갚아 주는 결과를 가져 온다는 사실도 우리는 관심을 가져야 합니다.

적어도 우리가 中共 民航機의 保護 그들의 乘客의 保護 또 航空機의 返納이라는 그러한 일을 해주기 위해서 臺灣政府를 섭섭하게 만드는 措置를 우리가 選擇한다면 그것 역시 國際慣例나 國際信義에 있어서 우리 韓國外交가 갖고 있는 입장의 매력을 감소시키는 결과를 가져오기 때문에 끈질긴 說得을 했다면 거기에 相應하는 무엇인가는 분명히 있었을 것이다. 따라서 그 문제에 대해서는 명확한 答辯을 해 주시기 바랍니다.

다만 우리가 全般的으로 敵性國家였음에도 불구하고 우리가 과거에 구애받지 않고 中國大陸과 우리 韓半島가 緊張을 緩和해야 한다고 하는 그 취지에 따라서 우리 政府와 國民이 일체의 敵對意識을 더 이상 갖고 있지 않다는 것을 충분히 이번 處遇를 통해서 나타낸 것은 상당히 큰 칭찬을 받아야 할 일입니다마는 한가지 아쉽다면 그것은 政府 當局이 명백히 해주어야 할 것은 이번에 너무나 덜 의연했고 너무나 難民들에 대해서 융숭한 대접을 했다. 그것은 갑자기 졸지에 災難을 당한 사람들에게 그렇게 하는 것이 좋다고 합니다마는 一般的인 難民 處理節次를 훨씬 초과한 것에 대해서는 相當數의 國民이 섭섭하게 유감스럽게생각하는 측면이 있기 때문에 앞으로 難民 處理節次는 훨씬 초과하는 융숭한 대접에 대해서 國民들이 갖고 있는 섭섭함과 불만에 대해서는 外務部當局에서 응분의 解明措置가 隨伴될 것을 기대하면서 제 質疑를 이것으로 생략합니다.

감사합니다.

○委員長代理 金顯煜 外務部次官 나오셔서 答辯해 주시기 바랍니다.

○外務部次官 盧載源 李榮一委員께서 質問하신데 대해서 答辯을 드리겠읍니다.

우선 처음 李榮一委員께서 이번 事件의 全過程에서 外務部가 애를 쓰고 努力한데 대해서 致賀해 주신 말씀은 대단히 감사하게 들었으며 이에 대해서 謝意를 表하고자 합니다.

이번 문제 解決 過程에 있어서 目的이 분명하지 않았고 어떤 점에서는 未洽했다는 그러한 점의 指摘이 계셨읍니다.

이번 事件 解決의 目的이 理念과 體制가 다른 中共과의 어떠한 관계를 改善하겠다는 것이었는지 아니면 緊張을 緩和하기 위한 것이 目的이었냐 그렇지 않으면 人道的 見地에서 이 문제를 해결한다는 것이 目的이었냐 이러한 세가지 중에 例示를 하시면서 어느 것이 目的이었느냐는 質問이 계셨읍니다.

이에 대해서 이 자리를 빌어서 분명히 政府의 이번 事態解決에 대한 目的이 무엇이었다는 것을 밝히게 된 機會를 주신데 대해서 李榮一 委員님께 感謝를 드립니다.

우리 政府는 이번 事態가 發生한 당초부터 또 오늘날까지 이 문제에 대해서는 이 事件이 發生한 성격으로 보아서 人道的인 見地에서 이 事件만을 해결하는 그것에 集中되어 있었다 하는 점을 말씀드리고자 합니다.

다만 다른 餘他 문제 나중에 李榮一 委員께서도 質問하신데 대해서 答辯하는 過程에서 말씀드리고자 합니다마는 餘他 문제는 이러한 目的을 達成하기 위해서 우리 政府가 交涉을 하고 문제를 處理하는 過程에서 나올 수 있는 副產物的인 또 이와 關聯되어서 앞으로 나타날 수 있는 展望的인 狀況에서의 어떤 論議事項이지 우리 政府는 그러한 것을 위해서 그 目的만을 위해서 이 문제를 해결한 것은 아니라는 점을 분명히 말씀드리고자 합니다.

그러한 意味에서 또 우리 代表團이 왜 하필이면 外務部 出身의 人士로서 構成이 되어 있느냐 그것이 문제가 아니냐는 質問이 계셨읍니다마는 이러한 문제의 解決에 있어서 저희 政府는 「헤이그」協約의 충실한 문제해결… 다시 말하면 國際法에 따르는 문제 해결을 위해서 가장 적절한 方法이 外務部 當局者로 하여금 擔當시키는 것이 좋다는 그러한 判斷이 있었기 때문에 그러한 代表團 構成이 되었다는 것을 참고로 말씀드리고자 합니다.

그다음에 承認問題에 대해서 李榮一 委員님께서 몇가지 質問을 하셨읍니다마는 法的 效果로서 合法的인 法的 承認 節次 行爲냐 아니면 사실상의 承認을 대상으로 하느냐 또는 中共의 存在의 實在를 承認하는 것이냐 하는 質問이 계셨읍니다마는 이미 벌써 우리 政府의 目的이 그러한 것이 아니었다는 것이 분명한 만큼 이에 대해서는 答辯을 안드리는 것을 용서해 주시기 바랍니다.

또한 세번째 質問으로서 體制와 理念이 다른 또 敵對관계에 있는 관계에서 敵對意識을 減少하는 方法에 대해서 여러가지 대단히 參考가 되는 좋은 말씀이 계셨읍니다마는 이러한 說明 過程에서 質問이 中共에 대한 앞으로의 基本戰略이 무엇이냐는 그러한 質問이 계셨읍니다.

이에 대해서는 나중에 적합한 機會에 다시 저희들이 말씀드리기로 하고 이 자리에서는 이상으로써 答辯에 대하고자 하는데 용서해 주시기 바랍니다.

그 다음 質問이 계셨읍니다.

處理結果報告 2「페이지」에서 拉致犯을 說得하는 過程에서 어떠한 言質을 준 것이 없느냐는 그러한 質問이 계셨읍니다.

벌써 外務部長官께서 이 문제에 대해서는 言質이 없었다고 분명히 말씀하셨읍니다마는 기왕 또 이 문제가 다시 提起되었고 또 저 스스로 現場에서 바라본 사람의 立場에서 분명히 現場에서의 하나의 證人으로서의 立場에서도 말씀을 드립니다마는 이 문제를 解決하고 拉致犯을 下機시키는 過程에서 우리 軍當局이 拉致犯과 對話를 通해서 說得한 當局者가 분명히 저희들에게 얘기를 했고 또 저희들도 그러한 基本方針은 분명히 했기 때문에 이들을 下機시키는 過程에서 뒤에 우리가 國

際的 信義를 저버리는 그러한 일을 가져올 言質은 전혀 없었다는 것을 또다시 여기서 말씀드리고자 합니다.

다만 이러한 言質을 주지 않고 이들을 說得시켜 가지고 下機시키기 위해서는 상당한 시간이 걸렸다는 점을 참고로 해 주시기 바라며 또한 이들이 臺灣에 가고 싶다는 意向表示는 있었읍니다마는 實質的으로 조그마한 飛行場에서 滑走路를 벗어나서 풀밭에 들어간 狀態에서 이 狀態에서 다시 아무리 燃料를 供給을 하더라도 다시 떠날 수 없다는 것을 누누이 說明한 結果 本人들도 그것을 諦念을 했다는 사실 또 諦念을 했기 때문에 그 이상 自己네들이 自己 目的을 達成할 수 없겠고 또 그 이상 자기네들이 고집을 부리면 우리 當局이 이들에 대한 앞으로의 處理가 不利하지 않겠느냐는 오히려 그네들이 不安感을 가졌다는 그러한 소위 說得工作上의 妙味에 의해서 이들이 그러한 言質을 주지 않더라도 下機를 同意한 그러한 過程이 사실은 진실이었다는 사실을 다시 여기서 解明드리고자 합니다.

마지막으로 너무 待接이 융숭하고 難民處理의 規模에서 벗어난 일이라는 그런 말씀이 있었고 國民들이 섭섭하게 생각한다는 그러한 말씀도 있었읍니다마는 저희들은 융숭한 그네들의 格에 맞지 않는 待遇를 할 그러한 의도로서 한 것은 아닙니다.

벌써 몇차례 여기에 대해서는 說明이 된 것으로 생각합니다마는 우리 體制와 또 理念이 다른 전혀 어려운 상황에서 온 中國사람을 우리 韓國사람이 同情的으로 맞이했다는 그런 基本的 低流에 입각해서 이네들에게 우리의 自由體制와 또 自由經濟 體制에서 일어날 수 있는 生活樣相을 보임으로써 이들이 자기네들 입을 통해서 그 周邊에 있는 中國 소위 高位 當局까지도 波及이 되리라고 생각이 됩니다마는 우리의 眞相이 뭐라 하는 것을 이제까지의 北傀의 宣傳에만 눈이 어두웠던 이들을 깨치는 가장 좋은 가장 效果的인 啓蒙方法이라고 생각했기 때문에 비록 일부에서는 융숭하다는 評을 또 받을 만큼 되었을는지 모르겠읍니다마는 그러나 우리 政府의 基本 意圖는 이 기회를 이용해서 백수십명이 넘는 이들을 최대한으로 하나의 우리의 입장 「이미지」分布의 하나의 媒介體로서 活用한다는 것이 바로 眞意였읍니다.

또한 한가지 參考로 말씀드린다면 지금 中國의 東北地方 소위 滿洲라는 呼稱으로 通稱하겠읍니다.

滿洲地方에는 현재 우리 僑胞가 約 170萬名이 있읍니다. 그러면 170萬僑胞에 대해서 이 僑胞들이 우리의 祖國에서 일어나고 있는 모든 일이 發展相을 KBS만 통해서 듣고 왔읍니다. 그런데 상당히 저희들은 이번 中共人들이 우리 僑胞들과 서로 交際도 있다는 그런 상황을 알고 있을진대는 바로 우리 170萬 僑胞에 대해서 좀더 祖國에 대한 자랑을 가질 수 있고 또 이들이 그러한 厚待를 받았다는 데에 대한 고맙다는 얘기를 들으면서 또 우리 170萬 僑胞들이 우리 祖國에 대해서 더 많은 自信感을 가지고 또 KBS를 통해서 듣는 우리 祖國 消息에 대해서 좀더 信憑性을 가질 수 있도록 한다는 그러한 점으로 봐서도 이들에 대한 待遇는 결코 厚待라는 그런 一般的 非難만 가지고서 定義 짓기에는 너무 過하지 않느냐 하는 그러한 생각도 가지고 있읍니다.

참고로 말씀 드렸읍니다.

○委員長代理 金顯煜 外務次官께서 성의있는 答辯을 하느라고 수고 하셨읍니다.

다음은 許景九委員 質疑해 주시기 바랍니다.

○許景九委員 지금 外務部次官께서 外務部 쪽의 입장을 열변을 토하셔서 말씀을 하셨는데 그러면 저는 이렇게 묻고 싶습니다.

中國사람들에게 우리가 厚待 歡待를 해준 것은 다 좋습니다. 또 그 사람들을 難民으로 생각을 해서 친절하게 대해 준 것은 좋습니다. 또 그 사람들이 本國에 가서 그것을 갖다가 宣傳의 資料로 삼을 수도 있다. 또 170萬이라는 우리 在滿同胞들이 그것을 듣고 自負心을 가질 수 있다 그것은 좋습니다.

그러나 우리는 지금 6·25事變 이래로 30餘年동안 政府에서 國民의 各界各層을 향해 가지고 反共敎育을 시켜왔읍니다. 우리는 지금 그야말로 동네에 이상한 사람만 하나 나타나도 이것을 申告를 하라고 敎育을 받고 指示를 받고 있읍니다.

우리의 意識과 핏줄에는 지금 反共이라는 그 意識이 철저하게 박혀 있는 이번 상황하에서 또 政府가 강력한 規制條項을 가진 反共法을 制定하고 있는 이런 상황하에서 갑자기 中共사람들이 나타났는데 政府의 外交的인 어떤 意圖가 있어 가지고 國民들의 意識과 國民들의 精神水準과 國民들의 常識과 國民들의 理性과 國民들의 共產主義에 가지고 있는 이 認識을 깡그리 무시하고 政府 마음대로 이렇게 歡待를 한다고 할 때 國民이 가지고 있는 意識과 政府가 가지고 있는 그 認識 사이에는 상당한 距離感 간격이 있다 이것이에요.

그러면 이것을 어떻게 해결할 것입니까? 이것은 왜 말씀을 드리느냐 하면 적어도 우리가 本質的으로 共產主義에 대해서 共產國家에 대해서 어떠한 「레퓰레시망」을 추구하려고 할 때에는 國民 전체 一般의 거기에 따른 意識의 解除作用이 따라야 한다. 이것이에요. 갑자기 밑도 끝도 없이 外務部의 필요에 의해 政府가 中共하고 친하고 싶다는 이러한 意圖 하나만 가지고 國民 意識을 혹은 國民의 常識을 훨씬 초월하는 이러한 流의 갑작스러운 그런 행동 이것을 國民이 용납하기가 어렵다 이것입니다.

앞으로 만약 이러한 행동을 政府가 계속한다고 그럴 때 政府가 制定한 國家保安法을 政府가 제일 먼저 違反하는 그런 결과를 가져 올 것이다. 政府가 國家保安法을 違反할 때 누가 政府를 起訴할 것입니까? 그야말로 이것은 國民이 전체가 일어나서 政府를 反對할 수밖에 없는데 그렇게 할 수도 없는 것이고 따라서 여기서 생기는 이러한 意識과 認識上의 乖離를 갖다가 미리 政府가 이것을 政治의 活性化를 통해서 혹은 關係 法規의 緩和를 통해서 이것을 미리 國民들한테 周知시키는 과정이 先行됐어야 한다. 이러한 段階的인 절차가 없이 갑자기 外務部가 그전서부터 내밀히 推進해 오고 있던 그런 意識의 連續線上에서 共產主義者들 하고 이런 식으로 公開的으로 協商을 한다. 歡待를 한다 하는 것은 도저히 우리의 國民 意識上 納得할 수가 없는 것입니다.

그렇기 때문에 이것은 앞으로는 만약 계속 이런 政策을 追求하려고 하면 여기에 따른 關係法規의 緩和 그 다음에 그러한 措置에 따른 國民意識上의 변화를 追求해야 된다 이것이에요. 그러니까 적어도 여기에 대한 關係法規의 緩和가 있어야 할 것이다. 나는 이렇게 생자을 합니다.

그다음에 이번에 이것은 外交 戰略上의 문제인데 제가 아는 中國사람이 이런 漢文으로 이런 얘기를 하는 것을 들었읍니다.

受寵若驚이라 한번 好意를 받으니까 그 好意를 받은 쪽에서 어쩔줄 몰라 가지고 애처럼 기뻐가지고 날뛴다 한마디로 얘기하면 꼴불견이다 이것이에요 또 아까 數次 여러분들이 말씀을 했읍니다마는 저는 여기에 오기 전에 이런 것을 하나 읽었읍니다.

「케네스 영」이라고 전에 泰國駐在 美國大使를 한 사람인데 이 사람이 1955年서부터 1972年까지 「바르소」에서 中共하고 美國하고 130回에 걸친 會談을 했읍니다. 이때에 130回에 걸친 그 會談을 면밀히 檢討를 하고 내린 이 「케네스영」氏의 結論은 共產主義者와 특히 中國共產主義者와 協商을 할 때에는 강력한 意志의 표현이 없이 中國 共產主義者와 協商한다는 것은 하나의 笑劇에 불과하다 이렇게 얘기를 했읍니다.

우리가 지금 여기서 강력한 意志라고 그럴 때 아까 李慶淑委員 李榮一委員이 數次 말씀을 했읍니다마는 결국은 이 쪽의 강력한 意志 體貌 그 다음에 國力에 바탕한 그런 위신을 내세워 가지고 할 때 協商이라는 것이 되지 단순히 친절한 그러한 태도만 가지고는 中國共產主義者하고 協商이 안된다 하는 것을 얘기 하는 것입니다.

저는 아까 잠깐 말씀이 있었읍니다마는 이것은 그야말로 中國 中原을 차지하고 있는 政權하고 우리나라하고의 協商「테이블」에 對座를 했다는 것은 이것은 제가 확실히는 모르겠읍니다마는 80수년 전의 일로서 지금 처음 있었던 일입니다. 하나의 歷史的인 영원히 記錄될 事件인데 이 協商 자체로만 보면 孔次官補가 제가 보기에는 그야말로 아까 丁來赫委員께서도 좋은 말씀을 하셨읍니다마는 言動과 擧措도 신중하시고 인물도 좋으시고 말 잘하시고 해서 사실은 점잖다는 沈圖代表를 압도하는 그러한 인상을 받았읍니다. 그러한 것은 좋은데 孔次官補가 그 會談을 한 것은 이 모든 被拉 旅客機 事件으로 생긴 韓·中共間의 政治 外交的인 상황의 극히 일부분에 불과한 것이지 孔次官補가 그 會談을 한 것이 이것으로써 생긴 政治 外交的인 상황을 다 代辯하는 것이 아닙니다. 會談 자체는 아마 잘 한 것같아요. 제가 보기에도 또 그 이상할 수 있는 것도 없읍니다.

그러나 아까 數次 말씀이 있었읍니다마는 우선 저는 이것을 묻고 싶습니다.

자꾸 「헤이그」條約을 갖다가 지금 外務部 쪽에서 아주 傳家의 寶刀로 이것만을 내세우고 있는데 그러면 저는 여기에 대해서 이것을 하나 묻고 싶습니다.

우선 事件이 나자마자 이것은 우선 中共에게 報告할 필요가 있는 事件이었읍니다. 제가 알기에는 우리나라에서도 지금 發效가 되어 있읍니다. 지금 「도꾜」 「컨벤션」이요. 航空機內에서 犯한 犯罪 및 其他行爲에 관한 協約 5章 13條의 4項을 보면 「第9條第1項에 따라 特定人을 引受하거나 또는 第11條第1項에 規定된 行爲가 犯하여진 후 航空機가 着陸하는 領土國인 締約國은 사실에 대한 豫備調査를 즉시 취하여야 한다」 이렇게 되어 있읍니다.

아까 왜 우리가 豫備調査를 할 경우에는 盧次官 얘기는 調査를 할 경우에는 世界輿論에 대해서 좋은 인상을 주지 않는다 운운했지만 여기에 「豫備調査를 즉시 취하여야 한다」 이렇게 되어 있읍니다. 이것 안 했다고 하셨지요?

그 다음에 똑 같은 13條第5項에 보면 「本條에 따라 特定人을 拘禁한 國家」는 즉 우리나라 지금 경우에는 「航空機의 登錄國 및 被拘禁者의 國籍國 또는 타당하다고 思料할 경우에는 利害關係를 가진 기타 國家에 대하여 特定人이 拘禁되고 있으며 그의 拘禁을 正當化하는 상황 등에 관한 사실을 즉시 通報하여야 한다.」

「本條 第4項에 따라 豫備調査를 취하는 國家는 調査의 결과와 裁判權을 行使할 의사가 있는가의 與否에 대하여 上記 國家들에 대하여 즉시 通報하여야 한다.」 이것도 한 바가 없읍니다.

오히려 해야 할 通報는 안하고 안해도 되는 그 沈圖의 電文에 대한 答電을 빨리 했다 나는 이렇게 보는 것입니다.

여기에 대해서 外務部는 어떻게 생각하는지 말씀해 주시기 바랍니다.

그리고 아까 拉致犯에 대해서 지금 朴定洙 委員을 필두로 여러분이 지금 政治的인 측면을 강조를 합니다. 刑事的인 그런 判斷을 하는데 있어서 당연히 政治的인 그런 判斷이 앞세워져야 한다. 이것을 지금 「헤이그」條約을 자꾸 내 세우시는데 이것도 나는 좀 이해하기가 어렵습니다.

우선 世界人權宣言 14條에는 「사람은 누구를 막론하고 迫害를 피하여 他國에 避難 居住할 權利를 가진다」 그러면 지금 그 「헤이그 컨벤션」 「몬트리올 컨벤션」 그 다음에 「도꾜 컨벤션」 다 拉致犯의 刑罰의 峻嚴을 강조하고 있읍니다. 刑事的인 責任을 피할 수 없다는 것을 강조하고 있읍니다. 그러면 世界人權宣言이나 世界의 人權規約에 지금 이렇게 분명하게 規定되어 있는 「迫害를 피하여 他國에 避難 居住할 權利를 가진다」 하는 이 두가지 사이에서 생기는 相衝을 어떻게 해석할 것인가 또 世界人權宣言에는 亡命을 분명하게 얘기하고 있진 않지만 사람은 누구를 막론하고 奴隷身分이나 奴隷狀態에 있어서는 안 된다. 이것은 우리가 共產主義를 自由世界에서 어떻게 해석하느냐 이런 政治的인 判斷에 결정될 수가 있는 것입니다. 이것을 피할 수가 없는 것이에요.

또 5條에는 「사람은 누구를 막론하고 拷問 또는 잔악하고 非人道的인 혹은 不名譽스러운 處遇나 刑罰을 받지 않는다」 이것 역시 政治的인 혹은 自由에 의한 亡命을 강조하고 있는 것입니다.

그러면 여기에 대해서 지금 「헤이그 컨벤션」에 대해서만 자꾸 말씀을 하시는데 이러한 人權宣言 人權規約에 분명하게 規定되어 있는 이러한 條項과의 相衝性은 어떻게 해결할 것인가 또 아까 被拉 旅客機의 奪取犯에 대해서는 강한 制裁를 가하는 것이 國際的인 慣例로 되어 있다 이렇게 말씀하시는데 나는 그것이 國際的인 慣例가 아니라고 봅니다.

왜냐 하면 그것은 「쿠바」에서 美國으로 拉致機가 왔을 때 혹은 美國에서 「쿠바」로 갔을때 敵對關係에 있는 國家사이에서 拉致行爲가 이루어졌을 때는 이것은 언제나 政治的인 判斷이 先行됐다 나는 이것을 분명히 말씀드될 수 있고 우리나라에서도 이것이 당연히 그렇게 되어야 한다고 봅니다.

또 혹시 外務部에서 읽어보셨는지 모르겠어요. 이 우리나라 自由中國 大使館에서 5月6日인가 발표한 그 聲明文이 있읍니다. 劉侃如 代辯人이 발표한 것인데 지금 이 사람들은 아까 盧次官 말씀인가요? 次官께서 「도꾜」協約하고 「몬트리올」協約하고 「헤이그」協約에는 분명히 民航機하고 軍用機하고는 구별이 되어야 한다 이렇게 구별을 하고 있읍니다.

따라서 民航機에 대한 制裁를 그것은 軍用機하고는 별도로 重罰을 가해야 한다 이렇게 되어 있는데 그러나 이것을 中國大使館에서 발표한 바로는 이것이 최근 韓國으로 넘어온 李雄平大尉 또 申重哲大尉 그 다음에 昨年 中共에서 넘어온 吳榮根大尉와 같은 이러한 事件하고 동일하게 취급해야 한다. 이것이 다른 나라 같으면 동일하게 취급할 수가 없지만 적어도 우리나라하고 共產國家라는 그러한 관계에서는 이러한 政治的인 判斷 적어도 軍用機하고 民航機를 구별할 수가 있을 것인가 물론 「헤이그 컨벤션」에 의하면 구별해야 한다고 했지만 그것은 우리가 反共을 제1의 國是로 삼고 있는 우리나라로서 과연 그렇게 할 수 있을 것인가 여기에 대한 政治的 判斷이 先行되어야 할 것이라고 나는 이렇게 생각합니다.

그 다음에 우리나라의 憲法에는, 아까 李榮一委員도 잠깐 말씀을 했읍니다마는 憲法 5條1項에는 「憲法에 의하여 締結 公布된 條約과 一般的으로 承認된 國際法規는 國內法과 같은 效力을 가진다」 이렇게 되어 있읍니다. 따라서 「헤이그 컨벤션」이나 혹은 우리가 들은 다른 協約 이것이 國內法的인 效果를 가진다 이렇게 되어 있는데 그러나 아시다시피 그 「헤이그」協約에는 重罰을 加해야 한다는 것만 강조를 했지 몇 년을 어떻게 하라는 具體的인 規定이 없읍니다.

그러면 우리나라에 이것을 갖다가 할 수 있는 것이 航空機運航安全法인데 여기에는 無期懲役서부터 7年이하로 되어 있읍니다. 無期懲役에서 7年이상이면 또 몰라도 7年이하인지 나는 무슨 이야기인지 모르겠어요. 無期懲役에서 7年이하로 되어 있다 이것이에요. 이것이 내가 보기에는 지나치게 刑事責任으로서 重하게 되어 있다 나는 이렇게 생각합니다.

이것이 「헤이그 컨벤션」의 그 精神을 충분히 國內法的으로 반영한 것이 아닌지 이것도 분명치가 않아요.

이것이 우리나라 식으로 상당히 刑事責任을 강하게 規制를 해놓고 있는데 나는 이것이 「헤이그 컨벤션」이나 다른 協約의 國際法的인 혹은 慣例를 충실히 반영한 國內法的인 立法措置라고 생각하지는 않습니다.

따라서 앞으로 어떻게 이것을 갖다가 刑事的인 判斷을 하는 데 있어서 혹은 司法的인 評決을 하는데 있어서 어떻게 判斷의 資料를 삼을 것인가? 제가 이 말씀을 다시 드리겠읍니다. 國際法的인 혹은 國際慣例的인 이것이 國內法的인 立法節次가 되어 있지가 않다. 「도오꾜 컨벤션」은 우리가 1963年에 採擇이 되어서 韓國에서는 1971年에 發效가 되었읍니다. 「몬트리올」協約은 71年에 採擇이 되어서 韓國에서는 73年에 發效가 되었어요. 「헤이그」協約은 내가 이것 확실하지가 않은데 韓國에서 72年인가 아마 發效가 된 것으로 알고 있읍니다.

그런데 韓國에서는 航空機運航安全法이 74年에 결국은 發效가 되었는데 이미 71年 63年 「헤이그」協約이 다 航空機運航法이 制定되기 前에 이미 採擇이 되었는데 왜 國內法的으로 이렇게 立法措置가 안 되었는가? 이것이 지금 와서 이 사람들을 判決하는 過程에서 문제가 생길 수도 있다 이것이에요.

그 다음에 이것이 國際法的으로 人權宣言 人權規約하고 이것이 그 相衡點이 어떻게 國內法的으로 消化가 되어서 解決이 될 것인가 여기에 대한 것도 없다 이것이에요.

그렇기 때문에 이 문제에 대해서 이것은 司法的인 判斷이 아니라 政治的인 判斷입니다.

그렇기 때문에 外務部에서 이것은 答辯할 수 있어야 하리라고 봅니다.

그 다음에 아시다시피 앞으로는 中共하고 司法共助問題가 남았읍니다. 이 「헤이그」協約 8條 그 다음에 우리의 航空機運航安全法 8條는 事件 當事國과의 司法的인 共助를 規定하고 있읍니다.

그러면 이것은 裁判過程에서 불가피하게 事

實審理를 하게 되고 豫備審査를 하게 되고 證人採擇을 하게 되고 그 다음에는 事實審理한 結果에 대해서 照會하게 될 것이고 등등 中共하고 여러 가지 관계가 남아 있는데 여기에 대해서 적어도 外務部가 어떤 方針을 가지고 있는 것인지…… 이러한 司法的인 共助問題에 대해서…… 이것은 뭐 傍證도 있을 수 있고 事實審理에 대한 證人採擇을 어떻게 할 것인지 하는 문제 등등 하여간 여러 가지 이런 문제가 남아 있을텐데 대개 이런 문제에 대해서 一般的으로라도 어떤 方針을 가지고 있는 것인지 말씀해 주시기 바랍니다.

그 다음에 또 沈圖가 이런 얘기를 했어요.

8日 午後 네 時에 있었던 3次 會議에서 拉致犯들에 대해 신문에 의하면 계속 交涉할 權利를 要求한다고 얘기했읍니다. 또 覺書에 이 문제는 言及되어 있지 않은데 中共이 拉致犯에 대해서는 그 要求를 이제 완전히 拋棄한 것인지 아닌지 그것도 疑問이 갑니다. 그 문제에 대해서도 한번 말씀해 주세요.

그 다음에 沈圖는 또 그런 얘기를 했읍니다. "拉致犯 處理에 계속 협조하겠다" 이런 얘기를 했읍니다. 그러니까 이 협조를 받으실 것인지? 그 다음에 아까 自由中國에 대해서 우리가 人情論으로 말씀을 하셨는데 우리가 人情論이 한 가지 側面이 있고 또 하나는 우리 政府는 지금 계속 中共을 合法政府로 認定하려고 애를 썼읍니다.

그러면 이것은 다른 얘기로 하면 두 個의 中國을 認定하는 것이 아닙니까? 두 個의 中國을 認定하려고 우리는 아주 무진 애를 썼단 말이에요.

中共은 두 個의 韓國을 認定하지를 않으려고 무진 애를 쓰고…… 이것 「아이러니칼」한 얘기 아닙니까? 그러니까 이 문제에 대해서는 어떻게 생각하시는지 우리가 同情論을 떠나서 두 個의 中國을 우리가 이제부터는 認定하는 것인지 어떻게 되는 것인지?

그 다음에 또 있어요. 韓國과 中共의 關係 變化는 美國과 日本의 北傀에 대한 관계에도 밀접한 관련이 있다고 보아야 한다 이것입니다.

우리가 中共하고만 혼자 친할 수가 없다 이것이에요. 우리가 中共하고 친하면 美國 日本도 北傀하고 친하려고 그런다 이것입니다. 아시겠어요? 우리가 中共하고 친하고 얼씨구 좋다 일이 그렇게는 안된다 그것이에요. 그러면 지금 李長官은 「와싱턴」에 가서 현재는 交叉承認의 段階가 아니다. 이렇게 얘기를 했읍니다. 그러나 이번 會談은 이것은 분명히 交叉承認은 아니라도 交叉接觸의 1段階였어요. 또 LA에서는 "中·蘇와 흥금을 털어 놓고 얘기할 段階가 아니다" 李長官은 그랬읍니다. 「디스 이즈 낫 어 타임 투 톨 어 스페이드」 흉금을 털어놓고 얘기할 段階가 아니다…… 서울에서는 흉금을 털어놓고 얘기하려고 韓國政府가 무진 애를 썼읍니다.

또 李長官은 外務委에서 그랬어요. 交叉承認은 段階的 接觸을 통해서 成就하는 것이 아니라 一時에 이루어져야 한다. 그런데 韓國政府는 이번에 一時에 交叉承認을 얻으려고 한 것이 아니라 꾸준한 段階的인 接觸을 통해서 交叉承認을 얻으려고 그랬어요.

그러면 이것이 다 外務部가 한 얘기하고 다 이것이 어긋나는 얘기입니다. 다 어긋나는 行動이에요. 이것 外務部가 一貫性이 없다는 것이 이런 데에서 나타납니다. 이것 앞 뒤가 안맞아요. 도대체 전혀 螺絲가 안 맞아요.

이런 것에 대해서 생각해 보신 일이 있으면 한번 말씀해 보세요.

그 다음에 또 會談 後에 이랬읍니다. "앞으로 中共하고 兩國關係에 段階的 發展이 있을 것이다" 이것은 段階的 發展을 우리는 願하지 않고서 一時的인 承認을 願한다고 그랬는데 이 交叉承認의 또 이 原則은 長官이 여기에서 否認하고 「와싱턴」에 가서 이제는 안 하겠다고 否認하고 했는데 이번 일로 또 나무아미타불 水泡가 되어 돌아갔다 그것이에요. 이것 어떻게 交叉承認은 결국 공중에 뜬 것인지 어떻게 할 것인지?

그 다음에 이것도 중요합니다. 아까 다시 말씀을 했지만 韓國의 中共에 대한 接觸增加는 美國의 北傀에 대한 相應하는 接觸增加를 가져올 것이다 이 얘기입니다. 벌써 바로 내일 저녁입니다. 「아시아·아프리카」法律諮問委員會 東京會議에 여섯 名의 北傀代表에 대한 「비자」를 日本에서 내 주지 않았읍니까? 내일 저녁에 「아베」外相이 招請하는 晩餐에 北

傀의 代表가 美國과 中共과 蘇聯代表와 함께 자리를 같이 할 것이다 이 얘기입니다.

그러면 우리는 지금 아까 長官도 말씀했지만 우리가 이번에 中共하고 아주 接觸을 해서 여러 가지 世界輿論도 좋고 그야말로 어느 政治指導者가 말씀했듯이 이것이 우리나라에 떨어진 것이 그야말로 運이 좋았다 이런 말씀까지 하는데 이것이 결국 運이 좋은 것인지 아니면 더 앞으로 나쁜 前兆를 豫告하는 것인지? 우리가 損害보는 것이 또 있읍니다. 지금 中共에서 이 일이 일어난 다음에 金正日이를 招請해 놓고 있읍니다. 그러면 金正日의 後嗣問題에 대해서는 中共에서 상당히 입을 다물고 여태까지 있었는데 이 일이 벌어짐으로 해서 오히려 世界的으로 지금 認定을 받지못하고 있던 共產國家 내에서도 認定을 받지못하고 있던 이런 北傀의 後嗣問題가 이번 일로 해서 解決이 되는 것이 아닌가 外務部가 이런 面에서 보면 이것은 상당한 失手를 한 것입니다.

그 다음에 또 있읍니다. 우리가 外交的으로 損害볼 수 있는 것이 또 있읍니다.

아까 韓國이 中共하고 친해지면 美國과 日本이 北韓과 친하려 할 것이고 이것은 交叉接觸의 增加로 나타날 것이다 이렇게 말씀을 드렸읍니다.

그런데 그 反對의 측면 이것이 또 있어요. 反對로 中共이 韓國과 친해지면 蘇聯과 北韓關係가 더 密着하게 되든지 아니면 더 떨어지게 되든지 다시 말해서 蘇聯과 北傀의 密着과 分離의 强度가 中共이 韓國과 친해지는 强度에 따라 變할 것이다 하는 이 假定입니다.

이것이 소위 外信에서 얘기하는 「코리아 카드」예요. 즉 그것은 뭘 얘기하느냐? 中共이 韓國을 이용해 먹을 것이다 이것입니다. 韓國을 이용해가지고 蘇聯하고 北傀하고를 떼어놓고 싶으면 韓國하고 친할 수도 있고 아니면 그 反對로 韓國하고 떨어지면 蘇聯하고 北傀하고 또 그 관계가 密着될 수도 있고 이것이 「코리아 카드」인데 이렇게 되면 이것은 우리나라가 여기에 이용을 당한다 이것이에요. 이번 일로 이것이 「코리아 카드」라는 것이 外信에 처음 나왔읍니다. 이런 것 생각해 본 일이 있으면 여기에 대해서도 한번 答辯해 주세요.

제 얘기는 이것으로 마치겠읍니다.

감사합니다.

○委員長代理 金顯煜 許景九委員 수고하셨읍니다.

外務部次官 나오셔서 答辯해 주시기 바랍니다.

○外務部次官 盧載源 許景九委員께서 質問하신 바에 대해서 答辯드리겠읍니다.

첫째 이번 事件으로 말미암아 우리나라에 오게 된 中共 사람들에 대해서 너무 厚待歡待한데 대해서 國民的 意識과 政府의 認識이 너무 거리가 있다는 그러한 내용의 말씀이었읍니다. 또 이에 관련된 여러 가지 課題에 대해서도 言及이 계셨읍니다마는 그것은 제가 參考事項으로써 研究課題로서 저희들에게 주신 것으로 해서 받아들이겠읍니다.

○許景九委員 研究課題가 아니라 지금 우리가 가지고 있는 意識에 混亂이 일어나고 있어요. 國民들이 지금 어지러움病이 든다 이것이에요. 여기에 대해서 어떻게 뭐 治療하는 것을 해야지 政府 혼자만 멀쩡한 精神이 있고 國民들은 다 어지럼病이 들어도 좋단 말이에요? 이것을 어떻게 연구하기만 가만히 기다리고 있어요?

○外務部次官 盧載源 만약에 許景九委員께서 許諾을 하신다면 이 문제에 대해서 좀 더……

○許景九委員 내가 許諾을 하는 것이 아니라 國民들이 許諾을 안 한다 그것이에요.

○外務部次官 盧載源 이 문제에 대해서 좀 더 설명을 올리려고 하고 있었읍니다.

그래서 만약에 許諾하신다면 계속 發言을 좀 하는 것으로……

○許景九委員 아 그것은 물론 그렇게 하세요.

○外務部次官 盧載源 이 中共機의 被拉事件으로 인해서 온 사람들에 대해서는 이것은 아까도 제가 말씀드렸읍니다마는 韓國民이 中共政府가 아닌 中共國民들의 하나의 被壓迫者로서의 어떠한 무슨 어려운 狀況에 있는 사람에 대한 態度 다시 말하자면 韓國사람 對 中國사람이라는 그러한 소박한 感覺이 더 움직였기 때문에 이러한 歡待가 더 가능한 것이 아닌가 저희는 생각합니다.

또한 이에 덧붙여서 만약에 政府의 입장에서 過去의 施策과의 一貫性 與否를 말씀하신다면 許委員께서 말씀이 계셨읍니다마는 지난

73年6月23日 소위 저희들이 6·23宣言이라는 것으로써 하고 있는 우리 政府의 對共產國家에 대한 門戶開放政策이 過去 10年間 누누이 闡明되어 왔었읍니다마는 이미 그러한 共產國家에 대한 우리 政府의 門戶開放的 姿勢는 이미 國民들에게 널리 알려져 있다는 사실을 回想해 볼 때 一部 國民이 또 잘 몰라서 그러한 打擊을 받았을 可能性이 있읍니다마는 저희로서는 全體 國民으로서는 이 문제를 역시 肯定的으로 또 앞으로의 긴 歲月을 두고서 中國과의 관계를 어떠한 改善을 하는데 있어서는 積極的인 意味로서 받아들인 것이 아니겠느냐 하는 그런 생각을 가지고 있읍니다. 餘他問題에 있어서의 課題에 대해서는 저희들은 參考로 해서 硏究하도록 하겠읍니다.

그 다음 문제에 가서는 外交戰略上의 문제로서 「케네스·영」의 著書를 통한 말씀이 있었읍니다마는 강력한 意志의 表示없이는 中共과 같은 나라와의 協商은 되지 않는다는 그러한 敎訓을 남긴 데에서 紹介말씀이 있었읍니다.

저로서는 전혀 許委員께서 말씀하신 그런 敎訓에 대해서는 異意가 없다고 생각합니다. 오히려 이것이 저희들의 代表團이 中共側과 會談을 하는데 있어서의 크나큰 指導原理가 되었다고 봅니다. 왜그런고 하면 中共側에서는 이번 事件解決에 있어서 文書作成을 맨 처음에는 拒否를 했다가 그 다음에는 一方的으로 便紙를 交換하는 式으로 하자고 얘기를 했고 우리들이 내는 條件에 대해서는 全的으로 反對하는 그런 立場이었읍니다. 國號問題도 그랬었읍니다. 그러나 우리側은 基本方針과 의연한 姿勢를 가지고 강력한 意志를 表明함으로써 오늘날 이제 여러분들에게 報告드리는 그러한 內容의 覺書를 만들 수 있었던 것입니다. 그것이 이제 그러한 우리 代表團이 어디까지나 친절하고도 정중하면서 또한 의연한 姿勢를 가지고 우리의 主張은 主張대로 끝끝내 밀어 나가야 하겠다는 그런 基本方針을 가지고 했기 때문에 나타난 結果라고 생각을 하고 있읍니다.

그 다음 許委員께서 東京協約에 관한 말씀을 하시면서 이 豫備調査에 대한 規定이 있음에도 불구하고 왜 名單作成을 위한 노력을 하지 않았느냐 하는 그런 말씀이 있었읍니다.

우선 첫째 63年 東京協約이 생긴 후에 70年에 「헤이그」協約이 생겼읍니다마는 이것은 歷史的으로 東京協約가지고는 현재 盛行하는 拉致事件을 다룰 수 없기 때문에 그 후에 이것을 補强하기 위해서 생긴 것이 「헤이그」協約이었읍니다. 이 「헤이그」協約에 의한 規定을 다루는 것이 현재 일어난 문제에 대한 根據가 된다고 생각합니다마는 어쨌든지 간에 이 문제를 解決하는데 있어서의 豫備調査는 어차피 우리가 司法權을 裁判管轄權을 執行하는데 있어서는 필요한 것입니다. 실은 우리 政府에서는 이에 필요한 豫備調査는 着手했읍니다. 그러한 豫備調査라는 것은 이 事件을 調査하는데 있어서 필요한 基本的인 것 다시 말하자면 操縱士 通信士 乘務員들에 대한 事件의 全貌를 알기 위한 調査가 바로 豫備調査였읍니다.

그렇기 때문에 乘務員을 除外한 乘客들에 대해서는 調査對象으로는 하지 않았던 것이 우리 政府의 立場입니다. 또 그것이 옳은 이러한 國際的 協約에서 다루는 問題解決의 方法이라고 저희들은 생각을 하고 있읍니다.

그 다음에 政治的 亡命과 一般的 犯罪者로서의 이들에 대한 處理關係에 관해서 質問이 계셨읍니다.

○許景九委員 잠깐만요 豫備調査를 결국은 乘務員에 한해서 하셨다 이것은 그러면 그렇게 이해가 갑니다. 乘務員에 대한 調査가 아니라 결국은 拉致犯과 乘務員에 대한 調査겠지요.

그런데 이렇게 調査를 해서 바로 「도오꾜」協約의 13條5項에 있는 대로 「上記國家들에게 即時 通報하여야 한다」 通報를 했읍니까?

○外務部次官 盧載源 예. 通報는 우리들이 對外的으로 이에 관한 通報의 義務를 지고 있는 對象은 두 가지입니다. 하나는 이 飛行機가 날아온 根源地인 中共當局이고 또 하나는 이러한 문제를 다루고 있는 ICAO입니다. 벌써 中共側에 대해서는 이번 韓·中共間의 兩側代表 會議席上에서 분명히 이에 대한 通告를 했었읍니다.

○許景九委員 아니지요. 그것하고는 다르지요. 왜냐 하면 우선 5日 저녁 우리나라 아마 8時부터인가 中共쪽에서 電文이 날아오기 시작했단 말이에요. 5日 8時서부터 電文이 날아오기 시작해가지고 10餘통이 날아온 다음에 우리

나라에서 答電하기 시작했읍니다. 그러면 그 答電을 하기 전에 이 事件 自體에 대해서 우리가 豫備調査한 것에 대해서 알려야 하고 그 다음에 裁判管轄權이 우리에게 있다. 지금 여기에 「도쿄」協約 13條5項에 있는 대로 裁判權을 행사할 意思가 있는가의 與否에 대하여 역시 上記 國家 中共하고 ICAO에 알렸어야 한다 그것이에요. 그러니까 이것은 그 電文 前에 이것을 알렸어야 한다 이 얘기입니다. 會談에 임해서 알렸어야 하는 것이 아니라……

○外務部次官 盧載源 예. 잘 알겠읍니다.

만약에 그 당시의 狀況을 조금 더 具體的으로 말씀을 드린다면 中共側에서는 沈圖가 電報를 친 것이 午後 7時로 정확한 記錄은 나옵니다마는 說明의 過程에서…… 午後 7時頃이었는데 그 時間에는 아직도 拉致犯들이 機內에 있었고 어떠한 상태인지 그것은 도저히 司法的으로나 혹은 다른 방법으로 문제에 대한 파악은 안되는 것이고 이네들이 들어와서 機內에서 나온 것이 그날 밤중에 가까왔읍니다.

○許景九委員 글쎄 그러니까 왜 6日은 왜 안 했어요?

○外務部次官 盧載源 6日날에해야 한다는 法條文은 없는 것이고 可及的 속히 해야 한다는 그것이 우리의 義務인데 可及的 속히 한다는 것이 반드시 6日이 아니면 안 된다고 하는 것은 아니라고 하는 것이 政府의 입장입니다.

○許景九委員 그러니까 내가 얘기하는 것은 中共에서 여기에 5日 午後 8時부터 7日 우리가 答電을 보낼 때까지 열 통 이상의 電報가 있었는데 그러면 이틀이 지났는데 그냥 우리가 答電하기 전에 적어도 이 事件 自體에 대해서는 미리 알려야 될 것이 아니냐 이것입니다.

이것은 그 쪽에서 會談하자 이 문제가지고 會談하자 하는 데에 대해서 우리가 끌려가지고 答電한 것이지 이 事件 自體에 대해서 우리에게 裁判管轄權이 있고 여기에 지금 着陸해서 豫備調査를 마친 結果 어떠한 結果다 하고서 國際協約上의 義務를 우리가 이행한 것은 아니란 말이에요. 그러니까 내가 아까 얘기를 했듯이 해야 할 通報는 안하고 안해도 될 答電을 빨리 했다 그것입니다.

○外務部次官 盧載源 政府로서는 그렇게 생각하지 않고 있읍니다. 물론 해야 될 通告는 적당한 時間에 했어야 되고 또 저희들 政府로서는 적당한 時間에 한 것으로 생각하고 있읍니다.

그러기 때문에 中共側에서 열 통에 가까운 電報가 날라왔읍니다마는 그것은 그쪽 事情이고 그쪽 事情이 급하건 말건 우리 政府의 필요한 措置에 대해서 하등의 영향을 미치지 않았다고 생각하고 있읍니다.

○許景九委員 그건 그렇다고 치고 ICAO에는 언제 했읍니까?

○外務部次官 盧載源 ICAO에는 交通部가 관계 當事機關이기 때문에 交通部에다가 물어봐야 되겠읍니다마는 알아보고서 확실한 對答을 드리겠읍니다.

○許景九委員 계속하십시오.

○外務部次官 盧載源 政治的 亡命者에 관한 관련된 質問이 계셨읍니다마는 世界人權宣言에 따르면 政治的 亡命者에 대해서는 이러한 體制로 이들의 權利를 존중해 주어야 될 것이 아니냐 그렇다면 이 문제와 이번의 拉致犯間에 그 취급에 있어서 相衡性이 있다는 그러한 內容의 質問이었읍니다. 물론 이에 대해서는 분명한 것은 이들이 말하고 있는 것은 자기네들은 自由를 希求하고서 中共의 壓政下에서 빠져나온 政治的 亡命者라는 주장을 뚜렷이 냈읍니다마는 이네들이 政治的 亡命을 希求하는 過程에 있어서의 수단이 매우 위험한 수단을 사용했고 또 현재 그러한 수단에 대해서는 분명히 國際法規上 一般的 犯罪로써 취급을 해야 한다는 그러한 規定이 나와 있고 그 規定에 대해서는 大韓民國이나 中共이나 더군다나 自由中國 공히 加盟國이 되어 있다는 입장에서 볼 때는 이들이 政治的 亡命을 한다는 자기네들의 權利를 존중하는데 대해서는 우리들은 하등 인색치는 않습니다마는 그러한 방법이 나빴다는 것에 대해서는 그 방법에 대한 그네들의 責任은 역시 추궁해야 할 것이라고 생각합니다.

○許景九委員 그러면 北韓에서 똑 같이 旅客機를 拉致해 오는 경우가 있을 때에는 어떻게 판단할 것입니까? 조금 위험한 수단을 써서 해왔다면 똑 같이 刑事的 責任을 물어야 될까요?

○外務部次官 盧載源 그 때는 그 때에 가서 그러한 狀況을 판단해서 제가 答辯을 올리겠읍니다.

○許景九委員 그러면 中共에서 넘어올 때 武器를 사용한 사람이 있고 사용하지 않은 拉致犯들이 있는데 그러면 사용한 사람은 위험한 방법을 써서 그렇고 위험한 방법을 안쓴 사람들은 罪가 없다는 것입니까?

○外務部次官 盧載源 거기에 대해서는 여섯名 全體가 共同正犯인지 아니면 여섯 名중 일부가 主犯이 있고 從犯이 있다든지 하는 문제가 밝혀지면 이제 許委員께서 質問하신 그 문제는 해결이 되겠읍니다마는 자꾸 이 문제는 行政的인 문제가 아니라 司法……

○許景九委員 그러니까 아까 내가 司法 檢察을 부르라고 그런 것이라구요. 答辯할 權能이 없으면 檢察에서 나와야 한다 그것이에요. 그 문제에 대해서는 어떻게 생각하세요. 盧次官은 個人的으로 檢察幹部가 나오는 것이 좋겠지요?

○外務部次官 盧載源 이 문제는 비록 檢察當局이라 할지라도 答辯을 할 수가 없다고 생각합니다.

檢察도 行政機關입니다. 다만 이 문제는 裁判의 判決에 의해서만이 밝혀질 것이기 때문에 檢察系統에서도 그것은 答辯을 할 수가 없다고 생각하기 때문에 일단 이 문제에 관해서는 그 이상의 措置는 不可能한 것이 아니냐고 저는 생각하고 있읍니다.

또 國內法에 의한 우리의 處罰方案에 대해서 하나의 處罰의 罰則에 관해서 상당히 소상한 說明을 해주시고 또 그에 대한 質問도 계셨읍니다마는 벌써 제가 또 他國의 例에 대해서 말씀을 드렸읍니다마는 이것은 어디까지나 他國의 例가 뭐냐는 質問이 계셨기 때문에 答辯을 한 것이고 그것이 바로 우리 國內에서 이들을 취급하는데 대한 하나의 基準은 되지 않는다는 것은 분명히 말씀드리고 싶습니다.

우리나라에 관해서는 우리 司法府가 그네들의 罪狀에 관한 충분한 調査와 또 狀況에 대한 고려를 충분히 한 후에 司法府의 獨立的인 입장에서 이것을 다룰 것이므로 이제 他國의 例하고는 별개의 문제로서 취급될 것이라는 것을 말씀드리고자 합니다.

또한 이들에 대해서 우리 國內 法規上 이제 航空機運航安全法……

○許景九委員 잠깐만요. 盧次官께서 말씀하신 것이 他國의 例하고는 요번 경우는 구별이 되어서 취급될 것이다 이것이지요?

○外務部次官 盧載源 예.

○許景九委員 그러니까 그 얘기는 뭐냐 이것이 共產國家에서 넘어왔다는 것 그 다음에 이 사람들이 自由를 찾은 「후리덤 시커」라는 것 이 측면이 강조될 것이다 하는 것을 말씀하시는 것이지요?

○外務部次官 盧載源 제가 말씀드리는 것은 이제 許委員께서 말씀하신 그 두가지 점 共產國家에서 넘어왔다는 것 그리고 이들이 「후리덤 시커」라는 그러한 주장이 있다는 데에 대한 저희들의 인식이 있기 때문에 잘 될 것이라고 한다면 이것은 行政府로서 司法權에 대한 干涉이 되기 때문에 저희들은 그렇게 말씀드릴 수가 없읍니다.

그러나 어디까지나 司法府가 이러한 이들의 罪狀과 또 이들이 처해 있는 狀況 여러 가지를 檢討한 결과 裁判을 하지 않겠느냐고 말한 것 그 이상 현재로서는 말씀드릴 수 없게 된 것을 이해해 주시기 바랍니다.

航空機運航安全法에 의하면 분명한 航空機拉致에 대해서는 無期 또는 7年이상의 대단히 重罰로써 代하고 있읍니다. 이것이 立法된 이유는 1970年 「헤이그」協約에 大韓民國이 73年에 加入했기 때문에 그 결과 이루어진 國內的 對策으로서 나온 것이며 또한 한 가지 고려해야 할 것은 이것은 대단히 중요한 事項이라고 봅니다마는 지금 우리나라에는 大韓航空이 全 世界的으로 지금 營業을 하고 있고 많은 人命을 輸送을 하고 있읍니다.

이 大韓航空에 대한 어떠한 拉致事件에 대해서 수많은 人命을 우리가 保護를 해야 한다는 입장에서는 자연히 이러한 空中航空機 拉致에 대해서는 다른 나라보다도 엄격한 그러한 思考方式을 가지고 있다고 말씀을 드릴 수가 있겠읍니다.

그 다음에 司法共助에 관해서 外務部의 方針이 뭐냐는 質問이 계셨읍니다마는 앞으로 이 문제를 해결하는 과정에서 司法共助가 어떻게 이루어질 것인지에 따라서는 外務部로서 필요할 때 그리고 協約上의 필요한 狀況 制約속에서 그때 狀況의 發展에 따라서 處理하고자 합니다.

그 다음에 拉致犯의 引渡에 대해서 中共側이 留保를 한 것은 사실입니다. 이에 대해서 이들이 그것을 抛棄를 했는지 또는 하지 아니했는지에 관해서는 지금 현재로서는 말씀드릴 수가 없읍니다. 다만 이 會議席上에서 이들은 留保를 했읍니다마는 우리들은 우리 政府에서는 이것은 우리 主權에 의해서 이루어지는 一般的 소위 裁判管轄權의 行使이기 때문에 그들이 留保를 했건 안했건 우리의 裁判管轄權의 行使에 관해서는 하등의 瑕疵가 없이 그대로 主張되었다는 사실을 參考로 말씀드리고자 합니다.

또한 이것이 覺書에 오르지 않았다고 하는 것은 覺書라는 것은 合意를 前提로 한 것이었읍니다마는 이러한 合意가 아니고 우리의 一方的 權利의 履行이었기 때문에 이 覺書에 끝내 오르지 않았다는 그러한 狀況도 합쳐서 說明 올리고자 합니다.

또 그 다음 이번 國號 使用에 관련해서 許委員께서는 이것이 對 中共 認定의 문제로서 提起를 하시면서 두個의 中共을 認定하는 것이 아니냐라는 이러한 성격의 質問을 하셨읍니다마는 이것은 어디까지나 현재 우리가 中共에 대한 이번 會議로 말미암아 中共에 대한 承認問題를 전혀 고려하지 않았기 때문에 우선 假想的인 문제라고 생각하고서 현재 이 자리에서 소상히 答辯드리는 것은 부적당한 것으로 생각하므로 양해해 주시기 바랍니다.

또한 大韓民國과 中共間에 있어서의 앞으로의 關係增進에 관해서는 交叉承認 또는 交叉的 接觸 또 段階的 接觸 또 一括的인 接觸과 우리들의 利害問題에 관한 입장을 분명히 하라는 말씀이 계셨읍니다마는 어디까지 外交問題라는 것은 端的으로 事前에 豫言할 수 있는 성격이 아니고 어디까지나 어떠한 可能性을 좇아서 이것을 추진해 나가면서 與他의 與件 혹은 制限要因을 고려해 가면서 이루어 나가는 문제이기 때문에 어려운 또 그리고 복잡한 狀況 속에서 大韓民國과 中共間의 관계는 슬기롭게 추진해 나갈 決意임을 밝힘으로써 이에 대한 答辯에 대신하고자 합니다.

또한 亞細亞 「아프리카」法律諮問會議에 이번에 北傀代表가 세 사람이 왔다는 문제를 말씀이 있었읍니다마는 이들의 東京會議의 參席은 中共機 拉致事件 훨씬 이전에 이루어진 일이고 이것은 순수히 어디까지나 國際的 性格의 會議에 마침 日本에서 主宰를 하기 때문에 그들이 들어온 것이지 또 日本政府도 이미 이들의 訪問에 대해서는 전혀 아무런 政治的 性格이 없는 것으로 異議가 없는 것으로 분명히 한 바도 있기 때문에 이 문제와 또 中共機 拉致問題하고는 전혀 관계가 없다는 것을 말씀드리고자 합니다.

그 다음에 이번 事件 直後에 北傀의 金正日이를 中共에서 招請한다는 이야기가 있었으니 이것하고 관계를 가지고 質問이 계셨읍니다마는 金正日이가 中共에서 招請을 받는다는 것에 대해서는 우리 政府에서는 벌써 昨年 後半期부터 듣고 있는 얘기였으므로 새로이 나타난 얘기가 아니라는 것을 말씀드리고자 합니다.

그 다음에 北傀와 蘇聯에 대한 接近에 있어서 「코리아 카드」로서 우리가 이 문제 때문에 利用을 당하는 그러한 不利가 없느냐는 그러한 염려의 말씀이 계셨읍니다마는 앞으로 이것이 어떠한 식으로 運營이 될 것이며 또 어떠한 事態發展이 있을는지 모르겠읍니다마는 어떠한 事態發展이 있더라도 우리 政府로서는 우리 國家利益의 最大에 맞도록 이 문제를 對外政策問題를 다루어 나갈 생각임을 말씀드리고자 합니다.

이상이 올습니다.

○**許景九委員** 그리고 곁붙여서 말씀드릴 것은 우리한테 스물일곱번인가 저 사람들이 電文을 보냈는데 그 本文에는 한번도 R.O.K라는 것을 쓴 적이 없고 그냥 SOUTH KOREA 南韓이라는 用語를 썼고 그 다음에 沈圖가 여기에 個人的으로 오겠다는 것을 분명히 했고 그 다음에 沈圖가 서울에 처음 들어와 가지고 飛行機에서 내려서 第一聲이 제가 서툴지만 中國말로 읽겠읍니다. 「쎄쎄 니먼 티공 황삐엔 양 워먼 라이 후리쓰칭 워먼 삐아오쓰 쎄이」(謝謝 你們提供方便 讓我們來處理事情 我們表示 謝意) 그것이 뭐냐…… 감사합니다. 당신들이 方便을 提供해 주어 우리가 와서 일을 處理하게 된 것에 대해 우리로서 謝意를 表한다. 이런 얘기인데 韓國의 通譯이 얘기하기를 韓國政府에서 便宜를 提供해 주어

서 韓國政府와 國民에 感謝 云云…… 韓國政府라고 얘기를 한 적이 없어요. 韓國政府라고…

이 사람이 와서 무슨 얘기냐 「니먼」(你們) 당신들이 提供해주는 이것은 卑稱까지는 안갈는지 몰라도 이것 그렇다고 尊稱도 아니에요. 貴國 貴邦 대개는 이렇게 쓰는 것이 中國사람들의 最小限度의 禮儀인데 남의 나라에 와서 「니먼」(你們)「당신들」 이렇게 하고 쓴 것을 우리 通譯은 또 엉터리로 韓國政府에서 便宜를 提供해 주어서 韓國政府와 國民에 感謝云云…… 그 다음에 이러한 일련의 몇가지가 결국은 우리가 마지막 하루반동안 결국은 우리가 中國사람들한테 人質로 잡혀있었다 이거예요.

우리 政府와 國民이 하루반동안 中國사람들한테 人質로 잡혀 있는 결과가 됐다 그거예요. 그것은 누누이 여기에서 몇분이 말씀하셨듯이 우리가 처음서부터 對策을 하는데 무언가 失格이 있었다. 그 다음에 長官은 여기와서 A學點을 받았다고 政府 스스로 自家評點을 내렸지만 이러한 것을 죽 훑어보면 이것은 C「마이너스」도 안된다 이런 얘기예요. 지금까지 한 것을 죽 내가 얘기한 側面에서 이것은 물론 다른 側面에서 評價를 하는 것입니다.

물론 會談에 임했던 孔次官補나 또 뒤에서 여러가지 外交的인 戰術과 策略을 供給하신 盧次官으로 보면은 그 會談自體는 내가 말씀드린 것처럼 A學點인지는 모르지만 이 事件을 前後해서 생긴 政治 外交的인 狀況에 對處하는 政府의 이 모든 戰術 戰略은 이것은 C學點도 안되는 것이었다 이거예요. 그러니까 參考해 주시기 바랍니다.

○外務部次官 盧載源 答辯안해도 괜찮습니까?

○許景九委員 그것은 마음대로 하세요.

○委員長代理 金顯煜 答辯을 원하는 「코멘트」는 아닌 것 같습니다.

수고하셨읍니다.

○外務部次官 盧載源 감사합니다.

그러면 委員長께서 허락하시면 한마디만 말씀드리고자 합니다. 記錄을 위해서 입니다.

아까 許委員께서 스물일곱번의 電文을 받았다고 말씀하셨읍니다마는 沈圖 民航總局長이 우리側에 보낸 電文은 두 通 밖에 없읍니다.

그리고 그 두 通 다 REPUBLIC OF KOREA 라는 國號를 使用했다는 점을 말씀드립니다.

○許景九委員 아니 本文에……

○外務部次官 盧載源 아! 本文에는 물론 便宜에 따라서는 REPUBLIC OF KOREA는 안썼읍니다마는 저희들은 그것은 중요하다고 생각하지 않습니다. 적어도 文章을 받는 사람에게 그러한 정확한 國號를 사용했다면은 그것으로서 모든 문제는 代替되었다고 생각하고 있읍니다.

○許景九委員 아니 그러나 저쪽의 의도를 우리가 看破하는 데는 그것이 도움이 되었을 것이다 이것이에요.

그 다음에 왜 또 자꾸 두 통이라고 그럽니까? 沈圖가 보낸 것이 벌써 내가 찾는데도 세 통이 나왔는데요. 왜 자꾸 딴 소리를 하세요.

○外務部次官 盧載源 沈圖가 金浦에 도착하기 전에 보낸 것은 두 통입니다. 그 외에는 또 있겠읍니다마는……

○委員長代理 金顯煜 수고하셨읍니다. 앞으로 質疑하실 분들이 여섯분이 남아 있읍니다. 그래서 先輩委員님들께 양해를 求하고 싶은 것은 지금까지의 速度로 계속해서 進行이 된다면 상당히 늦은 밤까지 會議가 進行되어야 합니다. 그러므로 委員님들께서는 可及的이면 核心的이고 要約한 質疑를 해 주시면 감사하겠고 아울러서 政府側에서도 核心的인 答辯을 하시되 간략하게 要約을 해 주시면 감사하겠읍니다.

다음은 朴在旭委員 質疑해 주시기 바랍니다.

○朴在旭委員 한국국민당의 朴在旭委員입니다.

오늘 全國民들이 관심있게 지켜보고 最大의 關心事인 이 外務委員會이기 때문에 처음으로 왔지마는 몇가지 質疑를 하고자 합니다.

아까 委員長이 人事를 시켜줄 줄 알았는데 안 시켜주었읍니다마는…… 여러 先輩委員님들께서 좋은 말씀을 많이 하시고 또 오늘 상당히 유익한 말씀이 많이 나온 것 같습니다.

저는 한 서너가지만 묻겠읍니다.

먼저 이번에 被拉되어서 온 그 中共人들에게 대한 대우가 어떻게 定義가 되겠느냐 本委員이 생각할 때는 그들이 被拉되어가지고 왔다고 했기 때문에 또 被拉되어가지고 왔기 때문에 그들을 동정하고 또 그들을 위로해야 되는 것은 人道的인 見地입니다.

그러나 이번 處事는 그 동정과 人道的인 見地 또 위로 이 次元을 넘어서 歡待를 했읍니다. 그래서 꽃다발을 안겨준다든가 食事를 最高級으로 대접을 한다든가 심지어는 아까 이야기 들으니 校長先生님들이 환영의 박수를 친다든가 이것은 분명히 歡待입니다.

그러면 結果的으로 어떻게 되는 것이냐 필요에 따라서는 共產黨도 환영한다 이런 이야기가 되겠읍니다. 지금도 우리 귀에 생생합니다. 江原道 골짜기에서 李承福君이 共產黨 間諜들이 왔을 때 "나는 共產黨이 싫어요"하면서 그 銃을 맞고 어린 나이로서 그때 銃殺이 되었읍니다. 그래서 지금도 거기에 우리가 李承福君 紀念館을 세우고 있읍니다. 분명히 "나는 共產黨이 싫어요" 했읍니다. 그래서 지금 各級 學校의 反共敎育이 바로 "나는 共產黨이 싫어요"하는 이것을 嚆矢로 하고 있읍니다. 또 모든 어린 學生들이 全部 그렇게 생각합니다. 그런데 이번에는 "共產黨도 환영해요" 이렇게 되었다 이것입니다. 이것이 너무 지나친 것이다 그래서 아까 앞서 여러 委員님들이 말씀하셨읍니다마는 물론 이것이 反共關係法에 봐도 이번 문제는 너무 지나쳤고 또 우리 國民 精神面에 있어서도 이것은 國民들이 참 상상도 할 수 없는 그런 일이었다 이렇게 생각이 됩니다. 이왕에 엎질러진 물 같습니다마는 이제 그 어린 學生들에게 反共敎育을 앞으로 어떻게 할 것이냐 여태까지는 "나는 共產黨이 싫어요" 했는데 "共產黨도 환영해요" 하는 그런 입장이 되었다 이것입니다. 이 문제에 대해서 옳게 答辯하려면 文化公報部長官이나 文敎部長官이 나와야 答辯이 되지 싶습니다. 그런데 出席시킬려면 어렵고 하니까 外務部에서 우선 答辯을 해 주시기를 바랍니다.

또 한가지는 各國이 이번 事件을 肯定的인 評價를 했다. 우리 韓國의 措置를 또 우리 韓國에서는 물론 連日 新聞에서 大書特筆을 하면서 온 1面과 또 社會面까지 전부 그 事件을 다루었읍니다.

그런데 紙上에 報道된 바에 보면 그때 會談이 끝나고 被拉된 中共人들이 送還될 때 AFKN에서 一言半句의 이야기도 없었다고 합니다. 그리고 오늘 報告書에도 보니까 美國에서는 公式 論評을 하지않았다고 했어요. 그렇다고 하면 우리하고 가장 가까운 그 友邦이 여기에 肯定的인 公式 論評도 하지 않았다 또 韓國에 있는 AFKN放送局에서도 거기에 대한 이야기가 없었다 이 문제는 어떻게 된 것이냐 이 문제를 좀 答辯을 해 주시기를 바랍니다.

그 다음에 하나는 이제 아까 말씀드린대로 우리國民 反共意識을 바꿀만한 그런 事件이었다 이렇게 생각이 된다면 이번 事件을 處理하는데는 좀더 신중하게 해야 되고 또 이제 外交라는 것은 超黨的이고 또 온 國民 合意에 의해서 外交를 해야 된다고 하는 것으로 알고 있읍니다.

그렇게 된다면 이번 이 事件의 處理가 늦어지는 한이 있었다 하더라도 國會와도 事前에 協議를 하고 온 國民의 輿論을 참작해서 處理를 해야 되는데 그렇게 하지를 못했읍니다. 이 문제에 대해서도 오히려 一部에서는 國會를 輕視한 것이다하는 그런 이야기가 나왔읍니다. 여기에 대해서 어떻게 생각하시는지 答辯을 해 주시기 바랍니다.

마지막으로 이번 事件 處理는 人道主義的 見地에서 處理를 했다 그렇게 이야기를 했읍니다. 그러면 人道主義的 見地라는 것은 이번에 被拉되어 가지고 온 사람들에 대한 人道的 見地인지 그러면 人道的 見地라는 그 宣傳을 하기 위해서 했는지 그것이 내가 잘 생각이 안 납니다. 왜 그러냐 하면 이번에 被拉된 中共人들을 우리가 아주 歡待를 했읍니다. 대우를 잘 했지요. 나중에 膳物까지도 했는 것 같습니다. 그렇게 되어가지고 그렇게 歡待를 받고 中共에 돌아갔읍니다.

그러면 과연 中共에 가서 그 歡待받고 간 그들이 中共에서 옳게 대접을 받겠느냐 나라는 조금 다르지만 過去에 언제 以北 어부들이 우리 나라에 왔다가 돌아간 일이 있지요.

그때 우리가 膳物도 해 주고 時計도 해 주고 잘 해 줬읍니다.

그런데 板門店에서 딱 돌아가서는 「팬티」만 입고 다 벗어 던졌읍니다. 나는 이것이 共產黨이 아닌가 그래요. 그렇다면 外務部에서는 共產黨의 그 내용을 알고 人道的 見地에서 한다고 했는지 여기에 대한 答辯도 해 주시기를 바랍니다.

이상입니다.

○**林德圭委員** 간단한 것인데 보태서 하나만

묻겠읍니다.

이번에 中共 被拉機가 여기 온 이후에 餘波로 갑자기 外部에 나타난 것이 하나 있는데 「삐삐」라는 것이 무엇입니까? 삐삐를 차고 다니게 된 具體的인 動機가 무엇입니까? 나는 軍人만 차고 다니는줄 알았더니 外務部에서도 「삐삐」를 사용해서 機動性을 發揮하기 위해서 하는지 모르겠읍니다마는 그 이유를 좀 말씀해주시고 그 동안 쭉 答辯을 하신 長官을 비롯해서 次官도 答辯하시는 흐름을 보니까 "國際社會 輿論에 의해서" 또 "國際協約에 의해서" 이렇게 자꾸 말씀을 하는데 이것은 분명히 우리가 짚고 넘어갈 필요가 있읍니다.

그것은 다 저도 國際法과 관련이 많은 사람입니다마는 가령 美國이 「이스라엘」을 지난번에 지지할때 國際輿論에 따라서 하는 것 아닙니다. 우리는 國家利益을 優先시켜야 합니다. 분명히…… 그렇기 때문에 밑도 끝도없이 國際輿論 國際法 뭐 이것 지키다가 國家가 害로운 데도 할 필요가 없는 것이에요.

만약에 害로울 때는 極端的으로 이야기하면 그 協約을 우리가 脫退해서라도 우리 國家利益을 지켜야 하는 것이 우리 政府요 國民입니다. 이것은 분명히 밑도 끝도 없이 자꾸 그런 말을 하는데 아까 李榮一委員이 아주 좋은 지적을 하셨어요. 우리가 中共을 위하다가 보니까 마치 自由中國은 완전히 없앨 수 있는 그러면 누구를 위해서 지금 政府는 일을 하는 것입니까? 이것은 생각해 볼 필요가 있다고 생각합니다.

(金顯煜幹事, 奉斗玩委員長과 司會交代)

○委員長 奉斗玩 그러면 政府側 答辯해 주시기 바랍니다.

○外務部次官 盧載源 答辯 드리겠읍니다.

委員長께서 간단히 하라는 말씀이 계셨기 때문에 可及的 간단히 하겠읍니다.

朴在旭委員님께서 이들에 대한 厚待가 나중에 우리國民들의 意識에서 共產黨도 환영할 것이다는 그런 말씀이 계셨읍니다마는 이제 지적하신 그러한 꽃다발을 준다 혹은 환영의 박수를 한다 하는 것은 政府가 시켜서 한 것이 아니라 이들이 個人的으로 한 사실이기 때문에 이들의 個人的인 소위 韓國사람으로서 中國사람에 대한 또 이러한 어려운 狀況에 있는 사람들에 대한 동정하는 人道的인 그러한 見地에서의 어떠한 동정의 發露라고 보고 있읍니다.

또 食事를 最高級으로 했다고 말씀하셨읍니다마는 「쉐라톤 호텔」에 있어서의 最高級은 아니고 보통食事라는 것을 말씀드리겠읍니다.

또한 共產黨도 환영한다고 했읍니다마는 이들이 만약에 北傀에서 내려온 자들이었다면 우리 國民들이 똑같이 그런 式으로 厚待를 했겠느냐 그렇게는 저희들은 생각하지 않습니다.

北傀에 대한 감각 다같은 共產國家지만 또 中共에서 온 자 더구나 政府가 아니고 보통 一般國民이라는 그러한 입장에서 우리國民이 對하는 것은 反共이라든가 共產主義에 대한 鬪爭意識이라든가 미움이라든가 그러한 감각을 초월한 것이 바로 이번에 보여준 國民들의 하나의 意識이 아니었느냐고 나는 생각합니다.

더욱이나 北傀에 대해서도 反共意識이라는 過去의 意識이 상당히 많이 달라진다고 봅니다.

현재 우리 政府로서는 南北對話를 우리가 부르짖고 있는 그런 面에서 6·25動亂 당시와 같은 그러한 소위 戰鬪的인 敵對視가 아니라 하여간 南·北韓의 어떠한 平和的 統一을 이루겠다는 그러한 意識이 깔려 있는 反共意識이라는 그러한 감각의 差異도 있다고 말씀을 덧붙여서 說明을 올리고자 합니다.

이번에 各國의 肯定的인 반응에 관해서 특히 美國에서 公式的인 論評이 없었던 데에 대한 質問이 계셨읍니다마는 이것에 대해서는 지금 만일 저희들이 推測을 한다면 지난번에 소위 「테니스」選手인 「후나」孃 취급에서 美國과 中共間에 관계가 매우 어렵게 되었다는 그런 감각에서 이들이 상당히 美國 政府가 이 문제에 대해서는 신중한 자세의 표시를 하기 때문에 公式的인 論評이 없는 것으로 이해를 하고 있읍니다.

그러나 美國 行政府 내부하고 저희들이 접촉하는 限度內에서는 이들은 매우 肯定的인 태도를 表明하고 있다는 것을 아까 말씀드린 것입니다.

그 다음에 國會를 輕視하는 것이 아니냐는 그런 말씀이 계셨읍니다마는 어떠한 協商이라든가 外交 交涉이 進行되고 있는 過程에 있어서의 事實關係의 報道는 실은 新聞이 더 빠른 것이 사실 현재 通例로 되어 있기 때문에 저희들은 事件이 終了되는 즉시 國會에 와서 그러한 문제에 대한 意味와 外交的 노력의 底意라든가 혹은 앞으로의 展望에 대해서는 말씀드릴 그러한 計劃을 가지고 있었는데 마침 이 機會에 말씀을 드리게 된 것을 대단히 고맙게 생각하고 있읍니다.

그러나 추호도 國會 輕視의 그러한 뜻은 없었다는 것을 이 자리를 빌어서 분명히 해두고자 합니다.

그 다음에 林德圭委員께서 質問이 계셨읍니다마는 「삐삐」하는 것을 저희들은 소위 「페이지보이」라고 합니다마는 이것을 가지게 된 것은 결국 이번 事態가 갑작스레 發生했는데 저희들이 마침 公休日이라 連絡이 잘 되지 않아서 맨처음에는 약간의 시간을…… 좀 빨리 모이지 못한 그러한 일이 있었읍니다.

그렇기 때문에 앞으로 이러한 긴급한 事態가 發生했을 때 더 빨리 事態에 대한 호응을 할 수 있도록 하기 위한 하나의 方法으로서 이번 事態에 대한 敎訓으로서 「페이지보이」를 幹部들이 차게 되었다는 것을 說明올리고자 합니다.

그리고 또 한가지는 현재 저희들이 說明하는 過程에서 國際社會輿論 혹은 協約이라는 것만을 들고 우리 國家利益을 전혀 無視하고 있는 듯한 생각이 난다는 말씀이 계셨읍니다마는 이미 벌써 저희들도 國家利益에 대해서는 考慮를 한다는 점은 누차 말씀드린 바 있기 때문에 저희들이 이 外交 交涉에 있어서 國家利益을 항상 重要視하고 있다는 점을 새삼 또 이자리에서 밝히게 된 것을 기쁘게 생각합니다.

대단히 감사합니다.

○委員長 奉斗玩 그러면 李建鎬委員께서 質疑해 주시기 바랍니다.

○李建鎬委員 먼저 다른 委員들께서 質問을 하셨으면 나는 이야기를 하지 않으려고 했는데 質問이 나오지 않았기 때문에 서너가지만 좀 물어보겠읍니다.

첫째는 뭐냐 하면 政府側에서는 「헤이그 컨벤션」 提起를 자꾸 하는데 가령 拉致者들을 우리가 處罰한다는 것은 우리도 「헤이그」協約에 加入이 되어 있고 中共도 加入이 되어 있고 그 當事者國들이 다 그러니까 이것은 規定에 의해서 할 수 없이 이것을 處罰하지 않을 수 없다 이런 이야기를 했었는데 그것은 약간 좀 오해가 있지 않는가 이렇게 생각이 됩니다.

왜냐하면 이 「헤이그 컨벤션」이라는 것은 平時國際法입니다. 平時에 國交가 서로 있고 적어도 戰爭狀態에 있지 않은 나라들끼리 遵守하는 協約입니다. 戰時國際法이라고 한다면 「제네바」協定하고 몇가지 禁止武器에 관한 몇가지 協定 以外에는 없어요. 다른 國際協定은 戰爭狀態에 들어가면 全部가 停止되고 맙니다.

그런데 우리나라는 지금 中共과 準戰時狀態에 있어요. 모든 國際條約을 서로 이행하는 그러한 관계에 있지 않습니다.

그러니까 우리가 여섯사람의 拉致者들을 臺灣에 보낸다 치더라도 우리가 「헤이그」國際協約을 違反했다는 비난은 나오지 않습니다. 우리는 準戰時狀態에 있기 때문에 우리가 충분히 抗辯할 수가 있어요. 그점은 그런데 그 사람들을 우리가 裁判을 한다 이것을 항상 이유를 대기를 「헤이그 컨벤션」이다 이렇게 이야기 하는 것은 내가 생각하기에는 그것을 다 알면서도 우리 政府側에서는 할 수 없이 中共의 눈치를 보아야 되기 때문에 이것을 處罰하기는 해야 되겠고 그 이유를 대자니 「헤이그 컨벤션」밖에 없다 해서 하는 것이 아닌가 이렇게 나는 推測을 한번 해 봤읍니다.

그러나 이제 그것이 다른 데서라면 몰라도 國會에서 우리가 家族끼리 얘기를 할 때에는 門을 일단 닫아놓고 안방에서 얘기를 하더라도 일단 얘기는 해야 됩니다. 사실은 우리가 中共 눈치를 안볼 수 없지 않느냐 中共하고도 좀 친해야 하기 때문에 이것은 할 수 없이 「헤이그 컨벤션」을 내세우고 우리가 裁判을 해야 된다 이렇게 얘기를 해주셨으면 더욱더 親近感을 느끼고 좋지 않았었겠는가 이런 생각을 좀 해보았읍니다. 만약 그렇게 하는 경우에는 이것은 경우에 따라서는 非公開로 할 수도 있는 것이지요. 그러나 政府에서 그런 태도를 취하지 않으셨읍니다. 그 점에 대해서 眞意가 어디에 있느냐 하는 것을 한번 물어보고 싶어요.

또 하나는 저 사람들이 무엇이라고 하는지 中國말로 잘모르겠읍니다마는 外務次官인가 무엇인가 하는 자가 이것은 中國民航이 이번에

拉致事件 解決 하나만을 위해서 大韓民國이라는 呼稱을 한 1回用이다 그것이 무슨 韓國과 中共의 관계를 決定지워 나가는 그런 계기가 될 수 없다 그런 얘기를 했읍니다. 그 兆朕은 무엇이냐 하면 大韓民國 認定하지 않겠다는 얘기입니다. 그러면 우리가 만약 너희가 大韓民國 認定하겠다고 하고 文書에도 썼는데 왜 大韓民國을 認定하지 않는다고 하느냐 이런 抗議를 해도 저 사람들은 얼마든지 答辯할 수가 있읍니다. 어떻게 答辯하느냐……

소위 國際法上에 「크리그스 레이존」이라는 것이 있읍니다. 이것이 소위 獨逸말로 戰術論이라고 하는지 잘 모르겠는데 戰略理論 戰略理由라고 하는 것이 바로 「크리그스 레이존」이라고 하는 것입니다. 그러니까 英語로 말하면 「워 리존」이에요. 戰爭을 하기 때문에 할 수 없다 그런 얘기예요. 戰時狀況下에서는 普通의 경우에는 違反이라고 非難되는 것도 戰爭을 理由로 해서 合法化되는 그러한 理論이 있읍니다.

그러니까 韓國에 가서 우리가 大韓民國이라고 呼稱한 것은 一時的인 戰術理論이다 「크리그스 레이존」이다 그것은 할 수 없이 한 것이다 이렇게 해놓으면 우리는 抗辯이 안됩니다. 그런 것까지 생각을 하셨는지 그것을 한번 물어보고 싶고

또 세번째는 무엇이냐 하면 國際間의 交涉에 있어서는 外務部가 나보다 더 잘 알고 있는 얘기지마는 반드시 信任狀의 提出이 있어야 交涉이 되는 것입니다. 피차에…… 나는 우리 나라를 代表하는 사람이다 너는 너희 나라를 代表하는 사람이다 하는 信任狀의 交換 그것이 양호하고 妥當하다는 것을 確認한 다음이라야 비로소 會談이 시작이 되는 것이지요.

그런데 과연 이번에 그런 것이 있었느냐 없었느냐 할때에 그런 것이 없었던 것으로 아는데 물론 「메모랜덤」에는 그것이 없어요.

혹시 이번 會談에 있어서 「미니쯔」라도 作成을 했으면 그 「미니쯔」안에 과연 그러한 얘기 즉 우리가 信任狀을 提示하고 피차에 正式 代表임을 確認했다는 文句가 있는지 없는지 그것이 있으면 좋습니다. 그것이 있느냐 없느냐가 굉장히 중요한 意味를 갖게 되는데 그것이 혹시 있었느냐 없었느냐 거기에 대한 答辯을 해주셨으면 좋겠읍니다.

그리고 원래 내가 물으려고 하는 것이 세가지인데 이것은 가외로 자꾸 얘기가 나와서 하나 묻겠읍니다마는 그 人道的 立場에서 難民을 대접하기 위해서 「워커힐」에서 잔치도 해주고 「누드 쇼」도 구경시켜주고 했다는 얘기인데…… 그런데 과연 그렇다면 말이지요. 越南難民에 대해서 「누드 쇼」 보여주고 「워커힐」에서 대접한 일이 있느냐 하는 것을 한번 물어보고 싶어요.

越南難民은 自由를 위해서 鬪爭한 사람들입니다. 「보트 피플」 그거 참 죽는 것을 무릅쓰고 「보트」를 타고 온 사람들 우리가 구해주어서 참 잘했지요. 그런데 이 사람들에 대해서 우리가 뭘했어요? 우리가 언제 「워커힐」 대접해준 일이 있고 龍仁의 民俗村 구경시켜준 일이 있느냐? 왜 越南難民에 대해서는 그렇게 薄待를 하고. 中共難民에 대해서는 그렇게 人道主義的인 立場을 取하느냐 그것은 좀더 外務部가 솔직이 말씀하면 단순히 그사람들이 難民이기 때문에 그런 것이 아니라 中共사람들이기 때문에 中共하고 우리가 뭔가 접촉을 하는 계기를 마련하고 싶어서 그렇게라도 해본 것이다 이렇게 얘기를 해주시면 우리가 솔직하게 承認해 줄 수 있겠지만 그냥 難民이다 이래가지고서는 얘기가 잘 안됩니다.

그러면 「워커힐」 그 從事員이 女子…… 아이들이 外務部가 시켜서 한 것이 아니라고 하는데도 그렇겠지요. 꽃다발을 贈呈을 하고 뭐 좋은 뜻을 表示했다 그런 얘기인데 그것도 단순히 個人的인 것이고 별로 중요한 것이 아니다 이런 얘기를 하시는 것으로 아는데 그러면 以北 共產黨이 서울에 나타났는데 「워커힐」 從業員이 단순히 個人的인 애정때문에 꽃다발을 갖다가 바치면 우리는 어떻게 되겠느냐 그 얘기예요. 그런 때도 個人的인 애정에 지나지 않는지 民族으로서의 同族愛가 아니냐 용서하자 이렇게 해버리고 말 것인가……

그때에는 틀림없이 나는 그 女從業員은 그다음 순간에 留置場으로 들어갈 것이라고 생각합니다 그러니까 우리가 다 알아요. 우리가 外務部 말씀하는 것은 다 잘 압니다. 그 眞意를 잘 알고 있읍니다. 사실상은 잘한 것입니다. 그런데 조금 더 이것을 솔직하게 얘기해주시면 非公開會議라도 좋으니까 우리 國會議員을 相對로 해서 좀더 솔직하게 얘기해 주셨으면 모든 문제에 質問이 많이 나올 것도

없읍니다. 그런데 자꾸 사실은 政治的인 目標를 위해서 모든 行動의 초점을 맞추어 나갔는데 그것이 아닌 것으로 자꾸 얘기하기 때문에 이렇게 혼선이 생긴 것이 아닌가 나는 그렇게 생각하는데 어떠하신지 答辯해 주시면 좋겠읍니다.

○委員長 奉斗玩 李建鎬委員의 質問에 대한 政府側 答辯듣겠읍니다.

○外務部次官 盧載源 李建鎬委員께서 質問하신데 대해서 答辯올리겠읍니다.

「헤이그」協約에 의한 이번 拉致者의 處罰問題에 대해서 平時 國際法인데 지금 현재 準戰時라는 意味에서 戰時 國際法이 適用되어야 되겠다는 그러한 意見이 계셨읍니다.

이에 대해서 어떻게 解釋해야 할 것이냐 하는 것은 물론 충분히 國際利益을 고려해서 해야 하겠읍니다마는 일단 그러한 解釋의 方法으로써 우리 政府로서는 이것이 理論的으로도 납득이 되어야 할 일이겠읍니다마는 國際社會가 현재 오늘날 생각하고 있는 하나의 規範에 대한 利害關係에 맞추어서 이에 대한 解釋과 行動이 필요하다고 생각합니다. 그러한 경우에 볼때에는 지금 大韓民國과 中共間에는 비록 技術的으로 準戰時 상태에 있다고 하더라도 역시 通常的인 國際社會에서 통용되는 國際法의 적용을 그래도 尊守하는 것이 옳은 일이기 때문에 이러한 「헤이그」協約에 의한 적용을 하게 된 것은 妥當한 것입니다.

특히 中共에 대해서 눈치를 봐서 했다고 솔직하게 하는 것이 좋겠다는 말씀도 있으셨읍니다마는 우리 政府로서는 추호도 그런 생각이 없다는 것을 말씀드립니다.

그러한 생각이 없다는 가장좋은 例는 昨年에 中共軍用機 「미그」19機를 타고서 吳榮根大尉가 넘어왔읍니다. 이에 대해서 우리 政府는 本人의 希望을 들어서 그대로 지체없이 自由中國에 넘겨주었읍니다. 만약에 그 당시부터 中共에 대한 눈치가 있었다면 그 당시에 그러한 措置가 안 나왔을 것이라는 점을 들어서 이러한 과거의 前例를 봐서 우리 政府의 여기에 대한 立場은 대단히 분명하다는 것을 말씀드리고자 합니다.

그 다음에 中共의 外務部에서 副部長이니까 副長官이 되겠읍니다마는 副長官이 5月10日에 얘기한 것에 대해서 말씀이 있었읍니다마는 이것은 상당히 생각을 가지고 신중하게 다루어야 할 發言이라고 생각합니다. 다만 그 사람들이 拉致犯問題를 解決하기 위해서 한 것이고 外交를 承認하는 것은 아니다. 이러한 式의 해석이 나올 정도가 아니고 조금 意味深長한 것이라고 봅니다마는 일단 그 당시 同副部長이 얘기한 것은 中共民航局長의 訪韓目的은 被拉旅客機 事件 해결에 局限한다고만 얘기를 했읍니다. 그렇기때문에 이것이 이사람이 말한 部門도 중요합니다마는 그 말하지 않았던 部門에 대한 뜻도 저희들은 外交的으로 상당히 뜻이 있는 것이라고 봅니다. 그러나 현재 이것이 무슨 뜻으로 한다는 것은 公式的인 立場에서 말씀드리는 것은 公式的인 立場에서 말씀드리는 것은 우리 外交上 이롭지 뜻하기 때문에 그 이상의 說明을 올리지 못하는 것을 유감으로 생각합니다.

그 다음에 이번 沈圖 民航總局長이 오는 과정에 있어서 覺書 署名에 있어서 어떠한 「크래덴셜」 委任狀이라든가 新任狀이 있었느냐 하는 質問이 계셨읍니다마는 그 사람의 신분에 대해서는 분명히 이미 電報로 왔었기 때문에 그러한 별도의 新任狀이라든지 委任狀같은 것은 없었다는 것을 말씀드리고자 합니다.

이상이 올습니다.

○委員長 奉斗玩 다음은 高貞勳委員께서 質疑를 해주시기 바랍니다.

○高貞勳委員 감사합니다. 委員長님께서 發言할 機會를 주어서 진심으로 謝意를 表합니다.

이미 존경하는 丁來赫委員을 비롯해서 여러 先輩委員들이 제가 얘기하고 싶었던 얘기 또 제가 추측컨대 國民들이 궁금해 하리라고 생각했던 점 모든 것을 다 소상하게 質疑를 해주었고 또 제자신이 여러가지 점에서 많이 계몽을 받을만큼 여러분 先輩 委員들 한테서 좋은 말씀 많이 들었읍니다.

그래서 저는 하고 싶었던 얘기가 모조리 반복되는 얘기이기 때문에 생략하고 몇가지 제가 이자리에 앉아서 듣는 동안에 구체적으로 언급되지 않은 몇가지 事項에 대해서만 좀 묻고자 합니다.

한마디로 얘기해서 國益을 위해서 政治的으로 또 그리고 나쁘게 얘기하면 便宜主義로 우리가 이번 일을 處理한 것이 아니겠읍니까? 필요에 따라서 便宜主義에 立脚해서 國家利益

을 앞세워가지고 일을 處理하는 것도 妥當한 일이고 또 높이 평가되어야 할 것입니다.

말이 便宜主義라고 하지 사실상 外交實務를 맡아서 보는 분들의 立場에서 볼것 같으면 가장 힘든 것이 國家利益을 위해서 便宜主義的인 방편을 쓴다는 것이 그 課業中에 하나일 것입니다.

그런데 제가 지금 단적으로 外務部 當局者에게 묻고자 하는 것은 이러한 便宜主義的인 思考때문에 拉致犯이라고 할까 이번에 拉致한 6名의…… 自由中國에서도 그렇고 여기에 계시는 모든 委員께서 다 心中에서는 自由鬪士로 생각하고 있는 이사람들의 釋放 내지는 國家元首가 할 수 있는 赦免措置 내지는 政治亡命權을 인정해서 自由中國으로 보내는 일이 반드시 이루어질 일인데 눈감고 아웅할 필요 없읍니다. 시간 문제인데…… 지금까지 이 中共民航機 이 被拉事件을 處理해온 그러한 便宜主義的인 思考때문에…… 가령 例를 들어서 IPU總會를 원활하게 치를때까지는 이 拉致犯들의 釋放이나 또는 自由中國으로 보내는 것을 좀 保留해두자 이러한 태도를 取하지 않을까 그것을 분명히 해주십시오. 外務部로서는 어떻게 생각을 하시느냐 하는 것입니다.

물론 이 사람들을 司法當局에서 處理하는 문제 그리고 司法當局에서 處理하고 난 후에 政治的인 고려 이것은 外務部에서 할 일이 아니지요. 그러나 外務部의 見解 내지는 外務部의 立場이라는 것이 상당히 강력한 영향을 미칠 것이 분명하기 때문에 이 拉致해온 6名에 대한 處理가 便宜主義的인 思考方式때문에 이사람들의 人權이 유린된다든지 또는 政治的인 고려에서는 이미 時限이 지났다고 생각하는데에도 불구하고 IPU總會를 빙자한다든지 其他 外務部에서 功을 올리기 위한 功利主義的인 思考때문에 이사람들의 釋放이 늦어진다든지 自由中國으로 보내는 것이 늦어지는 일이 없지 않겠느냐 하는 그런 의구심을 갖게 됩니다.

그 다음에 또 한가지 문제는 말입니다.

존경하는 李慶淑委員님이나 또는 許景九委員님을 비롯해서 여러분께서 말씀을 했읍니다마는 저회들 記憶에도 사실 7·4共同聲明이 發表된 후에 以北 代表團이 서울에 왔을 때에 大多數 國民들이 헌기증을 일으켰읍니다. 사실 國內的인 여러가지 與件 특히 國內法을 우리가 볼때에 도저히 수긍하고 납득할 수 없는 그러한 國內法的인 또 國內의 政治的인 與件下에서 以北 代表들이 손을 흔들면서 獨立門을 지나서 中央廳 앞을 지나와 가지고 朝鮮「호텔」에 到着했을 때에 서울市民만이 아니라 全國民들이 당황하고 현기증을 일으켰읍니다.

이번에 또 이 中共사람이 물론 단순한 難民이 아니고 우리가 負擔을 가지고 그 사람들이 우리나라에 居住하게 되는 그러한 越南 難民하고는 다르고 되돌아 갈 사람들이고 되돌아가서 우리나라의 얘기를 할 사람들이기 때문에 여러가지의 고려위에…… 뭐 이것도 一種의 便宜主義입니다. 功利主義고…… 그러한 고려 속에서 그러한 대우를 했다고 합니다마는 차제에 말입니다. 까놓고 얘기하면 이번의 일이라는 것이 우발적인 하나의 생각지 않았던 하나의 事件아닙니까? 이러한 事件을 處理해서 우리가 무엇을 얻는가 하는 것이 문제이고 이것이 우발적인 하나의 民航機 拉致事件의 處理한 事件 그 이상의 것도 그 이하의 것도 아닙니다. 그것을 擴大解釋할 필요도 없고 또 너무 過小評價할 필요도 없는 것입니다.

단 이 사건을 통해서 우리가 무엇을 얻어내느냐 무엇을 「프러스」시키느냐 하는 것이 중요한 문제라고 봅니다. 그러한 意味에서 이 國民들이 현기증을 일으키지 않을 만큼의 國內法이 整備가 되도록 外務部에서 關係當局에 建議를 하셔서 점차 그것을 정비해 주실 그러한 생각은 없으신지…… 또 그리고 반드시 拉致한 이사람들의 裁判이 끝나고 지금 여기에 계신 國會義員 여러분들의 생각이 꼭 다 그렇습니다. 그 점에 대해서는 한사람의 反對도 없을 것입니다. 이 분들을 自由中國으로 보내주셔야 되는 것입니다. 그렇게 했을 때에 中共은 지금까지 보여왔던 태도와는 전연 다른 태도로 나올 것입니다.

지금까지 中共과 우리 關係에 있어서 이것이 어느정도 上昇된 그러한 상태라면 急轉直下 굉장히 밑으로 떨어질 것입니다. 그때에 外務部 當局이 國民들에게 어떻게 납득을 할 것이냐 하는 것도 미리 좀 對備策을 강구해두고 계신지…… 이것 數個月後 내지 數年後에 나타날 것 아닙니까? 이 사람들 반드시 臺灣으로 갈것이고 그럴 때에 中共도 반드시 다른 소리 할 것이고 그때에 國民들을 납득시키는 外務部 當局의 여러가지 對備策을 강구해 주셔야 될 것이라고 보고…… 그 다음에는 이 覺書의 條項에 대한 質問이기때문에 그것은 次官께서 제가 質問한 事項에 대해서 答辯을 해주시고 나서 죄송합니다마는 제가 一問一答式으로 좀 물어봤으면 하는 뜻에서 이것은 追後로 나와서 말씀하실때 묻도록 하겠읍니다.

이상입니다.

○委員長 奉斗玩 그러면 次官께서 나오셔서 答辯해 주시기 바랍니다.

○外務部次官 盧載源 高貞勳委員께서 質問하신데 대해서 答辯드리겠읍니다.

高委員께서 누누이 친절히 말씀해주셨읍니다마는 우리 政府로서 이 문제 해결을 위해서는 우리 國益을 우선적으로 생각하고서 그러한 진지한 마음에서 했다는 것을 말씀드리고자 합니다.

이들 6名의 拉致犯에 대해서 혹시나 裁判過程에서 또 裁判後에 있을 人權蹂躙의 結果로 나타날 그러한 事態가 있어서는 안된다는 말씀을 하셨읍니다마는 옳으신 말씀입니다. 政府로서도 이러한 문제가 일어나지 않도록 배려를 하겠읍니다마는 어디까지나 司法節次에 따라서 이 문제를 해결해야 한다는 것이 우리가 지니고 있는 하나의 對外的인 責務라고 생각하고 거기에 따라서 充實할 것입니다.

그외에 이 문제를 해결하고 난 후에 이들이 自由中國에 보내져야 된다고 말씀하신 高委員님의 高見에 대해서도 일단 잘 알아듣겠읍니다.

그 다음에 이번 事態와 관련되어서 國內的으로 몇가지 이러한 課題에 대해서 말씀이 계셨읍니다마는 이러한 課題에 대해서는 外務部의 所管事項이 아닌 事項에 대해서는 또 關係하는 그러한 部處에 적절히 알려주도록 하는 措置를 取하겠다는 것을 約束드리겠읍니다.

이상으로서 간단히 答辯에 代하고자 합니다.

○高貞勳委員 감사합니다.

그러면 지금 제가 質問올린 가운데에서 한가지만 좀더 具體的으로 말씀올리겠읍니다. 이 拉致한 自由鬪士들에 대한 處理와 IPU 서울總會하고 관련시켜서 생각하는 일은 절대로 없을 것입니까?

○外務部次官 盧載源 예. 그것은 없을 것입니다.

○高貞勳委員 예. 잘 알겠읍니다.

그러면 「메모랜덤」이 말입니다. 第９項의 原「오리지날 텍스트」는 英語로 되어 있다고 신문에 發表되었는데 맞지요?

○外務部次官 盧載源 예. 맞습니다.

○高貞勳委員 그렇게 兩側에서 英語를 「텍스트」로 採擇하기로 합의했다고 했는데 그 9項에 「인 퓨쳐 케이스 어브 이머전시」라는 말이 있지요?

○外務部次官 盧載源 예.

○高貞勳委員 이 民航機 拉致事件에 관해서 이러한 覺書를 交換했다는 例도 우리나라와 中共이 특수한 관계에 處해 있기 때문에 있은 것으로 저는 이해가 됩니다.

대체로 지금 이 「헤이그 컨벤션」 이후에는 될 수 있는대로 조속히 보내버리고 엊그저께도 「쿠바」에 美國 民航機가 拉致되어간 일이 있었읍니다마는 拉致犯만 내리고 그냥 즉시로 돌려보내고 사실은 이것을 그렇게 크게 「스캔달라이즈」하는 것이 아니거든요. 이제 뭐 이것은 「원 어브 더 루틴」으로 取扱이 되는 것인데 여기 이제 「메모랜덤」을 이렇게 받았다는 것에 대해서 저는 정말로 致賀를 올립니다. 애쓰셨다고 생각을 하고 특히 이 9項에 中國사람들이 특히 外務部 條約關係 專門家가 따라왔다는데 一例를 들면 무슨 「인 퓨쳐 씨밀러 케이시스」라든지 「인 퓨쳐 케이스 어브 씨밀러」 무슨 「인씨던트」라든지 이러한 表現으로 하는 것이 그 사람들 입장에서도 그렇고 常識的인 線인데 「인 퓨쳐 케이스 어브 이머전시」라고 한 것 그 「임플리케이션」이 뭡니까?

○外務部次官 盧載源 예. 간단하게 말씀드리지요.

상당히 表現에 따라서는 광범위하게 한 수도 있는 것입니다.

○高貞勳委員 그러니까 이것은 우리 外務部次官이나 孔代表가 굉장히 功을 올린 것이지요.

○外務部次官 盧載源 致賀를 해 주셔서 감사합니다.

○高貞勳委員 예. 그것은 致賀를 합니다.

그러면 이왕 이만큼 成熟된 外交技術이라고 할까 그만한 識見을 가진 外務部이기 때문에 차제에 南·北韓 交叉承認問題 또 그리고 東西間의 문제에 있어서도 우리 外務部의 입장 또는 우리 政府의 입장은 뻔한 것이 아닙니까?

점차 關係當局을 이렇게 「컨디션」해 나가다가 實質的인 「크로스 레커그니션」을 一時에 하자 이것 아닙니까?

그래 아까 許景九委員께서 그 말씀을 지적하시기를 왜 一時에 同時에 한다고 해 놓고 이렇게 「빌드 업」하는 式으로 하는 것은 또 무엇이냐? 이런 지적을 하셨는데 저는 一時同時에 하기 위해서 「빌드 업」하는 것은 당연히 있으리라고 생각을 하는데 이번에 「인퓨쳐 케이스 어브 이머전시」라는 말을 쓸 때에 孔代表하고 沈圖代表 사이에서 반드시 얘기가 있었을 것입니다. 이것 얘기가 없다고 하는 것은 그것은 뭐 누구도 믿을 사람이 아무도 없는 것인데 그와 관련해서 차제에 外務部의 입장을…… 가령 例를 들면 현재 日本에서 進行되고 있는 亞·阿法律諮問會議 같은 것은 이것은 UN 「후레임 워크」안에서 되어지는 일이고 日本 政府 그것 招請狀 안내거나 거기에 대한 差別待遇를 할 것 같으면 開催가 取消될 可能性도 있는 것입니다. 이것은 常識 아닙니까?

우리가 IPU를 開催하면서 IPU 「멤버」에게는 一切 差別없이 招請狀 내야 하고 비자 내야 하는 것과 마찬가지로 亞·阿法律諮問會議에 日本政府가 招請狀 내고 差別待遇 안하고 外相晩餐에 招待하고 하는 것 당연한 일입니다.

그러면 그것을 좀 당연하다고 얘기도 해야 하고 이것은 이런 것이다 하고 말이에요. 이제는 좀 國民을 깨우쳐주고 말이지요 이제는 사실 우리의 外交路線이 南·北韓의 두 個의 韓國을 認定하고 平和共存을 하고 나아가서는 UN에 同時加入하고 나아가서는 强大國間에 交叉承認을 하는 것이 우리 입장이니까 가령 例를 들어서 「지미 카터」는 적어도 "美國市民은 이 地球上에 어느 한 곳에라도 못가는 데가 있어서는 안된다" 이런 얘기를 하고 있고 「미테랑」이라는 사람은 기회 있을 때마다 國會 안에서 "大佛蘭西政府가 지금 이 地球上에서 承認하지 않고 있는 유일한 나라가 北韓이다 이러한 모순이 是正되어야 된다"는 얘기를 하고 있어요. 우리 다 아는 얘기 아닙니까?

그러면 이러한 現實속에서 우리 外務部는 차제에 이번 이 中共民航機 拉致事件을 處理한 이 때에 또 國民들도 지금 충분히 이해하려고 노력하는 이런 氣運이 무르익었을 때에 美國이나 日本의 制限된 北韓하고의 接觸에 대해서 우리는 北韓이 그와 反對的인 反應을 보일…… 그와 反對的인 현상 다시 말하자면 北韓이 蘇聯이나 中共이 우리하고 接觸했을 때에 보여주는 것과 같은 그러한 유치한 反應은 보이지 않고 조금 더 次元 높고 조금 더 成熟된 그러한 反應을 보여줄 때가 된 것 아니냐 이것입니다.

美國이나 日本이 北韓하고 接觸한다고 그래서 北傀集團이 蘇聯이나 中共이 우리하고 接觸하는 것에 대해서 反應을 보이는 것 같은 꼭 같은 次元의 유치한 그러한 反應은 이제 보이지 않을 때가 온 것이 아니냐 저는 그렇게 생각합니다.

그리고 제 個人의 말씀을 올려서 죄송합니다마는 저의 이러한 생각은 IPU나 또는 SI나 非同盟會議나 直接 參席해서 느끼는 것이 바로 우리는 점잖을수록 票를 더 많이 얻게 되고 우리의 입장이 有利하게 되고 以北사람과 꼭 같이 굴게 되면 우리의 입장이 더 墜落이 되고 입장이 不利하게 된다는 것을 깨달았기 때문에 外務部에서도 이제는 自信을 가지고 의연한 姿勢로서 입장을 밝히고 國民들을 오히려 啓蒙하고 引導하는 그런 입장을 取해 줄 용의는 없는지 말씀해 주시기 바랍니다.

○**外務部次官 盧載源** 감사합니다.

高委員님께서 아주 좋으신 말씀이 있었읍니다.

귀중한 敎訓으로 받아들이고자 합니다.

감사합니다.

○**委員長 奉斗玩** 다음은 金顯煜委員께서 質疑해 주시기 바랍니다.

○**金顯煜委員** 外務部次官과 外務部의 關係官 여러분께서 고생을 많이 하십니다.

本委員은 우선 이 中共航空機拉致犯 處理問題에 관해서 몇가지 「아이디어」를 드릴 겸 本委員의 理論을 한번 定立해 보겠읍니다.

우선 結論부터 말씀드리면 拉致犯 여섯 名을 處理하는 데 있어서 이들이 얼마동안 우리나라에 있느냐 어떠한 裁判을 받느냐 어떠한 刑量을 받느냐 하는 것이 중요한 것이 아니고 가장 根本的인 문제는 우리가 이들에 대해서 裁判管轄權을 주장하느냐 아니면 주장하지 않느냐 하는 문제 다시 말씀드리면 이들을 自由鬪士로 台灣으로 보내줄 것이냐 아니면 犯罪人으로 規定할 것이냐 하는 것이 우리 政府가 直面하고 있는 가장 중요한 문제라고 생각합니다.

그러면 이 여섯 名에 대해서 「후리덤 화이터」로 規定을 해서 내보내야 되는…… 즉 名分을 찾기 위해서 여러가지로 급급한데 本委員이 여기에 대해서 중요한 國際的인 事例 두 가지를 提示함으로써 그들을 보내 줄 수 있는 名分을 提示해 볼까 합니다.

아까 次官께서 「오스트리아」로 逃亡나온 東歐羅巴 拉致犯들 「케이스」를 얘기를 했읍니다.

그런데 次官께서 「오스트리아 케이스」를 事例로 든 것은 賢明하지 못했읍니다.

왜 그러냐하면 「오스트리아」는 永世中立國家입니다. 또한 이 東歐羅巴와 가장 가깝게 位置하고 있는 나라이기 때문에 만일 이러한 그 拉致犯들이 계속해서 올 경우 그것은 墺地利의 永世中立政策에 막대한 損傷을 가져온다 하는 利害關係가 얽혀서 이들에 대한 處罰을 엄하게 하고 있는 것입니다.

이와 관련해서 本委員이 1978年에 獨逸에서 있었던 事例 하나를 얘기하겠읍니다.

東獨에 살던 「티데」라는 사람이 航空機를 拉致했기 때문에 이것을 「티데 케이스」라고 얘기를 합니다. 「티데」라는 사람이 「폴란드」旅客機를 拉致를 해 가지고 西伯林으로 왔읍니다. 西伯林으로 왔는데 잘 아시는 것처럼 이 西伯林은 4個 聯合國家가 占領하고 있는 특수한 國際法的인 地位를 누리고 있읍니다.

그런데 공교롭게도 이 飛行機가 美國 「섹타」에 着陸을 했읍니다. 그래서 이제 西獨과 美國은 둘다 서로가 裁判管轄權을 主張을 했읍니다. 그런데 西獨側의 경우는 물론 이 裁判管轄權을 主張을 했었지마는 東獨에서 넘어온 이「티데」가 이것은 義擧다 義擧라고 規定해서 裁判權을 行使하지 않았읍니다. 그래서 이 사람은 완전히 自由의 몸이 되었는데 이제 西伯林이 國際法的인 특수한 位置에 있기 때문에 美國側이 자기들의 裁判權을 主張을 했읍니다. 그래서 陪審員들에 의해서 評決을 받은 결과 이 「티데」가 9個月의 刑을 받았읍니다.

그런데 이 事件이 9個月동안 지지부지 끌다보니까 결국은 이 犯罪評決을 받았을 때는 이 「티데」가 釋放될 時期였읍니다. 그래서 刑執行을 받지 않고 「티데」가 自由의 몸이 되었다는 사실을 政府側에서는 關心깊게 分析을 해 보아야 할 필요가 있다고 생각합니다.

왜 「티데 케이스」가 우리에게 중요한 示唆를 주느냐 하면 獨逸의 경우는 우리와 똑같은 두 가지의 共通點을 가지고 있읍니다.

하나는 두 나라가 다 分斷되어 있다는 사실과 또 共產敵國을 가지고 있다는 사실입니다. 그렇다면 우리 韓國의 立場에서는 다른 어떠한 나라의 事例보다는 西獨側이 理解했던 「티데 케이스」를 適用하는데 아무런 무리도 없고 論理的인 當然性이 있다고 本委員은 생각을 하는 것입니다.

또 하나 이 보다 조금 더 弱한 「케이스」지마는 1970年代에 있었던 일입니다. 이것을 「브레진카스 케이스」라고 그러는데 이 蘇聯사람인 「브레진카스」가 蘇聯航空機를 拉致해 가지고 「터어키」로 도망나왔읍니다. 그래서 이 「터어키」政府에서는 이 「브레진카스」를 裁判에 回附를 했는데 결국은 無罪로 풀려났읍니다.

그러나 여기에 대해서 蘇聯政府가 대단히 많은 壓力을 加하고 이것을 「브레진카스」가 이미 蘇聯領土내에서 犯罪行爲를 했기 때문에 이것은 犯人을 引渡해 달라 하는 要求를 했읍니다. 그래서 이 「터어키」政府는 壓力에 못이겨서 이 「브레진카스」를 再審에 넘겨가지고 刑을 言渡했읍니다. 그래서 몇年 살다가 결국은 이 「브레진카스」는 土耳其政府의 協力에 의해서 「베네주엘라」로 갔다가 나중에는 美國으로 密入國을 했읍니다. 그래서 美國에 가서 亡命을 申請을 했는데 蘇聯사람이 이것을 알고 또 犯罪人 引渡를 要求해서 美國에서는 이 「브레진카스」를 「베네주엘라」로 나가게 處理를 해 주어가지고 지금 「브레진카스」는 베네주엘라」에서 평화롭게 살고 있다는 사실도 우리 政府에서는 대단히 깊은 關心을 가지고 주의깊게 分析해야 될 줄로 생각합니다.

또 하나 이 美國과 「쿠바」間에 맺어진 航空協定에도 이것 1973年에 이루어졌읍니다마는 이 拉致犯을 重罪로 다스린다는데 합의를 했읍니다마는 여기도 例外規定을 두고 있읍니다.

뭐냐 하면 첫째로 이 航空機 拉致의 目的이 金錢을 奪取할 目的이었다거나 目的이 아니었다거나 또는 중대한 殺傷行爲가 없었을 때 여기에는 이 拉致犯에게도 重罪로 다스리지 않는다는 例外規定을 두고 있다는 사실도 政府側에서는 留意해야 된다고 생각을 합니다.

아까 尊敬하는 許景九委員께서도 引用을 했읍니다마는 이 「헤이그」協約이라든가 또는 이 우리나라의 航空機運航安全法을 얘기를 하고 있읍니다마는 우리 國內法에 보면 結果的으로 航空機運航安全法 第8條와 9條 이 8條의 경우는 拉致犯의 경우는 無期 또는 7年 이하의 懲役에 處할 수 있게 되어 있고 第9條의 경우는 이들에게 無期 또는 死刑에 處하게 되어 있읍니다.

이러한 것을 勘案했을 때 本委員이 序頭에서 理論을 提示한 것처럼 이들에게 國內裁判管轄權을 主張할 理由가 없다는 것을 조금 더 敷衍해서 說明하면 다음과 같습니다.

첫째로 이 여섯名의 中共拉致犯들은 이 乘務員을 人質로 했기는 했어도 乘客을 人質로 하지는 않았다 하는 점 여기에 대해서 우리는 留意해야 된다고 생각합니다.

또 航空機를 拉致하기 위해서는 操縱士를 威脅할 수 밖에 없는 것입니다. 威脅하지 않고 操縱士가 拉致犯의 意圖에 따른다는 것은 상상할 수 없는 일입니다.

또 하나 이 操縱士를 威脅하기 위해서는 操縱席으로 들어가야 합니다. 操縱席으로 들어가기 위해서 拉致犯들이 銃을 쏘았읍니다.

銃을 쏘다 보니까 이 流彈에 의해서 乘務員이 重傷을 입었읍니다.

그렇다고 한다면 乘務員이 다친 것은 流彈에 의해서 맞은 過失에 의한 負傷이지 拉致犯들이 乘務員을 죽이려고 했던 故意는 없었지 않느냐 이렇게 본다면 여기에 대한 法的인 또는 人道的인 解釋이 달라져야 된다고 本委員은 생각하는 것입니다.

그러므로 우리 政府에서는 첫째로 國內裁判權行使를 抛棄함으로써 이들을 「후리덤 화이터」로 規定해야 될 것이고 그렇게 함으로써 우리 韓國이 反共의 「쇼 윈도우」로써 또는 反共敎育의 중요한 時點에 서 있는 오늘날에 있어서 國內外的인 主權國家의 位置를 또는 「프레스티지」를 찾는 것은 대단히 중요하다. 또 이들을 조속한 時日내에 台灣으로 보내주는 것은 너무나 당연한 일이다 이렇게 本委員은 論理를 展開하는 것입니다.

또한 여기 이번에 「메모랜덤」 第9項에 보면 今後 兩側이 關聯되는 緊急事態發生時에도 계속 維持되어야 한다는 그들의 希望을 表明을 했읍니다.

이와 관련해서 本委員은 지금 우리 韓國政府와 中共政府間에 連繫되어 있는 세가지 懸案問題를 擧論함으로써 政府가 이 문제를 더욱더 積極的으로 推進할 것을 促求하는 바입니다.

첫번째 문제는 우리에게 있어서 앞으로 資源外交에 있어서 死活이 달려있는 西海岸 大陸棚開發問題입니다.

잘 아시는 것처럼 本委員이 알기로는 이것이 1973年頃이었읍니다마는 우리나라가 西海岸大陸棚에 海底掘鑿施設을 해 놓고 試錐作業을 하려고 했읍니다. 그때 당시에 中共은 施設物 1m 近處에까지 接近을 해 가지고 武力으로 物理的으로 實力行使를 해 가지고 심지어는 이 施設物에 있는 電線까지 잘라 버리면서 施設物을 破壞하고 威脅을 했읍니다. 그 結果로 여기에 들어와 있던 外國會社가 무서워서 도망을 가버렸읍니다.

이와같이 西海岸大陸棚問題에 대해서 中共이 國際法을 어기면서 우리 韓國의 主權을 侵害했는데 이 西海岸大陸棚이 位置하고 있는 地點은 잘 아시는 것처럼 西海岸을 볼 때에 韓國의 沿岸과 中共의 沿岸에서 中間地點에 線을 긋는다고 하더라도 이것은 완전히 韓國쪽에 들어와 있읍니다.

또한 여기에서 더 중요한 것은 이 西海大陸棚에 埋藏되어 있는 石油라든가 天然「가스」는 우리가 關心을 두고 있는 東支那海보다 훨씬 더 많이 賦存되어 있다는 사실입니다.

그러므로 이제 政府에서는 기왕에 中國 사람들과 그와 같은 好意를 베풀면서 對話가 시작이 되었으니까 本格的으로 西海岸大陸棚問題를 해결하기 위해서 어떤 對策을 세워놓아야 된다고 생각합니다.

여기에 대해서 外務部에서는 中 長期的인 어떠한 戰略이 만들어져 있는지 答辯을 해주시면 고맙겠읍니다.

이 두번째 문제입니다. 이 漁區調整問題인데요 원래 이 西海岸에 있어서 우리 韓國의 이 平和線은 이미 宣布한 平和線은 아직까지도 法律的으로 有效합니다.

다만 日本과는 韓·日漁業協定이 締結이 되어 있기 때문에 韓·日間에 있어서는 이 漁業協定이 法律的으로는 優先은 하고 있읍니다마는 그럼에도 불구하고 지금 현재 中共의 일곱번째의 漁區는 우리 韓國의 平和線안에 들어있다는 사실이 가장 중요합니다.

이 中共의 第7漁區가 韓國의 平和線안에 있을 뿐만 아니라 아까도 말씀드린 것처럼 西海岸을 중간으로 잘랐을 때 韓國側에게 가까운 안쪽으로 들어와 있다는 사실 여기에 대해서 政府에서는 그동안 아무런 말 한마디 없이 침묵으로 일관해왔읍니다.

이제 우리가 中共側에 대해서 外交的인 主導權을 잡기 위해서라도 또한 우리의 海上에 있어서의 主權을 찾기 위해서도 政府에서는 여기에 대해서 적절한 外交的인 對策과 방안이 마련되어야 한다고 생각합니다. 여기에 대한 外務部의 견해와 對策을 說明해 주시면 고맙겠읍니다.

마지막으로 하나만 더 말씀드리겠읍니다.

이것은 中共과 對話를 나누는데 있어서 가장 非政治的이고 가장 技術的이고 그렇기 때문에 민감하지 않은 문제이기 때문에 本委員이 여기서 특별히 강조해서 말씀을 드립니다.

이것은 뭐냐 하면 西海岸의 海洋汚染問題입니다. 잘 아시는 것처럼 이 西海岸은 特徵的인 것이 바다가 반쯤은 막혀 있읍니다. 그래서 한번 汚染이 되면 절대로 이 바다가 깨끗해 질 수가 없는 특수한 條件을 가지고 있읍니다.

그런데 西海岸의 汚染度는 本委員이 아직 測定한 資料를 보지 못했읍니다마는 우리 韓國에서 나가는 강물로 北韓에서 나오는 강물 또는 中共에서 나오는 강물의 汚染度가 심각하기 때문에 이것을 계속해 放置해 두었을 때에 우리 西海岸에 있어서의 汚染問題는 대단히 심각할 것입니다.

또한 아울러서 西海岸에서 다니는 油槽船들이 내놓는 汚染도 심각한 것으로 本委員은 알고 있읍니다. 그렇기 때문에 이제 外務部에서는 이 西海岸 특히 黃海 海岸 環境汚染防止를 위한 沿岸國家國際會議를 召集한 그러한 생각은 없는지 또 이와 같은 생각을 조금더 發展的으로 硏究해서 對 中共外交에 「이니시어티브」를 잡을 생각은 없는지 또 여기에 대해서 어느 정도 硏究한 것은 없는지 얘기해 주시기 바라고 아울러서 이와 같은 우리 外交의 主導的 爭取는 韓國의 國際的인 名譽와 韓國의 國際外交의 名分을 살리는데 커다란 도움이 될 것으로 本委員은 생각합니다.

여기에 대해서 次官께서 아주 진지하고 성의있는 答辯해 주시면 고맙겠읍니다.

○委員長 奉斗玩 政府側 答辯해주기 바랍니다.

○外務部次官 盧載源 金顯煜委員께서 質問하신데 대해서 答辯드리겠읍니다.

당초에 金委員께서 시작에서 여러가지 좋은 「아이디어」를 주시겠다고 약속하셨는데 과연 끝까지 傾聽했읍니다마는 대단히 좋은 案을 提示해 주셔서 저희들로서는 이번 이 일 또 이에 관련되어 있는 對 中共外交政策 樹立에 많은 敎訓的인 사실을 얻었다는 데에 대해서 재삼 또 감사를 드리고자 합니다.

첫째 順序가 뒤바뀌겠읍니다마는 뒤에서 말씀하신 것을 먼저 答辯드리겠읍니다.

앞으로의 中共과의 交涉過程에 있어서 資源問題 또 西海岸의 大陸棚問題에 있어서 中 長期的 計劃에 대한 문제를 말씀하셨는데 옳으신 말씀입니다.

저희들이 그동안 다른 일도 바쁘고 해서 이 문제에 대해서는 크게 신경을 쓰지 못했다는 데에 대해서는 죄송하게 생각합니다마는 앞으로 이번에 이렇게 촉진해 주신 것을 계기로 해서 열심히 이 문제를 硏究하도록 해서 萬全을 기하도록 하겠읍니다. 특히 中共 第7漁區에 관해서는 이것은 상당히 저는 이 문제의 專門家가 아니기 때문에 전혀 흥미있는 일로서 들었읍니다마는 앞으로 중대한 利害關係가 걸려있는 것으로 해서 인식이 됩니다.

감사합니다.

이에 대해서는 문제에 대한 對處를 하도록 하겠읍니다.

그 다음 西海岸의 海上汚染問題는 정말 재미있는 얘기이고 이것은 중요한 얘기올습니다. 여기에 관련해서 沿岸國家의 國際會議 召集하는데 대한 문제로 問題提起를 잘 해주셨는데 앞으로 이 문제에 대해서 本格的으로 可能性을 打診해보고 問題分析을 해보도록 하겠읍니다.

그 다음에 먼저 提起하신 문제로 돌아가겠읍니다.

이 문제를 拉致犯解決에 있어서 상당히 흥미있는 의견을 말씀하셨읍니다마는 특히 그 過程에서 78年의 獨逸 「티메」事件이라든가 혹은 「브레진카스」事件에 대한 소상한 說明은 대단히 좋은 참고가 되었읍니다.

그런데 이에 대해서 몇가지 참고로 저희 政府의 입장을 말씀드리면 乘務員과 乘客의 對象안에서 乘務員이 拉致犯들이 主目的이었다는 그러한 말씀이 있었읍니다마는 이에 대해서 行政府로서는 答辯할 입장에 있지 않다는 것을 양해해 주시기 바랍니다. 어디까지나 이것은 司法 裁判過程에서 이것이 밝혀짐으로써 이것이 명백해질 문제이기 때문에 현재로서는 答辯을 드릴 수 없음을 유감으로 생각합니다.

그런데 마지막으로 이 문제에 대해서 國內 裁判權을 拋棄함으로써 이들의 「후리덤 화이터」에 대한 소위 自由中國에 送還을 해주는 것이 좋겠다는 金顯煜委員께서도 말씀하신 것은 저도 잘 알겠읍니다마는 현재 우리가 對外的인 責任은 「헤이그 컨벤션」에 의해서 두가지밖에 없읍니다.

하나는 이들을 裁判權을 行使해서 裁判을 하든지 안하게 되면 中共에 되돌려 주어야 됩니다. 이 둘 중에 하나인데 이들을 위해서 좋은 것은 역시 裁判權行使가 아니냐 이것이 저희들 입장입니다.

감사합니다.

○委員長 韓斗玩 다음은 林鍾基委員께서 質疑해 주시기 바랍니다.

○林鍾基委員 林鍾基올시다. 몇가지만 물어보겠읍니다.

첫째 「센투」代表團一行의 上陸許可가 날때까지 우리 政府는 代表團 名單만을 받았지 그 代表團一行의 職銜表示는 전혀 받지를 못했읍니다. 따라서 代表의 地位라든가 이런 문제에 대해서는 전혀 머리를 쓰지 못하지 않았느냐 그런 생각이 들고 「센투」代表團이 오는 것에 대해서 受諾을 하는 同意를 하는 電報를 보냈는데 "貴下의 訪問을 허락합니다" 그렇게 해놓고 이번 事件은 我國 外務部에 의해 다루어짐으로 貴國 外務部 高位代表者가 同行토록 강력히 요구합니다.

그러나 代表團은 아시다시피 中共民用航空總局의 總局長이하 全員이 民用 航空總局의 職員이지 外務部職員은 한 사람도 안온 것으로 外務部가 내주신 書類에는 나타나 있읍니다.

그렇다면 結果的으로 外務部의 高位代表者가 同行토록…… 同行입니다. 이것도 代表로 오라고 하는 얘기도 아니고 同行토록 강력히 요구한다. 이 강력한 요구는 받아들여지지 않고 말았읍니다. 결국 이것은 여러 委員들께서 이야기 있었읍니다마는 代表의 地位라든가 信任狀이라든가 委任狀問題까지도 야기시키고만 것이올시다.

그리고 더우기 중요한 것은 「센투」 總局長의 서울訪問 提議가 있은 後 17時間이 지난 後에 거기에 대해서 同意를 해주는 電報를 쳤읍니다.

그런데 「센투」總局長의 訪問提議는 어디까지나 個人資格으로 오겠다는 그러한 提議였읍니다. 그럼에도 불구하고 거기에 대해서 아까 말씀드린 바와 같은 條件을 붙였읍니다마는 어쨌든 17時間만에 同意해주는 그러한 電報를 쳤고 또 同意해주는 電報를 받은 中共은 24時間이 지나자마자 서울에 到着이 되고 말았읍니다.

그리고 그 名單은 물론 到着前에 우리나라에 電報로 왔읍니다마는 職銜의 表示는 없었다는 것은 아까 말씀드린 바와 같습니다. 이래서 代表團의 上陸許可에 이르기까지에 있어서의 우리 政府의 對處하는 方案은 조금 소홀한 점이 많지 않았는가 이러한 생각이 들어서 여기에 대해서 말씀을 해주시고 이 사람들이 代表團들이 올 때까지는 大韓民國 大韓民國 이렇게 했읍니다.

아까 次官이 말씀한 것과 같이 「센투」가 두번 大韓民國이라고 電報를 쳐왔어요. 그러나 들어오자마자 韓國으로 변했고 또한 第3次 全體 會議가 끝나자마자 다시 말씀드려서 實務會議에 들어가기 전에 이미 이 사람들은 南韓이라고 외쳤읍니다. 들어오기까지는 大韓民國하고 또 中間에 韓國으로 변했고 또한 第3次 全體 會議가 끝나자마자 實務會議에 들어가기 전에 南韓이라고 벌써 變하고 말았읍니다.

그래서 國號問題에 대해서는 이 사람들이 代表團들이 들어와서 協商을 한 결과 우리 政府의 低姿勢랄까 意中을 打診을 했기 때문에 實務會議에 들어가기 전에 이미 南韓이라고 부르짖게 된 것이 옳시다. 거기에 대해서 소홀한 점이 있었는지 없었는지 말씀을 해주시고……

다음 세번째 이번 事件處理로 인해서 우리 政府가 얻은 것이 무엇이며 또한 잃은 것이 무엇인가 反省하는 의미에 있어서 得失이 무엇이냐 거기에 대해서 이야기를 해주시고 네번째 이번 協商期間中에 있어서 國民의 反應이나 輿論이 어떠했으면 좋겠다고 생각을 했는가 여기에 대해서 많은 이야기가 나왔읍니다.

몇年前 北傀漁夫가 板門店을 통해서 돌아갈 때 심지어 衣服까지 다 던지고 膳物까지 다 던져버리고 말았읍니다. 그래도 不幸中 다행히 이 사람들이 우리가 준 好意에 대해서 膳物에 대해서 그래도 버리지 않았기 때문에 다행히 었지 만약에 이 사람들이 北傀의 漁夫와 똑같은 그러한 行爲를 했다 하면 우리 國民의 輿論 反應은 또 어떻게 대해야 할 것인가……

國民外交的인 그러한 側面에서 이번 交涉期間中에 있어서의 國民輿論이 과연 옳은 輿論이었던가 또 政府가 바라는 그러한 輿論이 었는가 여기에 대해서 말씀을 해 주시고 마지막으로 交涉中에 있어서 協商中에 있어서 가장 어려웠던 점이 무엇이었는가 또 그러한 어려운 점이 다시 이후에 있어서 어떠한 事件이 났을 때 또다시 문제로 나올 수 있는 소지가 있는 건가 해소 되었는지 거기에 대해서 말씀해 주셨으면 감사하겠읍니다.

이상입니다.

○委員長 李斗玩 준비가 되는 대로 政府答辯에 임해 주시기 바랍니다.

○外務部次官 盧載源 林鍾基委員님의 質問에 대해서 答辯드리겠읍니다. 시간도 늦으니까 되도록이면 빨리 간단하게 하는 것을 용서해 주시기 바랍니다.

中共代表들이 上陸許可를 하기전에 代表의 名單과 職銜에 대해서 분명하게 밝히지 않았다는 그런 말씀이 계셨읍니다. 이러한 경우에 있어서 우리가 相對方이 提出하는 名單과 또 그 提出하는 職銜을 그대로 받아들이는 것이 外交的인 하나의 慣例가 되고 있읍니다.

그렇기 때문에 지금 현재 아까도 저희들이 말씀드렸읍니다마는 나중에 또 나오는 그러한 質問과 겹쳐서 말씀드리는데 外務部職員이 外交官이 있었느냐 없었느냐 또 일부 新聞에서는 또 있었다는 主張도 있읍니다마는 현재 저희들이 지금 여기서 公式的인 입장에서 答辯하는 과정에서는 어디까지나 그것은 相對方이 正式으로 提出한 名單과 또 그 職銜을 가지고 대하는 것이라는 것이 저희들이 公式的인 答辯이라는 그런 점을 이해해 주시기 바랍니다.

그렇기 때문에 例를 들면 우리가 이제 林鍾基委員께서 지적하신 바와 마찬가지로 우리가 둘째 同意하는 電文을 보낼 때 沈圖가 個人的인 資格으로 오기를 希望한다고 하는 것에 대해서 우리들이 오는 것을 同意를 할 때는 우리가 外務部에서 이 문제를 취급한다 그리고 外交官이 함께 와주기 바란다고 이야기를 했읍니다. 그것이 우리의 主張이고 우리의 立場表示였읍니다. 그런데 沈圖가 우리의 立場에 대해서 反對를 하지 않았읍니다. 反對를 하지 않았다는 것은 우리의 主張을 받아들였다는 이야기고 또 그 받아들이는 과정에서 이네들이 名單을 보내왔읍니다. 이것이 바로 현재 복잡한 소위 外交關係가 없는 中共과의 관계에서 나타나는 虛虛實實의 과정에서 나타나는 이러한 現象이라고 이해를 해주셨으면 감사하겠읍니다. 그렇기 때문에 그러면 과연 우리가 요구하는 外交官이 왔느냐 안왔느냐 현재로서는 이 公式的인 입장에서는 저는 오지 않은 것으로 안다고 밖에 答辯을 할 수가 없읍니다.

그 다음에 오기전에는 ROK를 쓰고 또 會談中에는 소위 엉뚱한 이야기가 나오고 했다는 그러한 말씀이 있었읍니다마는 적어도 분명한 것은 한가지 있읍니다. 오기전에 우리에 대한 電文連絡에서는 ROK를 썼고 또 나갈 때도 文書에 ROK를 썼다 이것은 또 엄연히 없앨 수 없는 하나의 분명한 사실입니다.

이것이 더 중요한 것이 아닌가 하고 우리가 생각을 합니다.

그 다음에 얻는 것이 또 무엇이며 잃은 것이 무엇인가 이러한 質問이 계셨읍니다마는 여러가지로 이것은 檢討를 해서 참 면밀히 앞으로의 可能性까지 합해서 알아보아야 하겠읍니다마는 현재 이 時點에서 보는 것은 조금 時機尙早 아니냐는 생각이 듭니다. 앞으로 시간을 두면서 저희들도 연구를 해나가야 할 문제이기 때문에 당장에 答辯을 못해 드리는 것을 용서해 주시기 바랍니다.

協商中에 가장 어려웠던 점이 무엇인가 마지막 質問이 계셨읍니다마는 역시 보통 國交가 있는 나라 사이에서의 外交交涉이 아니었기 때문에 소위 이러한 非正常的인 관계 無修交關係 그리고 北傀하고의 관계가 엉클어져 있는 나라에서 交涉이 역시 그런 條件과 環境이 제일 어려운 점이었다고 이렇게 말씀드릴 수 있겠읍니다.

감사합니다.

○委員長 奉斗玩 다음은 李閏基委員께서 마지막으로 質問해 주시기 바랍니다.

○李閏基委員 마지막입니까?

○委員長 奉斗玩 마지막입니다.

○李閏基委員 마지막이라니까 가벼운 마음으로 몇가지만 묻겠읍니다. 사실은 다 지적된 얘기들이기 때문에 뭐 重言復言할 필요도 없겠다고 생각이 되었는데 제가 마지막이지마는 그래도 몇마디해야 되겠다고 느끼는 것이니 섭섭하게 듣지 마세요.

盧次官 答辯하는 태도가 말이지요. 이것은 내가 마지막이기 때문에 꼭 좀 짚어 놓아야 되겠다고 싶어서 얘기를 합니다. 여기에는 高等學校學生들 公民時間이 아닙니다. 적어도 國會와 政府사이에 質疑와 答辯이 오고 가는 곳인데 아까 學界의 權威이신 李建鎬委員님께서 무언가 솔직하게 얘기하면은 우리가 다 이해가 되지 않겠느냐 하는 식의 종용이라 할까 말씀도 계셨고 또 우리 高黨首님께서도 같은 趣旨로 뭐 中共하고 좀 무슨 關係改善을 해 보기 위해서 조금 이렇게 했다 이런 식으로 솔직하게 얘기하면 다 이해가 갈만한데 굳이 끝까지 무슨 政府의 입장에서 다뤘다 하는데 그 志操지키는 것 대단히 좋습니다마는 이것은 가랑잎으로 눈가리고 아웅하는 격이에요.

내가 하나 지적을 해볼께요. 꽃다발 얘기 拍手 얘기가 여러번 나왔지마는 아니 國內外무슨 貴賓들이 오고 가고 할 때 가령 學生들이 길거리에 堵列하는 것이 그것이 學生들이 自願해서 나와섰읍니까? 어디에서 나오라고 해서 나온 것입니다. 꽃다발요. 아니 中共놈이 와가지고 그 놈들이 어떤 놈인지도 모르는데 겁이 나는데 아 어디서 꽃다발 갖다 줄 사람이 누가 있읍니까? 校長先生님들이 박수를 쳐요. 校長先生님만큼 약하고 약은 사람들이 없읍니다. 눈치보기 일쑤일텐데 校長先生님들이 박수를 쳐요. 누가 뒤에서 종용 안하고 이것을 政府에서 시킨일이 아니고 무슨 民間次元에서 스스로 했다 이런 식으로 끝까지 고집하는 이런 것은 高等學校 公民時間에 가서 할 소리지 이것은 여기서 할 소리는 아니다 이것을 꼭 짚어놓고 싶습니다.

그리고 이왕에 이야기를 벌린 김에 한 두서너가지만 내가 좀 묻겠읍니다.

外務部長官 訪美結果에 관한 報告가 長官이 바로 美國을 갔다 왔기 때문에 이 양반을 상대로해서 물어야 될텐데 이 양반이 없어서 次官의 答辯으로서는 될른지 모르겠읍니다마는 소위 交叉承認問題에 대해서 美國과 견해를 같이 하기를 지금은 狀況으로 보아서 그럴 때가 아니다 이런 식의 이야기가 나왔는데 이것 한가지 문제가 統一院의 소위 統一路線이라고 할까 方針하고 지금 外務部에서 하는 이야기하고는 다릅니다. 왜냐 하면 交叉承認하자는 그 주된 이유가 우선 南·北間의 緊張을 緩和시켜놓고 보자 이런 뜻입니다. 그래서 하나의 方便으로써 緩和를 시키고 交叉承認을 하고 基本條約을 締結하고 同時加入을 하고 이런 식의 얘기아닙니까? 그런데 方針은 方針이고 推進은 推進인데 方針만을 確定지워놓고 推進은 안한다는 것인지 지금 얘기로 보아서는 方針自體도 제 귀에는 호몃하게 들리고 있읍니다. 그러면 이것은 國土統一院의 統一方法하고 外務部하고는 조금 맞지 않는 그런 인상을 주고 있읍니다.

이것 좀 내가 분명히 묻고 싶습니다. 지금 方針은 그런데 時期的으로 推進할 때가 아니다 그러면 어느 때가 推進할 때입니까? 그렇다면 지난번에 내가 잘못 알고 있는지 모르지만 가령 美國國務長官을 통해서 혹은 日本사람을 통해서 中共에다가 交叉承認 打診까지 뭐 要請했다 이런 식의 애기가 나왔는데 그럼 그때는 交叉承認을 推進할 時期이고 지금은 時期的으로 보아서 아니다 이것 말이 앞뒤가 맞지 않지 않느냐 이런 생각이 들어갑니다.

그 다음에 하나 더 覺書를 보고 제가 느낀 것을 이야기합니다.

이것 門外漢이 되어서 무식한 所致가 될른지 모르겠읍니다마는 覺書 第5項을 한번 보세요. "沈圖總局長 一行은 入院中인 2名의 乘務員과 서울市內「호텔」에 留宿中인 기타 乘務員 및 乘客을 訪問하였다." 이렇게 되어 있읍니다. 이것 당연한 것아닙니까? 이것 하기 위해서 왔는데 이것이 「메모랜덤」에 들어가야 할 이유가 무엇이냐 내가 생각할 때 이것은 빠져야 되고 오히려 들어가야 할 문제는 소위 拉致犯에 대한 管轄權인지 여기에 대한 무엇인가 條項이 하나 挿入이 되었어야 되지 않겠느냐…… 政府에서 이제까지 辯明하기를 이것은 당연히 우리가 전혀 저쪽의 干涉이나 拘礙없이 스스로 할 문제이기 때문에 안넣었다 이렇게 말하는데 그러면 이것 보세요. 拉致犯의 國內法에 의한 裁判通告에 대해서 拉致犯 引渡를 協商할 交涉權을 留保하고 간다 하는 식의 말을 남겼읍니다. 이 沈圖 라는 사람이 名色이 어쨌든간에 民間人이든 말든 간에 代表인데 公式的으로 記錄은 안남겼다 하더라도 이런 말을 던지고 갔다 이 말 자체는 상당히 含蓄性있는 얘기입니다. 언제인가는 이 문제에 대해서도 關與하겠다는 얘기가 될 수도 있는 것아닙니까? 그렇다면 아까 우리 李建鎬委員께서 어떤 解釋을 내리시기를 中共과 우리는 準戰時狀態이기 때문에 굳이 「헤이그」協約을 지키지 않아도 괜찮다 하는 식의 견해까지 나오고 있읍니다. 또 이 사람들에 대해서 우리가 보는 견해가 「하이젝커」냐 아까 말한 「후리덤 씨커」냐 하는 이런 식의 견해까지도 분명히 안나와 있다면 이 사람들을 裁判하는 그 刑量에 있어서는 상당히 그 幅이 넓습니다. 이것은 상당히 裁量權이 우리가 있다고 봅니다. 이러면 이럴수록 우리가 이 사람들에 대해서 어떻게 한다 하는 것은 전혀 우리의 管轄權이지 너희는 關與하지 못한다 하는 이것을 覺書속에 이 점은 오히려 挿入해야 하지 않았느냐 아까 말한 것처럼 沈圖가 와가지고 무슨 아픈 사람을 訪問하고 「호텔」에 가서 들여다 보았다 하는 그것까지 다 넣을 것같으면 어디에서 꽃다발주고 한 것까지 넣어야 될 것이 아니겠느냐 이것이 「메모랜덤」에 들어가야 될 兩側의 그 意義가 무엇인지 나는 이것이 도저히 이해가 안갑니다. 어디에서 3萬원짜리 밥 먹었다 이것까지 넣어야 될 것이 아니겠느냐 이 말입니다.

그 다음에 긴말 줄이겠읍니다. 이 民航局長이라는 사람의 地位가 中共에 있어서 어떤 地位입니까? 民航局이라고 하는 것이 黨機構의 무슨 一部라는 말도 있고 별 얘기가 있는데 그 性格을 좀 알려 주었으면 좋겠읍니다. 왜 質問을 하는고 하니 아무리 未修交國家間의 갑작스러운 事態로 인해서 일이 이루어졌다 하더라도 交涉의 代表라는 사람은 兩雙方이 政府次元에서 나와야 되겠는데 한쪽은 純粹民間人이고 한쪽은 政府代表다. 이것은 外交의 國際慣例라 할까 이것이 한 나라의 大統領에는 相對的인 大統領 總理에는 總理 外務部長官할 것같으면 外務部長官 이렇게 해야 하지 않겠느냐 그러면 우리側에서 次官補 그러면 그쪽도 次官補 이것이 우리가 칼자루를 쥐고 우리가 料理하고 있는 판에 우리는 次官補 外務當局者 저쪽에는 民間人 무엇을 그렇게 엎어져 가지고 접이 나가지고 성급하게 떠들어 댈 이유가 무엇이냐 이것이야! 당당히 오라 말이야! 外務部長官이 오든 次官이든지 오너라 올 때까지 保留해 놓아! 그러면 그 사람들이 오면 오는 만큼 우리도 대하면 될 것이 아니겠느냐?

내가 거꾸로 한번 생각해 보았읍니다. 우리나라의 航空機가 反對現象으로 中共으로 拉致되어 갔을때 KAL의 代表가 간다 이렇게 했을때 저쪽에서 우리가 받아들인 것처럼 쉽게 받아들이겠느냐…… KAL 代表하고 그쪽 外務次官補하고 만나겠느냐? 모르긴 하지만 조금 어렵지 않겠느냐 이런 생각이 들어갑니다.

이것은 다시 말하면 무엇인가 딱집어 말하기는 어렵지만 이 흐름에 있어서 허겁지겁하는 低姿勢的인 이런 것은 도저히 우리가 그 非難을 면하지 못할 그런 식의 處理를 하지 않았느냐 이런 생각이 들어갑니다.

마지막으로 이번의 事件處理 하는데 있어서 性格을 제가 이렇게 생각을 해보았읍니다. 어떤 理論과 國內的 狀況과 어떤 名分보다도 다분히 앞으로 中共과의 關係改善을 위한 實利面만을 追求했다 그래서 精神的으로 物質的으로 온 國民의 빈축을 받아가면서까지 상당한 投資를 했다 그러면 그 投資의 結果가 앞으로 어떻게 나타날 것인가…… 實利的인 面을 가지고 投資를 했으니까 얘기입니다. 그래서 中共과의 關係改善에 있어서 우선 國交的인 次元에서 正常化는 못한다 하더라도 民間 「레벨」의 가령 무슨 文化交流라든지 이런 것을 具體的으로 어떻게 推進시키고자 한다 하는 이런 政府의 腹案을 미리 갖고 實利面을 追求했느냐 아니면 우선 상대가 中共이니까 그저 했느냐 이런 식의 궁금증이 납니다. 아울러서 여기에 잇달으는 質問입니다. 우리가 잘 아시다시피 2000年代까지는 中共이 4大 現代化計劃을 成功시킨다 이럽니다. 그때는 中共의 國民 소위 「퍼 케피터 인컴」이 1,000弗이 된다고 그래요. 이렇게 되었을 때 軍事的으로 혹은 政治的으로 文化的으로 우리한테 어떻게 影響이 미치겠느냐 하는 것을 생각해 보고 어떤 對策을 강구하면서 그와 關聯을 지워서 멀리 내다보고 이번에 이 문제를 處理하는 政府의 態度를 갖추었는지 끝으로 이 점을 묻고자 합니다.

이상입니다.

○委員長 奉斗玩 감사합니다.

政府側 準備되시는 대로 答辯에 임해 주시기 바랍니다.

○李閏基委員 미안합니다.

내가 한가지만 더 얘기할게요. 이것은 質問과 다른 얘기인데 外務部에서 참고로 하세요.

지난번 「헬싱키」에서 열린 IPU總會에 參席하기 위해서 소위 得票工作이라 할까…… 이것을 위해서 관계 몇個國을 巡訪하면서 갔읍니다. 그때에 「레바논」의 「베이루트」에 들렀을 때 마침 美大使館에 爆破事件이 났읍니다. 그런데 事故가 났던 그날 밤에 各 新聞社에서는 그 安危를 물어오는 電話가 빗발치듯 오는데 外務部에서는 잠잠해요 이튿날 날이 밝고 실컷 있다가 뒷북치는 식으로 어떻게 되었느냐 이런 식의 安危 묻는 것이 왔읍니다. 거기에는 現地에 가 보니까 완전히 戰爭狀態에요 우리 外務部에서 잘 아시겠지만 우리 大使館 우리 大使館의 官邸 大使가 타는 乘用車 이것이 전부 防彈되어 있읍니다. 그러니까 6·25事變以後에 서울에 收復했을 때 그 狀況을 연상해 보면 틀림없어요. 그래서 그 大使 얘기가 車를 타고 어디를 지나가면 뒤꼭대기가 간질간질하다고 그래요. 銃彈이 곧 날아올 것같아서 이런 狀況에서 더구나 復舊事業을 支援하기 위해서 「먹키그룹」에서 電線이어주기 위한 工事를 담당하기 위해서 근 100餘名이 나와 있는데 이러한 狀態에서 그 爆破事件이 타터졌는데 내가 알기로는 금방 알았을텐데 新聞社에서 먼저 電話가 디립다 걸려 오는데 外務部는 잠잠하다 내가 보고 한심하다 이런 생각이 들었읍니다. 왜 그렇게 느림뱅이를 부렸는지 그러면서 어떻게 中共과 이 문제는 그렇게 허겁지겁하는지 이것 참 對照的인 일로 내가 생각되었읍니다.

이것은 答辯을 要求하는 것이 아니고 參考로 하시라고 내가 말씀드리는 것입니다.

○委員長 奉斗玩 外務部次官 나오셔서 答辯해 주시기 바랍니다.

○外務部次官 盧載源 李閏基 委員님의 質問에 대해서 答辯드리겠읍니다.

먼저 제 答辯過程에서 미숙하고 또 미흡한 점이 있는데 대해서는 심심한 사과를 드립니다.

앞으로는 더 성실하게 答辯하도록 하겠읍니다.

그 다음에 이번에 外務部長官의 訪美結果 交叉承認問題에 대해서 말씀이 계셨읍니다마는 이 交叉承認에 관해서는 基本立場은 우리의 基本政策에 가서는 변함이 없다는 것을 말씀드리고자 합니다. 그러나 交叉承認의 關聯國인 美國이나 蘇聯 中共 日本間의 關係와 또 諸般事情들이 美·蘇와 中·蘇 또 日·蘇 日·中 關係등 여러가지 與件들이 成熟하지 않고 있다는 그런 견해와 판단이 대충 지금 현재 關係國에서 있다는 것을 參考로 말씀드리고자 합니다.

覺書의 5項에 관해서 말씀이 계시면서 不必要하지 않느냐는 말씀도 있었읍니다. 그러면서 拉致犯의 管轄權에 대해서는 왜 말이 없느냐 하는 그런 말씀이 계셨읍니다마는 조금 더 이 자리를 빌어서 소상히 말씀드린다면 당초에는 우리가 裁判管轄權을 하겠다는 것을 이야기 했을 때 저쪽에서는 留保를 이야기했읍니다.

그러나 저희들로서는 이것을 主權에 관한 일이기 때문에 留保를 다룬 그러한 裁判管轄權의 行使는 우리는 할 생각이 없다 그렇기 때문에 文書上에서 그러한 留保까지 들어오는 것을 우리는 反對를 했읍니다. 그런데 그쪽에서는 그것은 留保는 또 들어가야 하겠다고 하기에 그렇다면 우리로서는 이것은 主權의

行使이기 때문에 合意의 對象이 되지 않는다는 立場에서 이번 覺書에서 빠진 것입니다. 빠졌다고 하는 것은 무엇이냐 우리 主權行使를 더 분명히 하기 위한 우리 意圖가 움직였다는 것을 이해해 주시기 바랍니다.

또 조금 전에 戰時國際法에 관한 말씀이 계셨읍니다마는 參考로 이에 대해서 아까 說明을 올렸읍니다마는 「헤이그」協約의 適用의 法的 效果에 대해서는 우리 政府가 「헤이그」協約에 대한 加入을 했을 때 아무런 留保條項 없이 加入을 했기 때문에 현재로서는 그러한 立場을 闡明하기는 힘들게 되어 있다고 생각합니다.

그 다음에 「沈圖」 民航局長의 地位에 대한 質問이 계셨읍니다마는 분명히 이 사람은 政府機關의 사람입니다. 그렇기 때문에 순수한 民間人이 아니라는 것을 분명히 말씀드리고자 합니다. 沈圖가 代表하고 있는 民航總局은 例를 들어서 말씀드리면 交通部에서의 航空에 관한 소위 長官의 權限을 가지고 있읍니다.

그러니까 어떤 우리 식으로 交通部長官 밑에 航空局長이 있어서 하는 것이 아니라 航空行政에 관해서는 閣僚와 마찬가지의 位置를 가지고 있고 또 政策樹立者라는 立場이 있고 동시에 航空會社의 社長이라는 역할까지 3個를 兼하고 있읍니다. 그러니 어떤 사람은 이것은 「슈퍼」閣僚 閣僚보다도 더높은 사람이라고 하고 이런 식으로 얘기합니다마는 그 個人的인 位置도 黨의 中央委員이기 때문에 그러한 높은 地位를 가지고 있는 사람이라고 이야기할 수 있읍니다. 그러나 하여간 이 사람이 그러한 航空問題에 관해서는 政府를 代表하는 地位에 있는 사람이라는 것은 분명한 것으로 말씀드릴 수가 있겠읍니다.

또 事件을 處理하는데 있어서 名分보다도 中共關係 改善의 實利를 追求하고자 하다가 보니까 政府에서 여러가지 그런 복잡한 것이 있지 않았느냐고 말씀이 계셨읍니다마는 어디까지나 우리의 이 事件에 대한 基本的인 立場은 事件을 處理하는 것에 있으며 그러한 處理하는 過程에서 상대방하고의 관계가 좋아져서 그러한 관계가 與件의 形成과 改善 그리고 國際情勢의 改善에 따라서 만약에 우리가 中共과의 관계를 改善할 수 있다면 그것은 副產物的인 이야기이지 이것이 主目的이 되지는 않았다는 것을 다시 또 분명히 말씀드리고자 합니다.

감사합니다.

○委員長 奉斗玩 더 質疑하실 委員 안계십니까?

안계시면 오늘의 政府側 報告에 대한 質疑는 이것으로 終結되었음을 宣布합니다.

會議를 마치기에 앞서서 한 말씀 드리고자 합니다.

오늘 두 案件에 관한 政府側의 說明을 우리는 소상히 들었읍니다. 또한 外務委員 여러 분께서도 저녁을 이렇게 걸러 가시면서 진지한 質疑를 해주신 데에 대하여 委員長으로서 감사하는 바입니다.

우리 韓半島 周邊情勢를 감안해 볼 때 蘇聯이 極東軍事力을 增强시키고 있고 또 北傀가 準戰時狀態를 宣布하는 등 北方의 氣流가 심상치 않은 이때에 外務部長官의 訪美成果를 우리는 의미있는 것으로 받아들이면서 우리의 對美外交의 허점이나 便宜的 對應策으로만 국한치 않토록 外務部當局에서는 세심한 노력을 경주해 주실 것을 당부드립니다. 그리고 오늘 質疑와 答辯을 통해서 나타난 問題點 方案 등등을 우리 政府當局에서는 앞으로 外交政策을 펴나가는데 있어서 創造的인 外交를 해 나가는데 있어서 議會의 機能을 最大限度로 살려서 參考로 해 주시고 有機的인 關係를 더욱 돈독히 한다는 그러한 眼目을 넓혀 주시기 바랍니다.

中共旅客機事件을 계기로 해서 우리나라와 中共間의 여러가지 分野에 걸친 關係의 發展을 위해서 우리 政府가 이 時點에서 무엇을 어떻게 어느 部分부터 힘써 나가야 할 것인가 이것도 면밀히 檢討하셔서 國家利益에 도움이 되고 國民으로부터 肯定的인 반응을 불러 일으킬 수 있도록 힘써 주시기 바라고요. 또 온 國民이 우리 議會의 活動狀況에 언제나 관심있게 주목하고 있다 하는 점을 우리 모두가 잊지 않도록 해야 될 것으로 믿습니다.

長時間 會議에 參與해 주신 여러 委員님과 政府側에 감사드리면서 이상으로 會議를 모두 마치겠읍니다.

散會를 宣布합니다.

(20時50分 散會)

62 (第116回—外務第7次)

○出席委員

奉斗玩 金顯煜 朴源卓
申相楚 吳世應 李建鎬
李慶淑 李相鮮 李世基
李榮一 李鍾贊 丁來赫
金判述 柳致松 柳漢烈
李閏基 林鍾基 許景九
朴在旭 林德圭 高貞勳
朴定洙

○委員아닌出席議員

金龍洙 文龍珠 宋志英
柳根框 金秉烈 金順圭
申鎭洙 沈憲燮 洪晟杓
李東鎭

○出席專門委員및立法審議官

專門委員 金周鳳
立法審議官 辛榕洲

○出席國務委員

外務部長官 李範錫

○出席政府委員

外務部
次官 盧載源
第1次官補 孔魯明
第2次官補 朱炳國
企劃管理室長 徐京錫
亞洲局長 朴健雨
國際機構條約局長 李長春
經濟局長 南洪祐
領事僑民局長 吳彩基

【報告事項】

○常任委員變更

委員名	舊委員會	新委員會	交涉團體
李萬燮	外務	建設	한국국민당
朴在旭	建設	外務	한국국민당

(5月11日字)

1. 한중 양국 정부간 민항기 사건 협상 각서(한국일보 1983년 5월 11일 1면)

覺　　書(全文)

1, 105명의승무원과 승객 (名單別添) 이 탑승한 中國民航 소속 항공기 1臺 (트라이던트, B296호커 시플리 121) 가 1983년 5월 5일 한국 春川비행장에 不時着하였는바 同航空機는 6명의 拉致犯들에 의하여 被拉된것으로 밝혀졌다。 9명의 승무원중 2명이 범인들에 의하여 銃傷을 입었다。

2, 韓國當局 (The Korean Authorities)은 승무원과 승객의안전을 확보하는 적절한 조치를 취함으로써 탑승자들을 人質상태로부터 구출하였다。

3, 2명의 負傷者는 수술과더불어 신속하고도 적절한 치료를 받고 서울시내 한 병원에서 회복중에 있다。

4, 中國民用航空總局 沈圖 總局長과 일행은 本件에 관하여 韓國當局과 교섭하기 위하여 1983년 5월 7일 서울에 도착하였다。

5, 沈圖 總局長과 일행은 입원중인 2명의 승무원과 서울시내 호텔에 留宿中인 기타 승무원및 승객을 방문하였다。

6, 兩側은 관계 國際協約의 규정에 의한 양측간의 교섭을 통하여 被拉항공기의 승무원, 승객과 機體를 가능한한 조속히 송환하는데 합의하였다。

7, 부상자중 重傷을 입은 1명은 서울에서 계속 치료를 받아 여행이 가능할 정도로 회복될때에 歸還할 것이다。

8, 沈圖總局長은 機體의 안전과 승무원및승객의 건강, 그리고 부상자의치료를 위하여 한국이 취한 신속하고도 적절한 조치에 대하여 韓國측에 감사의 뜻을 표명하였다。

9, 兩側은 이번사건의 처리과정에서 충분히 발휘된 相互協調의 정신이 금후 양측이 관련되는 緊急사태發生時에도 계속 유지되어야 한다는 그들의 희망을 표명하였다。

1983년 5월10일 서울에서 작성하였다。

大韓民國 (The Republic of Korea)	中華人民共和國 (The People's Republic of China)
外務部第1次官補	中國民用航空總局 (CAAC)總局長
孔魯明	沈圖

2. 어뢰정 사건 협상 관련 한우석 외교부 제1차관보의 언론 인터뷰(조선일보 1985년 3월 27일)

"中共「韓国主権존중」法的효과"

韓 外務제1차관보와 一問一答

本文 国号사용 없지만 次元높아

외국軍艦의 下克上 간여엔 限界

체재비·수리비등 청구계획 없어

〈林東明기자〉

3. 어뢰정 사건 협상관련, 김정훈 홍콩 총영사 언론 인터뷰 (조선일보 1985년 3월 29일)

"받아낼 것 다 받아냈읍니다"

「어뢰정」 협상主役 金正勳홍콩총영사

◇金正勳총영사

謝過 줄다리기…北京연락 2~3시간씩 걸려

中共대표가 우리領事館에 와 10여차례 회담

【홍콩=鄭運成특파원】

1. 沈图,『沈图回忆录』天津. 百花文艺出版社. 1993

〔津〕新登字(90)002号

沈图回忆录

百花文艺出版社出版(天津市张自忠路189号)
天津新华印刷二厂印刷　新华书店天津发行所发行
开本850×1168毫米　1/32　印张10　插页6　字数200000
1993年5月第1版　1993年5月第1次印刷
印数1—10000

ISBN 7-5306-1201-8/I·1101　定价:7.70元

目　录

1

·目　　录·

在韩国处理"五、五"劫机案
左一、韩国外省部长孔鲁明
左三、大韩航空公司总裁赵重勋

2. 王仪轩, 许光建『中韩劫机外交』当代中国出版社. 2009

我一架民航客机被武装暴徒劫持到*南朝鲜*

沈图拟前往汉城处理此事，
致电南朝鲜民航局长希望得到协助

【人民日报1983年 5月 6日　第 1版

【字号：加大 还原 减小】

新华社北京5月5日电　新华社记者从中国民航局获悉：今天上午，一架中国民航客机被武装暴徒安卫建等数人劫持，被迫于当日13时10分在南朝鲜汉城附近的春川军用机场降落。

中国民航296号客机是今日上午10时40分由沈阳起飞去上海的。

春川机场在汉城东北约80公里。据外电报道，这是美国的一个军事基地。

据了解，这架客机载有105人，其中机组人员9人。

新华社北京5月5日电　中国民航局局长沈图今天为中国民航的一架客机被劫持到南朝鲜春川机场降落一事，致电南朝鲜民航局局长金彻荣，对机上的旅客和机组人员表示极为关切。他在电报中说，为了处理此事，我拟亲自尽快前往汉城，迫切希望得到你的同意和协助。

电报说，等待你立即复电。

1122 中国外交部发言人就中国民航班机被武装暴徒劫持在南朝鲜降落一事发表的谈话

（5 月 5 日）

外交部发言人 5 月 5 日就中国民航班机被武装暴徒劫持在南

2373

朝鲜降落一事发表谈话如下：

5 月 5 日，中国民航三叉戟 296 号班机从沈阳飞往上海途中，被武装暴徒劫持后在南朝鲜春川机场降落，机上人员共 105 人。中国方面要求南朝鲜当局根据国际民航公约有关条款，立即把上述飞机连同机上全体机组人员和全体乘客交还中国民航，并将劫持飞机的罪犯交给中方处理。为了妥善处理此事，中国民航局局长沈图将率领工作小组前往南朝鲜。此事中国民航正在与南朝鲜民航进行联系，等待答复。

六名劫机暴徒都是刑事犯罪分子

犯有伪造证件、投机诈骗、盗窃等罪行，已立案审查；在劫机前因盗窃枪　支弹药罪行被揭发，公安机关正在追捕

【人民日报1983年 5月 11日　第 1版

【字号：加大 还原 减小】

新华社北京5月10日电　记者从公安部门获悉，5月5日劫持中国民航二九六号客机的6名武装暴徒是：卓长仁、姜洪军、安卫建、王彦大、吴云飞、高东平(女)。他们都是犯有盗窃枪支弹药、伪造证件、投机诈骗等罪行的刑事犯罪分子。高东平是卓长仁的姘妇，道德败坏。

暴徒卓长仁原为辽宁省机电设备公司统配产品科汽车计划员。他长期在广州、沈阳等地进行倒卖汽车、行贿受贿、投机诈骗等犯罪活动，被称为“汽车大王”。去年3月，辽宁省政法机关根据群众的揭发，已经对他的犯罪活动列为全省经济犯罪的大案要案之一，立案审查。去年9月，辽宁省机电设备公司对他作出了停职审查的决定。不久前有关政法部门已查清他的部分犯罪事实，正准备依法逮捕法办。

暴徒姜洪军、安卫建原为沈阳体育学院的工作人员。他们都曾犯有流氓盗窃等罪行，其中姜洪军曾几次因盗窃和非法持枪斗殴被公安机关拘留。劫机事件发生前，公安机关正对姜洪军、安卫建的流氓、盗窃等罪行进行审查。

暴徒王彦大、吴云飞是来往于沈阳、广州等地进行投机诈

骗活动的犯罪分子。王彦大原为沈阳市于洪区陵东公社上岗大队第四生产队金属结构厂业务员，劫机案发生前他刚从这个厂骗走一笔款项。吴云飞原是广东省琼海县温泉公社农场工人，后长期流窜在外进行诈骗活动。去年3月他在南京进行诈骗活动时曾被南京市公安机关依法拘留。劫机案发生前，有关机关正对他的犯罪活动进行审查。
这6名暴徒，在劫持飞机前，因盗窃枪支弹药罪行被揭发，是公安机关正在追捕的刑事犯罪分子。
此间有关部门指出，卓长仁等暴徒不但犯有劫机罪，而且是一伙犯有其他罪行的刑事罪犯。
南朝鲜当局应当按照有关国际公约和中国的法律，立即把他们交给中国进行审判。?

沈图同南*朝鲜方*面结束劫机事件磋商
我旅客和机组人员由汉城回到上海

中国方面对六名罪犯未被交还保留进一步交涉的权利

【人民日报1983年 5月 11日 第 1版
【字号：加大 还原 减小】
据新华社上海5月10日电 被武装暴徒劫持到南朝鲜的中国民航二九六号客机的旅客和机组人员共95名，今天下午乘中国民航波音七〇七客机由汉城安全抵达上海虹桥机场，受到各界代表200多人的热烈欢迎。
前往汉城处理劫机事件的中国民航局局长沈图和他率领的民航工作组成员也同机到达。
专程赶来的国务院副秘书长吴庆彤、中国民航局副局长阎志祥、辽宁省人民政府副秘书长于仲民以及上海市副市长倪天增等，到机场欢迎。吴庆彤对大家说："我代表党中央和国务院欢迎同志们安全归来，并向大家表示慰问。"
许多旅客流下了激动的眼泪，他们高兴地说："我们回来了！感谢党和政府的关怀！"
当被劫机暴徒打伤的机组人员王培富在医务人员搀扶下走下飞机时，吴庆彤说："你是为祖国光荣负伤的。"王培富激动地说："感谢党和政府的关怀！"他在舷梯旁向记者愤怒地控诉了6名劫机暴徒的罪行。
乘二九六号客机的3名日本旅客已从南朝鲜返回日本。

据新华社北京5月10日电 汉城消息：中国民航局局长沈图率领的工作组同被劫持的中国民航二九六号客机上的旅客和机组人员，在5月10日当地时间15时45分乘我民航波音七〇七专机离开汉城回国。离开汉城之前，沈图局长在机场同记者谈话时，对当地有关人员在照顾和协助我旅客和机组人员以及被劫持的飞机回国过程中所作出的努力，表示感谢。

在谈到对劫机罪犯的处理问题时，沈图说：双方虽然还存在着分歧，但都认为这些罪犯应该受到严惩。

这次回国的有二九六号客机旅客87人和机组人员8名。

新华社北京5月10日电 汉城消息：中国民航局局长沈图和他率领的工作组，为中国民航二九六号客机被劫持事件同南朝鲜方面的代表进行的磋商，已于10日凌晨在汉城结束。

经过磋商，双方商定：被劫持的飞机上的旅客和机组人民将和中国民航工作组同乘一架波音七〇七专机返回中国；被劫持的中国三叉戟客机，一俟技术性问题获致解决就归还中国；受伤的一名机组人员将继续留在南朝鲜就医，然后回国。

关于六名劫机罪犯的处置问题，双方未取得一致意见。中国方面指出，按照中国法律和有关国际公约的规定，这些劫机罪犯理应交还中国方面依法惩处。南朝鲜方面表示，不能把罪犯交还中国，并且声称南朝鲜方面已决定对他们进行审讯和实施法律制裁。中国方面对六名罪犯尚未被交还中国表示遗憾，并且声明保留就此问题进一步交涉的权利。

10日上午，双方就交还被劫持的客机上的乘客、机组人员和客机问题签署了一份备忘录。

据新华社上海5月10日电 上海市人民政府今晚为欢迎被劫持的二九六号客机的旅客和机组人员回到祖国举行盛大招待会。中共上海市委书记、上海市副市长阮崇武在会上讲话时，对回到祖国怀抱的旅客和机组人员表示亲切慰问。

相关报道：

1123 沈图局长就296号客机被劫事件在中外记者招待会上的讲话〔节录〕

（5月16日）

中国民航局局长沈图在中外记者招待会上说，武力劫持民航飞机是国际上公认的一种严重犯罪行为，必须受到法律制裁。他要求南朝鲜当局将6名劫机罪犯交由中国司法机关依法惩处。

……

在谈到他到汉城同南朝鲜方面就处理这一事件进行磋商时，沈图说，双方于10日签署了同意把旅客、机组和飞机送返中国的备忘录。当天下午，全体中国旅客和8名机组人员和我同乘专机回到上海。降落在春川机场的296号客机已经飞往汉城金浦国际机场，不日即将回国。

沈图说，关于6名罪犯的处理，双方没有取得一致意见。我们要求按照中国法律和有关国际公约的规定把罪犯交中国依法惩处，南朝鲜方面表示要按他们的法律处理。但双方一致认为，劫机行为是危及人民生命安全的严重犯罪行为，对劫机罪犯必须予以惩处。

沈图说：在处理这一劫机事件中，南朝鲜有关当局按照有关国

2374

际公约的规定，采取了合作的态度，保护了飞机、旅客和机组的安全，对两名受伤机组人员给予及时的治疗和护理，对旅客和机组人员在生活上给予了适当的照顾和妥善的安排。他代表民航局和296号机组以及全体中国旅客，向南朝鲜有关当局表示感谢。

沈图就二九六号客机被劫事件举行中外记者招待会指出

劫机罪犯应交我司法机关惩处

对*南朝鲜*有关当局采取的合作态度表示感

【人民日报1983年 5月 17日　第 4版

【字号：加大 还原 减小】

据新华社北京5月16日电　中国民航局局长沈图在今天举行的中外记者招待会上说，武力劫持民航飞机是国际上公认的一种严重犯罪行为，必须受到法律制裁。他要求南朝鲜当局将6名劫机罪犯交由中国司法机关依法惩处。

沈图指出：卓长仁等6名罪犯在劫机以前已犯了窃枪潜逃等罪行，登上飞机后持枪武装劫机，直接危害近百名中外旅客和机组人员的生命安全，严重触犯了中国的刑律，必须受到严厉的惩处。

他说，任何为这些犯罪分子进行开脱、减轻罪责、甚至让他们逍遥法外的做法都是绝对不允许的。我们希望南朝鲜当局严肃对待这个问题。

沈图说，在这次事件发生之后，台湾当局一直在频繁活动，对南朝鲜当局施加压力，企图把6名劫机罪犯弄到台湾。他们这种可耻行径不仅践踏了国际民航公约，也违背了世界公众的意愿，是非常不得人心的。

在有100多名中外记者参加的招待会上，沈图介绍了中国民航二九六号三叉戟客机被武力劫持以及中国民航工作组赴南朝鲜处理这一事件的情况。这架客机是5月5日上午10时49分在沈阳飞往上海的航行中被6名暴徒武力劫持的。机上载有105人，其中机组人员9人。乘客中有3名日本人。

沈图向记者们介绍了坐在他旁边的二九六号客机机长王仪轩，并简要地叙述了这一事件的经过。他说，5月5日11时20分左右，当飞机飞临山东半岛的海面上空时，暴徒卓长仁等6人突然冲到驾驶舱门口，用枪射击驾驶舱门锁，踢开舱门，持枪闯入驾驶舱，对着驾驶舱内的机组人员射击，当即将报务员王永昌和领航员王培富打成重伤。

他说，暴徒用手枪逼迫机长王仪轩和副驾驶员和长林立即改变航向，向南朝鲜方向飞去。

沈图说，在此后的一个半小时的飞行时间里，驾驶员为了机上人员的生命安全，同暴徒进行了机智的周旋。卓长仁等罪犯多次用手枪推着机长的头，叫喊要与全机旅客同归于尽，并多次强行乱推驾驶杆，使飞机忽升、忽降，从9,000米的高度骤然降到离海平面只有600米，造成剧烈颠簸，随时都可能机毁人亡，严重地威胁全机旅客的生命安全。飞机进入南朝鲜上空后，南朝鲜军用飞机起飞拦截，在这种情况下，我驾驶员被迫降落在南朝鲜的春川机场。

他说，飞机降落后，6名罪犯武装控制飞机和人员近8个小时之久，最后向南朝鲜当局缴械，机组和旅客才摆脱人质状态。

在谈到他到汉城同南朝鲜方面就处理这一事件进行磋商

时，沈图说，双方于10日签署了同意把旅客、机组和飞机送返中国的备忘录。当天下午，全体中国旅客和8名机组人员和我同乘专机回到上海。降落在春川机场的二九六号客机已经飞往汉城金浦国际机场，不日即将回国。

沈图说，关于6名罪犯的处理，双方没有取得一致意见。我们要求按照中国法律和有关国际公约的规定把罪犯交中国依法惩处，南朝鲜方面表示要按他们的法律处理。但双方一致认为，劫机行为是危及人民生命安全的严重犯罪行为，对劫机罪犯必须予以惩处。

沈图说：在处理这一劫机事件中，南朝鲜有关当局按照有关国际公约的规定，采取了合作的态度，保护了飞机、旅客和机组的安全，对两名受伤机组人员给予及时的治疗和护理，对旅客和机组人员在生活上给予了适当的照顾和妥善的安排。他代表民航局和二九六号机组以及全体中国旅客，向南朝鲜有关当局表示感谢。

1124 吴学谦外长在朝鲜政府举行的欢迎宴会上的讲话

（5 月 20 日）

朝鲜民主主义人民共和国政府 5 月 20 日晚上在平壤人民文化宫举行宴会，欢迎中国外交部长吴学谦。

吴学谦在宴会上的讲话中说："朝鲜劳动党和共和国政府奉行自主、友谊、和平的对外政策，坚决反对帝国主义的侵略和干涉，努力维护第三世界国家的团结和不结盟运动的原则。朝鲜民主主义人民共和国的国际威望不断提高，在国际事务中发挥着日益重要的作用。你们在对外工作中取得的成就，对我们是一个很大的鼓舞。"

他强调说："目前的朝鲜南北分裂局面和紧张对峙局势，完全是美帝国主义的侵略和干涉所造成的。这同朝鲜人民的民族愿望背道而驰。不久前美国和南朝鲜联合举行的前所未有的大规模军事演习，加剧了朝鲜半岛的紧张局势，受到朝鲜人民、中国人民和世界各国人民的严厉谴责。美国应该把它的军队撤出南朝鲜，停止干涉朝鲜内部事务，这是结束人为的分裂局面和紧张局势的根本办法。中国政府和中国人民将一如既往，坚决支持金日成主席提出的建立高丽民主联邦共和国的统一方案，坚决支持朝鲜人民为实现国家自主和平统一和反对制造'两个朝鲜'所做的不懈努力。我们相信，不管道路如何曲折，朝鲜人民统一祖国的伟大事业是一定能够实现的。"

他说，中国人民非常珍视同朝鲜人民的传统友谊，十分感谢

2375

朝鲜人民对我国社会主义建设和争取国家统一事业给予的宝贵支持，并决心把我们两国友好关系千秋万代地发展下去。

1125 吴学谦外长在中国驻朝大使宗克文举行的宴会上的讲话

（5 月 24 日）

中国驻朝鲜大使宗克文 5 月 24 日晚在中国大使馆为中国外交部长吴学谦一行访问朝鲜举行宴会。

吴学谦说："这次访问给我们留下了十分深刻而美好的印象。朝鲜人民的伟大领袖金日成主席在繁忙的国事中接见了我们，同我们进行了极为亲切友好的谈话。我和许锬同志进行了非常诚挚友好的会谈，相互通报了情况，并就进一步发展两国关系和共同关心的国际问题，深入地交换了意见。我们双方都将做出更大的努力，巩固和发展两国友好关系，并进一步密切在国际斗争中的合作。对于这次访问取得的成果，我们感到十分满意。"

他说："我们亲眼看到了勤劳智慧的朝鲜人民在朝鲜劳动党和金日成主席的领导下取得的辉煌成就，看到从战争废墟上建立起来的崭新的城市和农村，受到了巨大的鼓舞，并从中学到很多有益的东西。"

吴学谦说，愿我们共同努力，使中朝两国的友好关系和两国人民的传统友谊，像长白山和鸭绿江那样，万古长青，川流不息。

1180 外交部发言人发表声明严正抗议南朝鲜当局提前释放卓长仁等劫机犯

（8 月 14 日）

中华人民共和国外交部发言人 8 月 14 日发表声明，对南朝鲜当局提前释放卓长仁等 6 名劫机罪犯表示严正的抗议。

声明说："南朝鲜当局于 8 月 13 日宣布对去年劫持中国民航 296 号客机的卓长仁等 6 名罪犯'停止服刑'，'驱逐出境'，并于当天将他们送往台湾。"

声明说："众所周知，劫机是一种危害国际民航安全的严重刑事罪行，理应按照有关国际公约的规定严厉惩处，但是，南朝鲜当局不仅没有这样做，反而进一步屈从台湾当局的压力，提前释放 6 名罪犯，使他们逍遥法外。中国政府和人民对于南朝鲜当局这种违背有关国际公约的规定、纵容损害国际民航安全的行为极为不满和愤慨，并表示严正的抗议。"

外交部新闻发言人就我一艘鱼雷艇在训练中失去联系一事发表谈话

中国方面对六名罪犯未被交还保留进一步交涉的权利

【人民日报1985年 3月 24日 第 4版

【字号：加大 还原 减小】

新华社北京3月23日电　外交部新闻发言人今天下午就我一艘鱼雷艇在训练中失去联系一事发表谈话：我海军一艘鱼雷艇3月22日在海上进行训练时失去联系。在寻找该艇过程中，我方舰艇曾误入南朝鲜海域，发现后立即主动撤出，未发生任何事件。该鱼雷艇现正在南朝鲜海岸。我们要求南朝鲜方面协助尽快将我鱼雷艇及全部人员妥善地交还我方。

我一度失去联系的鱼雷艇及全部人员返回

有关方面对南朝鲜方面的协助表示感谢

【人民日报图文数据全文检索系统1985年 3月 29日 第 1版
新华社北京三月二十八日电　外交部新闻发言人今天发表谈话说：应我方要求，南朝鲜方面于三月二十八日在公海上把失去联系的我海军一艘鱼雷艇及全部人员交还我方。对于南朝鲜方面的协助，我有关方面表示了感谢。

| 연 표 |

일 자		내 용
		1983년 민항기 사건 및 협상 일지
1983	5. 5	10시(현지 시간) 중국민항296기 선양공항 출발 11시 다롄상공에서 피랍 14시(이하 한국시간) 춘천공군비행장 착륙 17시 청와대 긴급대책회의 개최 17시 10분 중국측 도쿄 경유 김포 국제항공 통신소에 1차 전문 발송 17시 30분 국방부, 중국민항기 착륙 사실 공식발표 19시 35분 중국측 도쿄경유 서울지방항공국장에 2차 전문 발송 [자료 4] 3. 민항기 사건직후 중국측 한국에 협상을 위한 방한 요청 전문
	5. 6	01시 중국외무부 제1국장 3차 전문 오전 중국 국가 항공기납치사건 긴급대책 영도소조 소집 중국외교부 대변인 발표 [자료 4] 4. 민항기 사건 발생 직후 중국 외교부 대변인 발표 내용 허문도 문화공보부차관 담화발표 공로명 차관보 미국 대사관과 협의 12시30분 김철영 국장 선투 국장에 전보 발신 18시 중국측 9차 전문 협상대표 명단 통보
	5. 7	12시30분 중국 협상대표단 33인 김포 도착 14시30분. 예비회담 수석대표 포함 4인 참석 16시 1차 회담, 양측 각 10명 참석 20여분 진행 오후 대표단, 승무원 승객 면담
	5. 8	10시 2차 회담 16시 3차 회담 23시30분 김병연-루루이링 비망록 작성 1차실무회담

일 자		내 용
1983	5. 9	선투 단장 성명발표 09시 비망록 초안 작성 2차 실무회담 14시 공로명, 선투 참여하는 확대실무회담 20시 2차 확대 실무회담 24시 실무회담
	5. 10	10시 양해각서 서명 및 교환 [자료 3] 1. 한중 양국 정부간 민항기 사건 협상 각서(한국일보 1983년 5월 11일 1면) 15시 중국 협상대표단, 107명의 승객 승무원 중국 상해행 [자료 4] 7. 선투 중국 민항총국장의 귀국 기자회견과 한국에 대한 감사 발언 발표
	5. 18	중국 296호 항공기 수리후 중국으로 귀환
	5. 20	서울 지검, 중국 민항기 납치범 6명 체포 중국 우쉐첸 외교부장 북한방문, 한국과 협상에 대해 설명. [자료 4] 8. 우쉐첸(吴学谦) 중국 외교부장의 북한정부 주최의 환영연회 발언
	6. 1	민항기 납치범 비행항행안전법 위반 협의로 기소
	8. 18	법원 판결 줘창런 6년형, 다른 피납범 5년 또는 4년 형
1984	8. 13	민항기 납치범 형집행 정지, 국외추방 [자료 1] 1. 韓半島 및 周邊情勢에 關한 陶炳蔚 中共 外交部 國際問題硏究所 亞太硏究室 主任과의 對話要旨 (한·중공 관계 개선, 1984. 전2권(V.1 1-6월) 대한민국 외교 사료관 등록번호 36960. 0054-0066.) [자료 1] 2. 중공측 인사, 납치범 처리 문제 관련 발언 (한·중공 관계 개선, 1984. 전2권(V.1 1-6월) 대한민국 외교사료관 등록번호 36960. 0033-0034.).
	8. 14	중국 외교부 대변인 납치범 석방에 항의 성명 발표 [자료 4] 9. 탁장인 등 민항기 납치범 석방에 대한 중국 외교부 담화
		1985년 어뢰정 사건 협상 일지
1985	3. 21	18시 30분 중국 해군어뢰정 산동성 청도항 출함 19시 30분 어뢰정 선상 난동 발생

일 자		내 용
1985	3. 22	12시 어리정 대흑산도 근해에서 제 6어성호에 구조 요청 16시 홍콩 신화사통신 스투창 홍콩 한국총영사관 수색 협조 요청 * 홍콩채널을 통한 한중 직접 협상 시작 22시 제6어성호 어뢰정 예인 하왕등도에 도착
	3. 23	06시 50분경 중국 군함 한국 영해 침범 발견 07시 어뢰정 부상자 군산 도착 관계당국 어뢰정 승조원들에 대한 조사 시작 09시 30분 해공군 출동으로 중국 군함 퇴거 11시-12시 30분 노신영 총리 주재 대책회의, 주중 미국대사관을 통해 한국 정부의 각서 중국에 전달. 김정훈 홍콩 총영사 급거 홍콩 복귀 14시 30분 국방부 대변인 발표 15시 외교부 대변인 성명 발표 [자료 1] 3. 중국 어뢰정 표류 관련 영해 침범에 대한 외교부의 항의 성명 (중공 어뢰정 사건. 1985 전4권(V.4 기타국 반응). 대한민국 외교사료관 등록번호 38190. 0002.) 16시-17시 30분 정부 2차 대책회의 18시 이원홍 문공부장관 사건 경위 설명 어뢰정 승조원 전원 군산관광호텔로 이동 사망자는 병원 안치 중국외교부 공식성명 발표 및 영해침범 인정 [자료 4] 10. 어뢰정 표류에 대한 중국 외교부 대변인 발표 18시 일본 정부 한국정부 요구를 중국에 전달 한국정부 영해 침범 사과 요구 22시 김정훈 총영사가 스투창에게 한국측 입장 전달
	3. 24	오전, 이원경 외무장관 주재로 정부대책회의 미 국무성 브라이언 칼슨 대변인, 한-중국간 홍콩에서 협상 시사

일자		내용
1985	3. 25	이 문공장관 사건 경위 성명 발표: 정치적 이유 없는 우발적 난동 확인 오전 쉐위치 주한 대만 대사 외무부 방문 홍콩 총영사와 리추원 신화사 부사장 회담. *스투창 협조 요청을 한 22일 오후 4시 이후부터 25일 이 문공장관의 성명 발표 이전까지 사이 만 3일간에 10회에 걸쳐 홍콩 채널을 통한 비공개 협상 진행 추측. [자료 1] 5. 중공 어뢰정 표류 사건 관련 홍콩 총영사와 신화사 홍콩 분사간 협의 (중공 어뢰정 사건. 1985 전4권(V.4 기타국 반응). 대한민국 외교사료관 등록번호 38190. 0011.) 16시 리처드 워커 주한미국 대사 외무부 방문 [자료 1] 7. 중공 어뢰정 표류 사건 관련 미국 정부와 언론의 반응(중공 어뢰정 사건. 1985 전4권(V.4 기타국 반응). 대한민국 외교사료관 등록번호 38190. 0120.)
	3. 26	11시 쉐위치 대만 대사 외무부 2차 방문 [자료 1] 11. 중공 어뢰정 및 승무원 송환과 관련한 해외시각(중공 어뢰정 사건. 1985 전4권 (V.4 기타국 반응). 대한민국 외교사료관 등록번호 38190. 0101) 17시 45분 정부 중국측 사과 접수 및 어뢰정 승무원 전원 송환 발표
	3. 27	20시 40분 어뢰정 승무원 13명 군산외항 출항 [자료 1] 6. 중공 어뢰정 송환 관련 홍콩 총영사와 신화사 홍콩 분사간 협의 (중공 어뢰정 사건. 1985 전4권(V.4 기타국 반응). 대한민국 외교사료관 등록번호 38190. 0065.)
	3. 28	11시 중국 어뢰정 승무원 13명, 사망승무원 사체6구 어뢰정 군산항 정서쪽 140마일 공해상(동경124도 북위36도)에서 중국측에 인도 [자료 1] 10. 중공 어뢰정 인도에 대한 중국 외교부의 감사(중공 어뢰정 사건. 1985 전4권 (V.4 기타국 반응). 대한민국 외교사료관 등록번호 38190. 0126) [자료 4] 11 어뢰정 반환에 대한 중국 외교부 대변인의 한국 정부에 대해 감사 의견 발표

| 참 고 문 헌 |

1. 전직 외교관 인터뷰

박양천 전 주홍콩 영사의 인터뷰 (2020년 11월 5일)

김석우 전 동북아1과장 서면 인터뷰 (2021년 3월 3일)

김장환 전 주홍콩 총영사 인터뷰 (2021년 6월11일)

2. 외교 사료 및 국회 회의록

"버마 아웅산 암살폭발사건 : 각국 언론 반응, 1983-84" 대한민국 외교사료관 등록번호 18149.

"외교관 등 직무수행 특수지침(대북한 및 기타 공산국가)" 대한민국 외교사료관 등록번호 2180.

"중공담당관 제도 운영" 대한민국 외교사료관 등록번호 19817.

"한국의 대중국(구 종공)정책, 1972," 외교부 동남아1과, 대한민국 외교사료관 분류번호 721/1CP, 1972.

"중공의 대한반도 정책 분석,"대한민국 외교사료관 1984. 12. 15. 롤 번호, 2014 0008.

대중공 외교관 직접 접촉, 1984 대한민국 외교사료관 등록번호 19982.

한.중공 관계 개선, 1984. 전2권 대한민국 외교사료관 등록번호 36960. 0033

한.중공 관계 개선, 1984. 전2권 대한민국 외교사료관 등록번호 36960. 0034.

한.중공 관계 개선, 1984. 전2권 대한민국 외교사료관 등록번호 36960. 0054-0066.

중공 어뢰정 사건. 1985 전4권. 대한민국 외교사료관 등록번호 38190. 0003.

중공 어뢰정 사건. 1985 전4권. 대한민국 외교사료관 등록번호 38190. 0032

중공 어뢰정 사건. 1985 전4권. 대한민국 외교사료관 등록번호 38190. 0002

중공 어뢰정 사건. 1985 전4권. 대한민국 외교사료관 등록번호 38190. 0011.

중공 어뢰정 사건. 1985 전4권. 대한민국 외교사료관 등록번호 38190. 0120.
중공 어뢰정 사건. 1985 전4권. 대한민국 외교사료관 등록번호 38190. 0121.
중공 어뢰정 사건. 1985 전4권. 대한민국 외교사료관 등록번호 38190. 0126, 0101.
중공 어뢰정 사건. 1985 전4권. 대한민국 외교사료관 등록번호 38190. 0018
중공 어뢰정 사건. 1985 전4권. 대한민국 외교사료관 등록번호 38190. 0081.
중공 어뢰정 사건. 1985 전4권. 대한민국 외교사료관 등록번호 38190. 0126, 0145.
중공 어뢰정 사건. 1985 전4권. 대한민국 외교사료관 등록번호 38190. 0065.
제116회 국회 외무위원회회의록 제7호, 1983. 5. 16.

3. 외교관 구술 자료

국립외교원 외교사연구센터, 2018a, 『한국외교와 외교관: 공로명 전외교부장관』 외교사연구센터 오럴히스토리 총서 16, 서울: 국립외교원 외교안보연구소.
국립외교원 외교사연구센터, 2018b, 『한국외교와 외교관- 김하중 전통일부장관』 외교사연구센터 오럴히스토리 총서 17(상권), 서울: 국립외교원 외교안보연구소.
국립외교원 외교사연구센터, 2020, 『한중수교- 김석우, 윤해중, 신정승, 정상기 구술』 국립외교원 외교사연구센터.
국립외교원 외교사연구센터, 2022, 『한국외교와 외교관- 김석우 전통일부차관』 외교사연구센터 오럴히스토리 총서 18, 서울: 국립외교원 외교안보연구소.

4. 서적 및 논문 자료

권병현, 2012, "한중수교: 동방문명의 회복의 시작, 새로운 문명이 주도할 계기," 『동아시아 브리프』 7권 3호, pp.58-59.
권정식, 1999, "중국어뢰정 사건실기," 『해양전략』 6월.
김찬규, 1985, "中共魚雷艇事件과 國際法," 『사법행정』 26(5).
김찬규, 1985, "中共機의 不時着과 國際法," 『사법행정』 26(10)

김하중, 2013, 『김하중의 중국 이야기 2 - 영원한 이웃, 끝없는 도전 : 한국과 중국』 서울: 비전과 리더십.
박인규, 1990, "한국의 대중국 외교정책결정과정에 관한 연구: 중국 민항기 납치사건과 어뢰정 사건을 중심으로," 서울대학교 행정대학원 석사학위논문.
신명순, 1985, "한국과 중공의 관계개선에 관한 방안연구," 『한국과 국제정치』 제1권 제1호.
외교통상부, 1998, 『한반도 문제 주요현안 자료집』. 국가기록원 http://theme.archives.go.kr/viewer/common/archWebViewer.do?bsid=200041077533&gubun=search
이동률, 2019, "한중수교," 동북아역사재단 한국외교사편찬위원회 편, 『한국의 대외관계와 외교사: 현대편』 3, 서울: 동북아역사재단.
이동률, 2019, "한반도 비핵, 평화 프로세스에 대한 중국의 전략과 역할," 『한국과 국제정치』 제35권 제1호.
이동률, 2018, "한중수교에서 '북한요인'의 변화 및 영향," 『한국과 국제정치』 제34권 제3호.
이병국, 1997, 『한중경제교류현장론』 서울: 나남출판사.
이상옥, 2002, 『전환기의 한국외교: 이상옥 전 외무장관 외교회고록』 서울: 삶과 꿈.
이성일, 2009, "한중관계에 있어서 1983년 중국민항기 사건의 영향 분석," 『동북아문화연구』 9월.
정재호, 2011, 『중국의 부상과 한반도의 미래』 서울: 서울대학교 출판부.
차정미, 2018, "1980년대 한중관계 태동기, 정부-비정부 협력외교의 발전과정," 『국제정치논총』 58권 1호.
홍인표, 2019, "한중수교 내막, 물이 흐르면 도랑이 생긴다," 『한중저널』 창간호.
錢其琛(유상철 역), 2005, 『열 가지 외교이야기(外交十記)』 (서울: 랜덤하우스 중앙)

5. 신문

"공로명(孔魯明)차관보등 양국(兩国)대표 10명씩", 『조선일보』 1983. 5. 8.

““선린(善隣)입각입국(入国)수락” 중공전문(中共電文)에 「대한민국(大韓民国)」 표기,” 『조선일보』 1983. 5. 8.

“〈외교열전〉 불시착機에 中 미사일 전문가 탔었다,” 『연합뉴스』 2011. 7. 4.

“〈외교열전〉 한중수교 기틀 닦은 중국 어뢰정 사건,” 『연합뉴스』 2012. 2. 27.

“권병현, “한중수교 비망록” 1부-34부,” 『한국일보』 2007. 6. 13.~2007. 9. 19.

“받아낼 것 다 받아냈습니다-어뢰정 협상주역 김정훈홍콩총영사,” 『조선일보』 1985. 3. 29.

“신정승 대사 인터뷰, 북한, 대만 따돌린 25년 전 ‘동해 사업’ 이제는 부상한 中이 韓에 힘 투사하려 해”, 『신동아』 2018년 8월호

“자유중국(自由中国) 정부 「깊은 유감(遺憾)」 표명.” 『조선일보』 1985. 3. 28.

“중공 어뢰정 난동 주범 처형”, 『조선일보』 1985. 5. 17.

“중공‘한국주권존’법적 효과-외무제1차관보와 일문일답,” 『조선일보』 1985. 3. 27.

『서울신문』 1985. 3. 27.

『동아일보』 1985. 3. 25.

6. 중국 자료

董洁, 2014, “打破坚冰：中韩建交的背景, 历程与启示,” 『党政干部论坛』 第10期.

刘金质, 杨淮生 主编, 1994, 『中国对朝鲜和韩国政策文件滙编 5(1974-1994)』(北京, 中国社会科学出版社).

李文亚, 2012, “张庭延亲历中韩建交, 金日成说的惊人之语,” 『人民日报』 2012. 10. 22.

延静, 2018, “歷史的抉擇.” 『報告文學』 (1).

延静, 2004, 『出使韩国』 齐南: 山东大学出版社.

王仪轩, 许光建, 2009, 『中韩劫机外交』 当代中国出版社.

魏敬民, 2002, “中韩两国建交始末,” 『外交风云』 第10期.

張瑞杰, 2010, 「中韓建交往事回顧」, 『百年潮』 (8號).

张琪彬, 1999, “党和国家工作重点转移到经济建设上来的决策,” 中国社会科学院当代中国

史研究所 编『当代中国史研究』第3期.
張雅文, 1986,『韓國總統的中國'御醫'打開中韓通道的秘密使者』(北京: 作家出版社)
钱其琛, 2004,『外交十记』(北京 : 世界知识出版社).
沈图, 1993,『沈图回忆录』(天津, 百花文艺出版社).
許家屯, 1999,『許家屯香港回憶錄』(香港, 聯經出版事業(股)公司, 1999).
"卓长仁劫机案谈判始末—中韩交往的一次破冰之旅,"(2019-07-09) https://www.youqu5.net/gushi/43958.html
"一纸批文打开中韩 "禁区","南阳网历史频道(2016-03-09) http://ls.01ny.cn/detail/26355.shtml (검색일 2016년 10월 20일)
『邓小平文选』第3卷 (北京: 人民出版社) 1993.
『人民日报』1981年 3月 31日.
『人民日报』1982年 9月 9日.
『人民日報』1983년 5월 6일.
『人民日报』1983年 9月 9日.

7. 영문 자료

Liu To-hai, "Sino-South Korean Relations Since 1983: Toward Normalization," *The Journal of East Asian Affairs*, Vol. V (winter/spring 1991).

| 찾아보기 |